以"搁浅的时光"作为书名，描述了幼儿园教师职业发展中停滞、徘徊、被动的困境时段，也表达了作者对广大幼儿园教师职业困惑的关注与倾听，对生活意蕴的叩问与省思，对持续发展的敦促与信心。

幼儿园教师专业发展系列丛书

丛书主编　顾荣芳

王　艳　著

搁浅的时光

幼儿园教师职业发展高原现象研究

南京师范大学出版社

图书在版编目(CIP)数据

搁浅的时光：幼儿园教师职业发展高原现象研究 /
王艳著. — 南京：南京师范大学出版社，2024.8
（幼儿园教师专业发展系列丛书 / 顾荣芳主编）
ISBN 978-7-5651-5762-2

Ⅰ.①搁… Ⅱ.①王… Ⅲ.①幼教人员－师资培养－
研究 Ⅳ.①G615

中国国家版本馆 CIP 数据核字(2023)第 078541 号

书　　名	搁浅的时光——幼儿园教师职业发展高原现象研究
丛 书 名	幼儿园教师专业发展系列丛书
作　　者	王 艳
丛书主编	顾荣芳
丛书策划	徐益民　张　莉
责任编辑	魏 艳
出版发行	南京师范大学出版社
地　　址	江苏省南京市玄武区后宰门西村 9 号(邮编:210016)
电　　话	(025)83598919(总编办)　83598412(营销部)　83598332(读者服务部)
网　　址	http://press.njnu.edu.cn
电子信箱	nspzbb@njnu.edu.cn
照　　排	南京开卷文化传媒有限公司
印　　刷	盐城市华光印刷厂
开　　本	787 毫米×1092 毫米　1/16
印　　张	15
字　　数	290 千
版　　次	2024 年 8 月第 1 版
印　　次	2024 年 8 月第 1 次印刷
书　　号	ISBN 978-7-5651-5762-2
定　　价	46.00 元

出 版 人　张　鹏

序　言

　　我和王艳相识于2000年9月,至今已有22个年头了。那年我刚办完了退休手续,院长跟我商量:能否返聘一年,给新校区第一届学生(1999级)上课,我毫不犹豫地同意了。王艳就是该班的学生,也是班长。那年系里试行本科生导师制,系主任顾荣芳教授将该班序号前七名王姓学生分给了我。因此,除了上课时有接触外,我还定期与王艳等其他几名同学见面交谈(因而王艳经常以比别的学生多一位本科导师而自豪)。王艳在班上学习认真,成绩优秀。该班有十名男生,据我的观察,他们与王班长的关系都很融洽(听说王艳每次都以全票当选班长)。王艳毕业后在南京师范大学出版社工作,当时,江苏省陈鹤琴教育思想研究会挂靠在南师大出版社,学会办公室就在出版社的楼上,我和王艳的交往就更密切了。

　　2008年,中央教育科学研究所(现中国教育科学研究院)储朝晖研究员写了《中国幼儿教育忧思与行动》一书,邀我作序。王艳是这本书的责任编辑,我俩先讨论需要修改之处,然后完成各自的任务。后来我们又先后协助昆明市政府机关第三幼儿园编写出版了《幼儿园健康教育实用手册》,协助苏州市高新区狮山中心幼儿园编写出版了《快乐成长课程——狮幼课程寻觅》,协助连云港钟声幼儿园编写出版了《幼儿园精细化管理》,这几本书都是我俩在原始书稿的基础上,重新组织全书的框架结构,再由园方几经修改才完稿。此外,在出版和修订"幼儿园渗透式领域课程"丛书的过程中,我们的合作则更为经常、全面、广泛和深入。

　　2018年秋,我因腰椎间盘突出做了个微创手术,遵医嘱卧床休息三个月。次年是中国学前教育研究会成立四十周年,拟出版的纪念集征文截稿时间是2018年11月。我是该学会九位发起人之一,我必须写一篇纪念文章,便想到了请王艳帮忙。我躺在床上口述,请王艳记录下来,整理成《一起成长　共同发展》文稿,收录在中国学前教育研究会编的《深情伴随　共筑美好——中国学前教育研究会成立四十周年回忆录》一书中,该书由南京师范大学出版社于2019年10月出版。2019年11月初,在北京召开的学会成立四十周年纪念会上,我据此做了发言。

　　王艳本科毕业十年时拟考博,我被她的精神感动,也担心她在编辑工作繁重的情况下备考的艰难,但我依然鼓励她的这一搏。结果她竟以所考方向第一名的优异成绩被录取,其毕业论文还被评选为南京师范大学优秀博士论文。博士毕业后,她想在高校任教,我不仅鼓励她,也竭力推荐她,结果她如愿以偿地去了江苏第二师范学院,并担任学前教育专业教师。

我非常欣赏王艳积极向上、勤奋好学、乐观开朗的人生态度和性格。有时她也会遇到不顺利的事,但她从不抱怨,而能泰然处之。令我欣喜的是,在她言传身教的影响下,她的孩子成长得也很出色,是个活泼可爱、全面发展的优秀学生。我期望王艳在新的岗位上不断发展,勇攀高峰。

王艳的博士论文通过对"职业高原"这一现象的透析,来探查幼儿园教师的现实困境、内在需求和发展可能,帮助幼儿园教师正确认识和高效解决职业发展中的问题,获得持续的成长动力,这对于维护幼儿园教师心理健康,细化幼儿园教师培训工作,促进幼儿园教师持续发展,具有重要的意义。本书研究的工作量大,调查的材料丰富,共涉及全国范围内三千多名幼儿园教师、数十名园长及特级教师,展示了幼儿园教师职业背后的生活样态、社会生态,反映了幼儿园教师的生存实况和深层心声,有利于培养优秀幼教师资队伍,有利于幼儿园教师的心灵升华和自我成长,也有利于促进全社会对幼儿园教师职业的理解和重视。

值此王艳博士论文出版发表之际,写上几句由衷的感言,以表达我对王艳的祝贺、期望和感谢!

南京师范大学　唐　淑

2022 年 12 月

目 录
contents

第一章 研究背景与问题提出

"人是历史的'剧中人',又是历史的'剧作者'。"[1]任何一项伟大的事业都需要人的亲历实践,教育事业也不例外,由千千万万教师的点滴汗水所铸就、推动。自古以来,人类的发展就与教育分不开,教育的发展又与教师息息相关,教师的师德修养、知识学养是社会责任与文明程度的浓缩。《荀子·大略》云:"国将兴,必贵师而重傅;贵师而重傅,则法度存。国将衰,必贱师而轻傅;贱师而轻傅,则人有快,人有快则法度坏。"

透过伽达默尔(Hans-Georg Gadamer)"有效应的历史"(effective-history)[2]眼光来看,"教师"是一种演进的社会反映、一种建构的文化荟萃,处于不断再造的历史洪流中,教师不是静态的实体性存在,而是动态的功能性存在,因此是流动的、历在的概念。纵观教师研究的流变,可以看出理论张力与内在需求在不断地较量、融合,呈现出一幅波澜壮阔的发展画面。

"教师"起初并不是一个专门职业,具有附庸性和业余性。我国曾奉行进而为官退而为师的"官师制度",崇尚长者为师、尊者为师、学高为师。《荀子·致士》最早提出了为师准则:"尊严而惮,可以为师;耆艾而信,可以为师;诵说而不陵不犯,可以为师;知微而论,可以为师。"《吕氏春秋·诬徒》中的"达师"描绘了为师的理想高度:"达师之教也,使弟子安焉、乐焉、休焉、游焉、肃焉、严焉。此六者得于学,则邪辟之道塞矣,理义之术胜矣。"从春秋战国的庠序学校,到唐宋的书院,再到明清的私塾、社学,伴随教育机构的设立和"百家之学"的发展,逐渐独立出教师这一职业,"士"成为我国第一代教师群。[3]西方则"以僧侣为师""以吏为师"。古希腊时诞生了"教师"(pedagogue)一词,原意为"教仆""儿童指导者"。在实践中逐渐从祭司和抄写师中衍生出哲学派(philosophist)教师和智者派(sophist)教师。[4] 到了古罗马时期,教师成为由国家派发薪水的正式行

---

① 武天林.马克思主义人学导论[M].北京:中国社会科学出版社,2006:39.
② 甘阳.古今中西之争[M].北京:生活·读书·新知三联书店,2012:55.
③ 郭齐家.中国教育思想史[M].北京:教育科学出版社,1987:4.
④ 赵祥麟.外国教育家评传:第1卷[M].上海:上海教育出版社,2003:19.

业。文艺复兴则孕育了建立教师培训机构设想。① 随着现代教学形式——班级授课制的建立,教师成为一种现代意义上的专门职业正式登场。1966 年,国际劳工组织和联合国教科文组织首次以官方文件的形式给出教师职业的定义,教师是"通过特殊的教育或训练掌握了业经证实的认识(科学或高层的知识),具有一定的基础理论的特殊技能,从而按照来自非特定的大多数公民自发表达出来的每个委托者的具体要求,从事具体的服务工作,借以为全社会利益效力的职业"。②

一、教师职业的本质重构——一份热切的期盼

教师职业自独立之日起,便为了自身定位开始了漫长的奋斗之路。对教师职业的本质强调,也成为本研究缘起的重要因素。

(一) 理性—人性之辨

理性在古希腊思想渊源中分为两种精神,其一为逻各斯(lagos)精神,其二为努斯(nous)精神,前者泛指外在、客观、规范性的理性,后者更为纯粹,指"凝聚起一切理智手段而向更高的彼岸世界的真理冲击的'理性的迷狂'"。③ 人性则是从根本上决定并解释人类行为的那些人类天性,是人运用自身智慧以实现自身目的的过程,包含三个方面内容:知性、情感和社会性。④ 苏格拉底(Socrates)认为,理性具有更高的价值,应该为了理想而牺牲个人需求、快乐和自由,用哲学的智慧控制每个人的欲望;约翰·洛克(John Locke)刻画了一副被理性塑造的行为模板;卢梭(Jean-Jacques Rousseau)为维护社会契约而要求个人无条件顺从。从理性设计出发,教师的形象一度被框限为冰冷的应然实体,成为千人一面孤独矗立的"理想型"。劳伦斯·斯腾豪斯(Lawrence Stenhouse)在"人文课程研究"中批判教育设计把"防教师"(teacher-proof)当作默认的原则;⑤泰德·奥凯(Ted T Aoki)在"课程概念重建运动"中同情教师"无情地忙碌,被

---

① 单中惠.教师专业发展的国际比较[M].北京:教育科学出版社,2010:241-245.

② [日]筑波大学教育学研究会.现代教育学基础[M].钟启泉,译.上海:上海教育出版社,1986:441.

③ 邓晓芒.西方哲学史中的理性主义和非理性主义[J].现代哲学,2011(3).

④ [英]休谟.人性论[M].关文运,译.北京:商务印书馆,2016:7-8.

⑤ [加]F.迈克尔·康纳利,[加]D.琼·克兰迪宁.教师成为课程研究者:经验叙事[M].刘良华,邝红军,等译.杭州:浙江教育出版社,2004:143.

限定为严格结构的课程的一部分,不再会创造性地表达"①;马丁(Jane Roland Martin)剑指理性价值观下扭曲的"象牙塔人"(ivory tower person)②;尼尔(Neill)直接以《问题教师》(*The Problem Teacher*)为题叩问教师本质。③ 理性"抽象掉了作为活着的人的生活主体"④,且"自命不凡,自认全知全能,有权对人类行为和情感的各个方面指手画脚"⑤,规避了教师实际的不安境遇,教师个体宛若"洞穴囚徒",被围困在处处设限的虚假语境中踽踽前行。这种对人性的隐匿不彰,忽视了教师职业的价值危机、文化危机、心灵危机,加剧了教师职业背后深层次的匮乏,带来了精神家园的荒芜、苦闷和彷徨。然而,教育终归是人性化的事业,既需要理性的启蒙,也需要防范理性的张扬对于人性的侵犯。教育砌成的城墙,永远不应该厚到将理性与人性完全隔离。"无视存在、主观性、情感性、生命的理性主义是不合理的"⑥,隆升人的地位、获得主体解放、追求生命感悟是每个教育参与者的理想,没有任何事业在追求人性化方面堪与教育相媲美。"所谓教育,不过是人对人的主体间灵肉交流活动……教育的原则是通过现存世界的全部文化导向人的灵魂觉醒之本源和根基。"⑦在教育彰显人性的呼吁声中,撕破教师僵化的面具,对教师作为"人"的存在问题进行深刻反省,成为学者们的共识,⑧⑨这一举动翻开了教师研究新的篇章。

(二) 手段—目的之争

在技术理性主义主导下,"手段—目的"的合理性⑩深入人心。人们习惯把教师看作传递知识的手段,奉行完成教书育人的社会化使命,仅仅考虑手段的效用性、合目的性,至于教师本身是否作为目的则未予重视。学校被比拟为工厂或知识产业,教学是一种工具化行为,课程实施是一门商业管理技术,教师即沦为生产消费模式下的"课程装

---

① Pinar W F. High volume traffic in the intertext: after words[M]//Curriculum intertext: place, language, pedagogy. Zurich: Peter Lang Publishing, Inc., 2003: 284.

② Martin J R. Changing the educational landscape: Philosophy, women, and curriculum[M]. New York: Routledge, 1994: 75.

③ 王长纯.教师教育思想史研究(上)[M].长春:东北师范大学出版社,2016:196.

④ [德]胡塞尔.欧洲科学危机和超验现象学[M].张庆熊,译.上海:上海译文出版社,1988:71.

⑤ [英]齐格蒙特·鲍曼.后现代伦理学[M].张成岗,译.南京:江苏人民出版社,2003:2.

⑥ [法]埃德加·莫兰.复杂性理论与教育问题[M].陈一壮,译.北京:北京大学出版社,2004:15.

⑦ [德]卡尔·雅斯贝尔斯.什么是教育[M].邹进,译.北京:生活·读书·新知三联书店,1991:3-6.

⑧ 石中英.人作为人的存在及其教育[J].北京大学教育评论,2003(2).

⑨ 鲁洁.教育的原点:育人[J].华东师范大学学报(教育科学版),2008(4).

⑩ [德]马克斯·韦伯.新教伦理与资本主义精神[M].[美]斯蒂芬·卡尔伯格,英译;苏国勋,中译.北京:社会科学文献出版社,2010.

置者"(curriculum installer)，仅将知识从课程制造者那里贩运给课程消费者，[①]以致"目的退到遥远的未来，而手段则成为直接的现实"[②]。在规训权力的审掣和监控下，教师如同尼采(Friedrich Wilhelm Nietzsche)笔下的"末人"(last man)，失去了自主性和创造力。然而，对不适的自觉反省也同时并行，教师不能通过被捏造而获得人生意义："从人类意识最初萌芽之时起，我们就发现一种对生活的内向观察伴随着并补充着那种外向观察。人类的文化越往后发展，这种内向观察就变得越加显著。"[③]亚里士多德(Aristotle)指出，以自身为目的的人是自由的。康德(Immanuel Kant)强调人在任何时候都是目的，永远不能只是手段。史怀泽(Albert Schweitzer)倡导"敬畏生命"，指出生命是一种"自在自为"的珍贵，不能作为手段和工具。[④] 海德格尔(Martin Heidegger)强调存在与存在者的区别，批判将存在者当作存在本身的做法。福柯(Michel Foucault)呼吁关注"自身"。胡塞尔(Edmund Husserl)提出关注"生活世界"……这些思想映射到教育领域，渐渐从无视或漠视教育对教师的反身性作用，转变成重视教育结构的交互二重性，将教师作为类生命而非教育的手段、工具，关注教师本身作为目的的生存方式、成长过程，敦促教师在"育人"的过程中也实现"育己"，达致生命呵护、终极关怀的逻辑反控，开辟了教师研究的新方向。

(三) 单向度—完整性之思

教师职业的内涵随着教育流派的发展，历经了一个从狭隘单一到百花齐放的过程。19世纪末至20世纪30年代的教育现代化开创时期，三大教育学流派(实验教育学派、自由主义教育流派、实用主义教育)呈鼎立之姿。20世纪30年代至70年代，教育现代化进入反思时期，改造主义、新行为主义、要素主义、结构主义等对传统派教育进行了反思和开拓。随着教育现代化正式确立，从20世纪70年代至今，终身教育、人本主义、解释教育理论、批判教育学、建构主义教育等理论层出不穷。在各种思潮的摇旗登场中，否定和反思成为常态，知识的合法性遭到质疑，[⑤]现代知识型向后现代知识型转向，[⑥]传

---

① 王艳.泰德·奥凯现象学教师观及其启示[J].外国教育研究，2015(12).

② [俄]别尔嘉耶夫.精神王国与恺撒王国[M].安启念，周靖波，译.浙江人民出版社，2000:53.

③ [德]恩斯特·卡西尔.人论[M].甘阳，译.上海:上海译文出版社，2003:3-5.

④ 孙道进.论科学知识的生态伦理向度——阿尔贝特·史怀泽《敬畏生命》的文本解读[J].重庆社会科学，2004(2).

⑤ [法]让-弗朗索瓦·利奥塔尔.后现代状态——关于知识的报告[M].车槿山，译.北京:生活·读书·新知三联书店，1997.

⑥ 石中英.知识转型与教育改革[M].北京:教育科学出版社，2001.

统教育模式的正统地位逐渐坍塌,建构教师定义的淤窄圩坝也随之决堤,不断有学者以新的视角诠释教师职业,如里普斯基(Michael Lipsky)形容教师为"有自主和权威的街头官员"①,凯米斯(Carr W Kemmis)认为教师是"解放性行动研究者"②,麦克尼尔(John D McNeil)将教师看作"课程编制中的重要层级"③,舍恩(Donald A Schon)提出"反映的实践者"④,多尔(William E Doll,Jr)提出"平等中的首席"⑤,以及斯滕豪斯(Lawrence Stenhouse)"研究者"、艾略特(John Elliot)"行动研究者"、布劳(Pete M Blau)"法理型专业权威"、吉鲁(Henry A Giroux)"转化智慧者"、罗蒂(Richard Mckay Rotty)"激发学生想象力的人"、葛兰西(Antonio Gramsci)"有机知识分子"……新的理解突破认识论的限度,打破教师僵化的镜像,实现教师职业身份"祛魅"——从"经济人"到"社会人"再到"复杂人",从单向度人向全人发展,从关注职业本身发展向关注职业的社会价值发展,从而依托教师职业实现人生价值,将职业意义与人生意义相统一。

(四) 职业—志业之盼

教师职业长期处于被动裹挟的状态,人们对教师职业的宣传从来都是客体本位,如教师是"蜡烛",是"春蚕",宣扬对教师默默无闻的赞美,肯定教师对职业发展的助拔,忽视教师生命成长的内心需求,无视教师创造性劳动的内在快乐。然而,教育旨在解放儿童,解放儿童的前提是解放教师,不快乐的教师如何带出快乐的儿童? 于是有志之士呼吁,教师不仅仅是一份职业,更应该成为一项"志业"(beruf)。德语 beruf 本义指职业,后由于马丁·路德(Martin Luther)翻译《圣经》时用这个词意指"奉神所召去从事某事",因此被赋予了"天职"或"召唤"的新含义。⑥ 韦伯生前最后一次演讲即为《学术作为一种志业》。⑦ 人类对意义和重要性有一种近乎执着的追求,人生的意义在于从事有价值的活动,它们使我们成为真正的人。教育领域已经有许多学者指出,应把"志业"作

---

① Lipsky M. Street-level bureaucracy[M].New York：Russell Sage Foundation，1980：201 - 204.

② Carr W, Kemmis S. Becoming critical：education, knowledge and action research[M]. London：Falmer Press，1982：134.

③ [美]麦克尼尔.课程：教师自主的行动[M].台北：五南图书出版公司,2006.

④ Schon D A. The reflective practitioner：how professional think in action[M]. New York：Basic Books,1983.

⑤ [美]小威廉姆斯·E. 多尔.后现代课程观[M].王红宇,译.北京：教育科学出版社,2000：227.

⑥ [德]马克斯·韦伯.学术与政治[M].钱永祥,等译.桂林：广西师范大学出版社,2004：155.

⑦ [美]林格.韦伯学思路：学术作为一种志业[M].简惠美,译.新北：群学出版有限公司,2013：225.

为教师提升教育境界的方式,[①]从而做到基于现实本质,通向价值重构,让教师职业成为延续教师生命价值的载体。志业状态下的教师是心灵守护者,带人进入"人类优秀文化精神之中,让他们在完整的精神中生活、工作和交往"[②],促使人们升华和自我升华;志业状态下的教师是快乐创业者,"正其宜不谋其利,明其道不计其功"(《汉书·董仲舒传》),"一日不讲学,则惕然常以为忧"(黄榦《朱子行状》);志业状态下的教师又是理念铸造者,"铁肩担道义,妙手著文章""是为理念而生的人,不是靠理念吃饭的人"[③],正是他们维护了理念世界,实现了圣化怀想。因此,与其将教师职业隐喻成机械物化的"蜡烛""春蚕",不如深入关注教师职业的尊严、价值与苦闷,从牺牲自己转变为点亮自己,用职业生涯为生命做导向,充分享受"因过程本身而带来的自身生命力焕发的欢乐"[④],让工作成为延续生命意义的载体,超越职业自限,迈向志业之盼。

二、教师发展的样态开放——一股强劲的趋势

随着对教师本质的反省和变革,学界悄然迎来了教师发展的境遇开放,这为教师研究开辟了新的疆场。这里提出的教师发展趋势也成为本研究倡导并推动的教师发展样态。

(一)发展内容上,从技术训练到人文开发

在工业社会,"是否是奴隶既不是由服从,也不是由工作难度,而是由人作为一种单纯的工具、人沦为物的状况来决定的。作为一种工具、一种物的存在,是奴役状态的纯粹形式"[⑤]。从这个角度来说,当教师的发展"被从心灵、精神或内心世界的高尚领域里拽出来,并被转换为操作性术语和问题"[⑥],当技术成为新的控制手段被用来规训、审鞫、监控时,教师即沦为服从和顺应技术逻辑的奴隶,"教师们发现他们在巨大的科层技

———————————

① 薛忠祥.教育存在论:教育科学的形而上学基础研究[M].武汉:武汉大学出版社,2013:258.
② [德]卡尔·雅斯贝尔斯.什么是教育[M].邹进,译.北京:生活·读书·新知三联书店,1991:44.
③ [美]刘易斯·科塞.理念人:一项社会学的考察[M].郭方,等译.北京:中央编译出版社,2001:前言2.
④ 叶澜.论教师职业的内在尊严与欢乐[J].思想·理论·教育,2000(5).
⑤ [美]马尔库塞.单向度的人——发达工业社会意识形态研究[M].刘继,译.上海:上海译文出版社,2014:28.
⑥ [美]马尔库塞.单向度的人——发达工业社会意识形态研究[M].刘继,译.上海:上海译文出版社,2014:47.

术统治下成了数据信息"①。然而,教师毕竟"不是一架机器,不能按照一个模型铸造出来,又开动它毫厘不爽地去做替它规定好了的工作;它毋宁像一棵树,需要生长并且从各方面发展起来,需要按照那使它成为活东西的内在力量的趋向生长和发展起来"②。20 世纪下半叶以来,教师发展观在整体上"由以行为科学为基础的教师教育模式,向以认知科学、建构主义和反思性研究为基础的教师教育模式转型;由以训练技术型为主的培训模式,向培养专家型为主的发展模式转型"。③ 学徒制"默识"隐喻下的"传统—技艺取向"、实证主义"生产"隐喻下的"行为主义取向",也向现象学"生长"隐喻下的"人格论取向"、反省式"解放"隐喻下的"探究取向"前进。④ 具体到学者,吉鲁(Henry A Giroux)指出教帅作为"转化性知识分子"(transformative intellectuals),有着转变"潜能语言"(language of possibilities)改变社会的作用。⑤ 弗莱雷(Paul Ferrer)提出应该让教师从狭隘的专业技能训练中解放出来,成为富有对话和批判精神的知识分子。⑥ 范梅南(Max van Manen)提出教师需要培养远比技能复杂的教学机智。⑦ 古特曼(Amy Gutmann)指出教师必须以"民主职业精神"自律,"通过培养民主思考的能力,职业责任将起到维护非压制原则的作用"⑧。叶澜提出关注教师的生命价值、重建教师职业的生命内涵命题,朱小蔓等将教师职业发展与人生意义与价值的超越相联系,⑨等等。总的旨归都是使教师免于技术奴役,从"役于物"走向"役物",从"他治"走向"自治",从"执照型"走向"情感型",从专业技术化走向专业人文化。

(二) 发展动力上,从被动形塑到自觉建构

教师发展最为人诟病的说法就是:儿童是自己的创造者,教师是别人的灌输品。没有育己何谈育人,没有自己的主动发展何谈儿童的主动发展? 外在嫁接的理论和模式只有内化为自身的行为方式才能持久。在教育哲学领域,学者们意识到,"人之患,在好

---

① [美]派纳,等.理解课程:历史与当代课程话语研究导论[M].张华,等译.北京:教育科学出版社,2003:775.

② [英]约翰·密尔. 论自由[M].许宝骙,译.北京:商务印书馆,2009:63.

③ 刘捷.专业化——挑战 21 世纪的教师[M].北京:教育科学出版社,2002:153.

④ 叶澜,白益民,王枬,等.教师角色与教师发展新探[M].北京:教育科学出版社,2001:202.

⑤ [美]亨利· A.吉鲁.教师作为知识分子——迈向批判教育学[M].朱红文,译.北京:教育科学出版社,2008:6.

⑥ [巴西]弗莱雷.被压迫者教育学[M].顾建新,等译.上海:华东师范大学出版社,2001:25.

⑦ [加]范梅南.教学机智——教育智慧的意蕴[M].李树英,译.北京:教育科学出版社,2001:191.

⑧ [美]乔尔·斯普林格.脑中之轮:教育哲学导论[M].贾晨阳,译.北京:北京大学出版社,2005:30.

⑨ 朱小蔓,笪佐领.走综合发展之路——培养自主成长型教师[J].课程·教材·教法,2002(1).

为人师"(《孟子·离娄上》);"若是能唤醒人们的自由观念,自由的人将不断地解放自身;相反,如果只是教育他们,他们就会在什么时候都以一种有高度教养的、优雅的方式调整自身以适应环境,并最终堕落成为奴颜婢膝、惟命是从的人"。① 于是,在教育理念上,"结构—功能观"渐转为"文化—个人观",前者将教师看作被动的受管理者,后者将教师看作主动的自我引导者。② 在教育理论上,杰克逊(Jackson P W)指责被动专业化为"缺陷观",称主动专业化为"成长观"。多勒(Doyle W)指出,教师发展应该是教师自我反思、自我更新的过程。③ 伊劳特(Eraut M)从主动发展的视角提出发展的补短取向(defect approach)、成长取向(growth approach)、变革取向(change approach)、问题解决取向(problem-solving approach)。④ 哈贝马斯(Habermas J)提出教师的发展应该从技术兴趣转向实践兴趣,终达解放兴趣。⑤ 伊凡·艾里什(Ivan Irish)尝试在白狮街自由学校(White Lion Street Free School)中让教师平等地参与学校决定。我国学者白益民指出自我更新取向将是教师专业发展的新趋向。⑥ 金美福提出以"发展极"为隐喻的教师自主发展论。⑦ 魏薇等指出教师发展应从"自在"走向"自为"。⑧ 程凤农指出传统的科层组织、被动发展方式已经无法满足教师发展的新需求,转而需要组织边界弱化、远离平衡僵化态势的自组织生态系统,使得教师在其中能满足个体情感诉求,进行能量交换。⑨ 教师发展逐渐从外铄走向内发,从被规则走向自我解放。

(三) 发展时间上,从断续培训到终身学习

断续培训是对应发展静止观的传统做法,这种做法具有片段性、断裂性,缺乏现有发展与原有发展以及后续发展的衔接考虑,没有关于个体职业生涯的长远规划,不利于教师持续发展。20世纪初期,美国兴起职业指导运动,在生命发展全程观,代表有埃尔

---

① [美]乔尔·斯普林格.脑中之轮:教育哲学导论[M].贾晨阳,译.北京:北京大学出版社,2005:66.

② Sleegers P, Geijsel F. Conditions fostering educational change [M]//Leithwood K, Hallinger P, et al. Second international handbook of educational leadership and administration. Springer Dordrecht: Kluwer Academic Publishers, 2002: 75 - 102.

③ Doyle W. Classroom knowledge as a foundation for teaching[J]. Teachers College Record, 1990, 91(3): 347 - 360.

④ Eraut M. In service teacher education[M]// Dunkin M J(Eds.). The international encyclopedia of teaching and teacher education. Oxford: Pergamon Press, 1986: 730 - 743.

⑤ [美]芭芭拉·福尔特纳.哈贝马斯:关键概念[M].赵超,译.重庆:重庆大学出版社,2016:29.

⑥ 白益民.教师的自我更新:背景、机制与建议[J].华东师范大学学报(教育科学版),2002(4).

⑦ 金美福.教师自主发展论:教学研同期互动的教职生涯研究[M].北京:教育科学出版社,2005:13.

⑧ 魏薇,陈旭远.从"自在"到"自为":教师专业自主的内在超越[J].教师发展研究,2010(24).

⑨ 程凤农.论教师自组织及其生成——教师专业发展的视角[J].教育理论与实践,2014(16).

德(Elder E H)生命历程理论、埃里克森(Erik Homburger Erikson)生命周期理论、布勒(Buehler)生命阶段理论、伯克(Laura E Burke)毕生发展心理学理论;职业生涯全程观,代表有列文森(Daniel J Levinson)成人生涯发展理论、泰德曼(Tiedeman A)自我发展生涯体系、舒伯(Donald E Super)生涯彩虹图等理论模型、霍兰德(John Holland)职业类型理论、金斯伯格(Eli Ginzberg)职业选择理论、戈特弗雷德森(Gottfredson L S)职业抱负发展理论、阿斯汀和法默(Astin A W & Helen S Farmer)女性生涯发展理论、威斯布鲁克和桑福德(Westbrook B W & Sanford E F)少数群体生涯发展理论;终身发展观,代表有诺尔斯(Malcolm S Knowles)成人教育理论、马斯洛(Abraham Harold Maslow)自我实现理论,在这些理论的影响下,教师发展被统合进生涯发展研究。学者们达成发展的动态共识:教师发展是持续不断的适应、应对和反思,教师需要增强终身学习能力,增加专业发展支持,积累长远职业资本,建立起贯穿整个职业生涯的"教师终生发展体系"。[①] 对比国外的研究,我国教师特别是幼儿园教师的职业发展尚缺乏系统理论和实证研究。

(四) 发展范围上,从单一狭隘到多元生态

"教师发展"一度被认为是一个有限境域,被限定在基本需要与实际利益的范围内,而"找不到通向'理想世界'的道路——这个理想世界是由宗教、艺术、哲学、科学从各个不同的方面为他开放的"[②]。因此,在承认境域之有限性的同时,也要看到世界恰恰因其有限性而成为敞开维度,[③]从广义范围看待教师发展。20 世纪 80 年代以来,教师发展除了理智取向、实践—反思取向,出现了第三种取向——生态取向,关注与教师发展有关的广泛内容。[④] 哈格里夫斯和古德森(Andy Hargreaves & Ivor Goodson)提出后现代专业主义,将教师发展拓展到文化、社会以及教师自身的终身学习上。[⑤] 哈格里夫斯还提出教师发展是教师与组织之间的良好协作,将教师发展从限制的专业主义(restricted professionalism)向扩展的专业主义(extended professionalism)转变,即从个人能力本位的孤立发展转为合作共享的社群化发展。弗莱雷(Paulo Freire)用"教师—学生"和"学生—教师"的提法形容教师可以和学生在合作中共同成长。利特尔

---

① 单中惠.教师专业发展的国际比较[M].北京:教育科学出版社,2010:17.

② [德]恩斯特·卡西尔.人论[M].甘阳,译.上海:上海译文出版社,2003:70.

③ [德]胡塞尔.纯粹现象学通论[M].李幼蒸,译.北京:商务印书馆,1992:92-93.

④ 教育部师范教育司.教师专业化的理论与实践[M].北京:人民教育出版社,2003:27-30.

⑤ Hargreaves A, Goodson I. Teacher's professional lives: aspirations and actualities [M]//Ivor Goodson, Andy Hargreaves(Eds.). The Teachers' Professional Lives. London: Falmer Press, 1996: 1-27.

(Little J W)指出应为教师提供学识的、社会的和情感的多方面的投入。① 哈蒙德
(Darling Hammond)提出,教师发展需要校内外资源支持,与广泛的学校教育改革联系
起来。② 戴(Christopher Day)强调将教师发展与所置身的社会发展相联系。③ 埃文斯
(Evans S L)认为,教师的发展包括价值判断和情感体验在内的职业态度上的发展。④
黄瑾探讨了教师发展的文化本质。⑤ 徐莉提出教师发展是教育观念、知能结构与文化
性格的提升过程,是社会文化期待与主观自我期待的互动过程。⑥ 21 世纪,随着信息化
工作方式和"无边界职业生涯"(boundaryless career)⑦时代的到来,网络虚拟组织、跨
界社群组织等为教师发展提供了更多样化的途径。跨学科、多领域的研究已成为教师
发展未来的研究热点。

三、教师研究的视角转变——一条豁然的途径

"有效地做"是在"做的意义"和"怎么做"的归属下进行的,"怎么做"往往成为一项
研究重要的创新点,也是本研究发起的原因之一和遵循的研究视角。

(一) 从教师缺席到教师卷入

教师研究常见的形式是研究过程中教师仅仅作为被研究对象,研究结论中只注重
教师应该做什么,而忽视教师本身的反身性思考。"教师自我缺席""教师声音不合法"
曾经是研究者的默认规则,⑧教师也习惯于这种不在场的存在模式。然而,教师研究的
终极指向是教师本身。一方面,"认识自我乃是实现自我的第一条件",⑨教师有自我理
解的内在需求;另一方面,携同"局内人"、排斥"局外人"是人类社会的天然本性,纵隔于
研究者与被研究者之间的"群沟"⑩不利于研究的深化开展。20 世纪 30 年代,进步教育

---

① Little J W. Teachers' professional development in a climate of educational reform[J]. Educational Evaluation and Policy Analysis,1993(2):129-151.

② 刘素梅.教师职业生涯规划策略[M].长春:东北师范大学出版社,2010:37.

③ 王海燕.实践共同体视野下的教师发展[M].重庆:重庆大学出版社,2011:14.

④ Evans S L. What is teacher development [J]. Oxford Review of Education,2002,28(1):123-137.

⑤ 黄瑾.农民城的教师 ——文化本质理论视野下教师发展的叙事研究[D].上海:华东师范大学,2008.

⑥ 徐莉.民族村落中的教师 ——文化场视域下教师发展的个案研究[D].重庆:西南大学,2006.

⑦ Arthur M B,Rousseau D M. The boundaryless career as a new employment principle[M]//Arthur M G,Rousseau D M(Eds.). The Boundaryless Career. New York:Oxford University Press,1996:3-20.

⑧ 郑秋贤."冲破坚冰"——三位浸入式教师成长的故事[D].上海:华东师范大学,2003.

⑨ [德]恩斯特·卡西尔.人论[M].甘阳,译.上海:上海译文出版社,2003:3.

⑩ 吴康宁.学生同辈群体的功能:社会学的考察[J].上海教育科研,1997(8).

协会开展的"八年研究"和"南部研究",就曾让被研究教师与研究者合作,共同参与专业活动,打破教师与研究者之间的界限,取得了良好的研究效果和实践效果。因此,近年来西方教师研究领域的新运动——自我研究、①生活史研究、②自传研究、③口述生命史、④合作性叙事研究,⑤均是让教师作为主体参与研究,研究者与教师之间形成主体间性关系,在研究过程中凸显教师自我剖析和自我建构的意义和价值。

(二) 从居高临视到在地倾听

研究者在教师研究中习惯于第三方审视的角度,让教师陷于古德森的"被沉默"(silenced)状态,导致教师生活世界与公共教育话语的分离和对立。教师研究如同丁尼生(Alfred Lord Tennyson)在《悼念集》(*In Memoriam*)中所言,"只关心物种,对个体生命毫不在乎"。在后现代思想影响之下,教育研究从自然科学范式转向人文理解范式,⑥"倾听"与"对话"的潮流席卷了教师研究领域。通过倾听与体验、对话与理解,放大教师微生活,有利于揭示教师背后生活、社会生态的复杂性,关注弱者权利和底层呻吟,彰显教师发展的情境化、个性化。从研究者的角度来说,倾听是把握教师研究深邃之所在:当研究者是倾听者而不是打扰者时,更能获得被研究者的接纳和亲近;当研究者主动追问与倾听而不是被动等待与观察,更能获得完整的、深入的结果。雅斯贝尔斯认为,"人与人的交往是双方(我与你)的对话和敞亮",这种我与你的关系是人类历史文化的核心。⑦ 从教师的角度来说,倾听是教师发展本真之需要。怀特海(Alfred North Whitehead)指出,个体自身都存在一种"活的矛盾",因为个体习惯于自己原有的经验模式,所以难以从自身经验之外的角度发现这种矛盾。如果研究者与教师共在,研究过程即是一种交往、了解、移情、感受、体验、领悟,就能帮助教师从封装(encapsulation)状态中解脱出来,实现理解与自我理解。伽达默尔认为理解的过程是一个"视界融合"的过程,⑧通往"视界融合"的途径是对话,理解和对话消解了主客体对立。研究的意义应该

---

① Zeichner K. The new scholarship in teacher education[J]. Educational Researcher,1999,28(9):4-15.

② 胡方.文化理性与教师发展:校本教研中的教师文化自觉[D].重庆:西南大学,2013.

③ [美]派纳,等.理解课程:历史与当代课程话语研究导论[M].张华,等译.北京:教育科学出版社,2003:430.

④ 彭小虎.社会变迁中的小学教师生涯发展[D].上海:华东师范大学,2005.

⑤ Raymond D, Butt R, Townsend D. Contexts for teacher development:insights from teachers' stores[M]// Hargreaves A, Fullan M (Eds.). Understanding teacher development. New York:Teachers College Press,1992:105-112.

⑥ 姜勇,和震."注视"与"倾听"——对当代两种教育研究范式的思考[J].北京大学教育评论,2004(3).

⑦ [德]卡尔·雅斯贝尔斯.什么是教育[M].邹进,译.北京:生活·读书·新知三联书店,1991:3.

⑧ 严平. 走向解释学的真理——伽达默尔哲学述评[M].北京:东方出版社,1998:129-131.

建立在坦诚对话的过程中。黛柏拉·泰南(Deborah Tannen)的研究发现,言语和性别有关,男性通过话语来树立等级(hierarchy),获得独立性;而女性则通过话语来建立联系(connection),获得亲密性。① 因此,当本研究围绕的是以女性为主体的幼儿园教师群体时,倾听显得尤其重要。

(三) 从重视结构与结果到重视现场与过程

重视结构与结果的代价往往会产生布迪厄(Pierre Bourdieu)笔下的"学究式谬误"(scholastic fallacy),即用研究者逻辑代替实践者逻辑,造成教师研究与教师真实生活二者之间的断裂,也让研究者解释无力、指导无效。这种研究惯习已逐渐被重视现场与过程的思维打破。学者们指出,"只要与过程的关系未弄清楚,任何事物最后都未被理解"②。教师的专业发展不是一次性完成的事件,而是一个持续过程。③ 过程是检验教育质量的重要维度,包括学的过程、教的过程、管理的过程、合作的过程等各个方面,确立过程意识有助于教师发展。研究的意义应该建立在真实的情感交流和坦诚的问题对话的过程中。教师发展要在教师工作现场中获得,除此以外没有更好的办法。④ 教学就是一种在场(presence)和际遇(encounter)。⑤ 有效的教师发展是"嵌入"日常工作的,与教师的具体需求和关心的事情相联系。每个教师都有着不同的成长经历、经验水平,受自身怀有的抱负和希望所指引,每个教师都是故事叙事者,持有现象学中的"第一体验"(first-order experience),现场观察才能理解其言行。⑥ 关于教师的知识、场景、身份、个人叙事和经验反思的研究很重要(Connelly M & Clnadinin D J,1996)。因此,教师研究要紧密联系真实的教育情境,回到教育现场,弥补以往研究远离教师生活的遗憾。学校生活是教师基本生活形态,需要进场研究、场域分辨、在场分析,进行过程探访、过程积累、过程分析,通过现场和过程建构教师生活的意义结构,再对这些意义进行解构、反思,从逻辑实证走向人文对话。因此,注重现场与过程的研究,特别是长时间跟

① [美]黛柏拉·泰南.男女亲密对话:两性如何进行成熟的语言沟通[M].吴幸宜,译.台北:远流出版社,1999.
② [英]怀特海.思维方式[M].刘放桐,译.北京:商务印书馆,2004:42.
③ US Department of Education, Office of the Undersecretary, Planning and Evaluation Service, etal. Does professional development change teaching practice? Results from a three-year study, executive summary [C]. Washington, D C: US Department of Education,2000:10.
④ Hagreaves A, Lo L N K. The paradoxical profession: teaching at the turn of the century[J]. Prospects, 2000(2):167-180.
⑤ [美]派纳,等.理解课程:历史与当代课程话语研究导论[M].张华,等译.北京:教育科学出版社,2003:777.
⑥ 王艳.泰德·奥凯现象学教师观及其启示[J].外国教育研究,2015(12):37-46.

踪研究更具有价值。然而,我国关于教师特别是幼儿园教师的这种类型研究较为薄弱。

(四) 从批判矫正到关怀唤醒

研究者相对于教师总是具有理论权威性,而教师也在顺应权威所赋予他们的角色中生活。福柯(Foucault)认为,所有话语都是权力的象征,任何听说行为都透露着"霸权主义"。[①] 布迪厄认为,经济资本、文化资本和社会资本的差异导致了权威控制。[②]"在本应揭示造成教师不平等和不公平处境的制度根源⋯⋯的时候,却总是停留在申明批判性反思的重要意义。"[③]知识是权威人士认定的,权威是权力场的话语主导者。权威控制的弊端使得优势阶层利益合法化,对教师批判矫正的做法披着合法性的外衣得以持续。20世纪60年代到70年代,女性主义(feminism)思潮促使人们"意识到被日常理解所掩盖或扭曲的矛盾冲突"[④]。女性主义学者秉持关怀伦理(ethics of care)立场,[⑤]认为每个人都拥有鼓舞自己迎向光明的力量。现象学者认为体验和声音的自传性问题应成为教师培养和发展过程的中心。研究者应成为教师的重要他人,关注教师的实存状态、心理健康、职业幸福,把情感作为教师长效发展的力量源泉,改变一边倒的批评之声和压抑、统一的制度化做法,向教师赋权。教师发展即是赋予教师自主权力的过程,教师研究正是促进教师心理世界和生活世界提升的过程。"以关注生命为基点,伴随着教师专业发展过程始终的一种专业追求的理想境界,体现了教师生命价值在其专业发展获得中的和谐统一。"[⑥]这种转向体现了一种"关系关怀",即用相互接纳的温情方式,站在增进了解、角色共生的全局高度上,为教师研究打开了一扇全景敞视的大门。

四、教师成长的现实困囿——一个问题的聚焦

除了承袭、楔入教师研究转向的大背景,本研究还试图反映现实中教师发展迫切需要解决的问题。

---

① [法]米歇尔·福柯.知识考古学[M].谢强,马月,译.北京:生活·读书·新知三联书店,1998.
② [法]布迪厄,[美]华康德.实践与反思[M].李猛,李康,译.北京:中央编译出版社,1998.
③ 徐龙,杜时忠.教师教育制度研究文献述评:取向、对象与方法[J].教师教育研究,2015(6).
④ [美]派纳,等.理解课程:历史与当代课程话语研究导论[M].张华,等译.北京:教育科学出版社,2003:413.
⑤ Noddings N. Care and moral education[M]//Kohli W(Eds.). Critical conversations in philosophy of education. New York:Routledge,1995:137-148.
⑥ 刘剑玲.追求卓越:教师专业发展的生命观照[J].课程·教材·教法,2005(1).

(一) 幼儿园教师发展的高要求与研究者遭遇的实际困惑

幼儿身心发展的特殊性、脆弱性对幼儿园教师提出了在所有教师阶段里最为严格的要求,来自社会的苛刻期望也使他们背负着强烈的师德诉求和巨大的发展压力。幼儿教育是根基教育,幼儿园教师就是怀着虔诚和希望,站在生命的源头创造未来。保教并重是幼儿园教育的重要特征,教师素质要与幼儿需求高度合拍。幼儿发展的不成熟和不完善反衬了幼儿园教师素质要求的复杂、艰巨与深刻:让幼儿学习什么、怎样学习、通过什么方式学习、提供怎样的环境和资源,都对幼儿园教师提出了挑战,这种挑战区分了幼儿园教师与其他阶段教师的不同要求。夸美纽斯形容"孩子是上帝的密探",幼儿阶段是人类秘密未完全展现的花园,只有高度专业化的幼儿园教师才能胜任秘密花园的探索性工作。陈鹤琴早在 20 世纪即提出"敬业、乐业、专业、创业"这样一个幼儿园教师发展目标体系。现代社会也提出了建立高素质幼儿园教师队伍的需求——《关于幼儿教育改革与发展的指导意见》强调:"加强师资队伍建设,努力提高幼儿教师素质。"《国家中长期教育改革和发展规划纲要(2010—2020 年)》指出:"切实加强幼儿教师培养培训,提高幼儿教师队伍整体素质。"《国务院关于当前学前教育改革的若干意见》呼吁:"多种途径加强幼儿教师队伍建设。加快建设一支师德高尚、热爱儿童、业务精良、结构合理的幼儿教师队伍。"2012 年教育部出台了《幼儿园教师专业标准(试行)》。2015 年国务院常务会议全面推开中小学教师职称制度改革,幼儿园也开始拥有自己的"教授级教师"。"学前教育三年行动计划"围绕幼儿园教职工编制标准、加强幼师培养培训等安排了一批工程项目,纳入为民办实事的重要工程予以保障和重视。

然而,在这样的背景下,一些幼儿园教师的发展仍处于被动、茫然、停滞的状态,甚至中途转岗流失,影响了教师终极目标的达成。社会科学理性的有限性总是受制于人所生存的历史空间,理想和现实的反差促使研究者反思,究竟幼儿园教师的发展面临着哪些问题,如何获得持续发展的动力? 这也与研究者个人生活史有着相应勾连。作为N 大学学前教育系面向幼儿园就业的第一届本科毕业生,研究者对幼儿园教师有着深切的理解与共情;笔者的同学中大部分当了幼儿园教师,在那个中国幼教急剧转型的时代,大家怀着一颗火热的赤诚之心奔赴全国,十多年过去了,有的成了园长、骨干教师,有的在发展征途上困厄不前,有的已决然离开了这个行业。他们经历了什么? 生存状态如何? 怎样进一步发展? 这是研究者和教师所共同关心的。经验层面的同感使得笔者对本研究有着高度投入感,希望学术史与生活史碰撞出火花。伽达默尔将"没有真正提问者"的问题称为虚假问题,[①]吴康宁强调要选择"真问题"作为研究对象,问题意识是教育研究选题基点已成为共识,[②]而笔者的问题正是从实践中得来的"真问题""真困惑"。一个人观点的绵延不敌每个人观点不同角度的呈现,只有把一个人的疑问放大为一群人的问题,才能更加真实地反映事实;只有知晓背景环境中所有人的生活际遇,才能明了并把握自己的生活机遇。[③]

(二)"高原"问题域的广泛包摄与特殊空白

教师发展的研究路径大体来说有两种:一种是以领域为范畴的纵深化,从领域理论出发,由上至下建构; 种是以问题为导向的整合化,从实际问题出发,由下及上探究。二者旨归一致,共同丰富了教师发展的研究内容。以领域为范畴的研究往往表现出独立性、深入性,而以问题为导向的研究由一个问题辐射多个领域,往往显示出综合性、系统性。本研究认为,从教师遭遇的问题出发,聆听来自一线的声音,重视教师发展中遇到的现实困难,体现了对教师内在价值的尊重。这种解决发展经历中遭遇的问题比直接传递专家教师的特质经验更能给普通教师以启示。"直面灵魂的镜子,不回避所看到的,就有机会获得自我的知识。"[④]本研究将教师研究的自我对象化作旨趣,试图把幼儿园教师发展的高原现象看作一个特殊文本,运用综合的视角,在历时与共时的研究中与多学科视域融合,超越教育的原有视界,进行深层探究,剥开斑驳的表层面纱,还原一个真实的教师世界,从教师的实存状态来理解教师发展。

本研究以"高原现象"为问题锚,关注幼儿园教师发展阶段的停滞期。高原现象是国内国外、各行各业普遍存在的发展问题。1977 年,费尔伦斯(Ference)等首次提出了"职业高原"的概念,指个体处于职业生涯发展的某个阶段,进一步晋升的可能性很小。[⑤] 其后,大量学者从不同的角度对职业高原现象展开研究,获得较多研究成果。从文献来看,职业高原研究是近年来的一个热点问题。年度发文量是衡量研究热度与发展趋势的重要指标。如图 1.1 所示,职业高原研究发文量总体表现出上升趋势:从职业高原研究出现的 1977 年到 2004 年之间,每年发文在 10 篇以内,数量较

　　① [德]汉斯-格奥尔格·伽达默尔.真理与方法[M].洪汉鼎,译.上海:上海译文出版社,2004:472.
　　② 劳凯声.教育研究的问题意识[J].教育研究,2014(8):4-14.
　　③ [美]C.赖特·米尔斯.社会学的想象力[M].陈强,张永强,译.北京:生活·读书·新知三联书店,2005:3.
　　④ [美]帕克·帕尔默.教学勇气[M].吴国珍,等译.上海:华东师范大学出版社,2005:3.
　　⑤ Ference T P, Stoner J A F, Warren E K. Managing the career plateau[J]. Academy of Management Review, 1977, 2(4).

少,但从 2005 年开始该问题日渐受到研究者的关注,呈集中递增趋势,其后虽有所波动,但整体发文量较高。

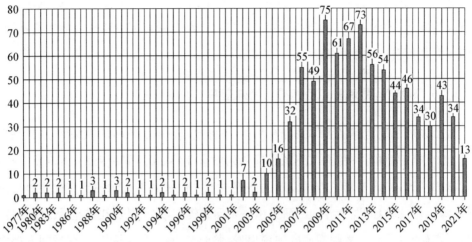

图 1.1　1977—2021 年职业高原研究的发文量情况

许多领域的高原问题都受到学界的重视,但是唯独缺乏对幼儿园教师的应有关注。幼儿园教师对于整个社会职业而言,只是"在那里",是一群沉默者的大多数。而本研究正是希望关注这一群体,在沉默处为其发声。一切问题不外乎古今中外之争,"高原"问题来自本土,其研究源头则来自西方。关注这一问题,反映了相关研究在不同文化语境中的对话、在不同实践生态里的对照;解决这一问题,既是对外来研究的嫁接性生长,又是对本土问题的原生性掌握。在既有高原现象研究的背景下,一方面,我们需要明确国外与国内问题域的差别,在借鉴国外研究的基础上,系统讨论本土问题产生的文化历史背景,用一种横向对比的眼光和纵向发展的眼光来描述、剖析这些原因,尝试用中国方式解决中国问题;另一方面,我们还需要具体问题具体分析,避免学究式谬误,深入研究幼儿园教师与其他教师不同的高原问题,研究不同层次幼儿园教师的高原问题,研究新时期幼儿园教师面临的高原问题新特点。在这样的背景下,研究者正式确立了本研究问题。

五、研究问题的确立

(一)研究目标

本研究围绕幼儿园教师职业发展高原现象,对其展开多层次、多角度、多方面的研究,拟完成如下五个目标。

第一,探索幼儿园教师职业发展高原的结构要素。

第二,揭示幼儿园教师职业发展高原的现状特点。

第三,挖掘幼儿园教师职业发展高原的体验与性质。

第四,追寻幼儿园教师职业发展高原的影响因素。

第五,探究幼儿园教师职业发展高原的改善路径。

(二) 研究内容

研究内容主要包括以下几个方面。

第一,在文献、访谈、开放式问卷的基础上,编制适合我国社会文化背景下的幼儿园教师职业发展高原现象调查问卷。对调查所得数据进行探索性因素、验证性因素分析及竞争模型比较,并检验问卷的信度、效度,形成符合心理测量学标准的问卷,建构幼儿园教师职业发展高原结构模型,得出维度分类。

第二,探讨人口学变量与高原整体以及与各个维度间的关系,进行描述性统计分析,通过属性数据揭示高原特征。

第三,透过现象学视角尝试对幼儿园教师职业发展的高原体验进行描摹,展现其现实样态,判断高原性质,从而与结构维度研究一起丰富幼儿园教师职业发展高原的内涵。

第四,运用多种研究方法,调查幼儿园教师职业发展高原现象不断涌现和持续存在的原因,结合原因分析揭示其对教师发展的影响,在真实的教育情境中叩问、省思教师的发展意蕴。

第五,立足幼儿园教师日常生活,选择实践层面有效的经验做法作为路径建设基点,辅以理论建构,以点切入,探究并应对高原现象的可行模式,为幼儿园教师的持续发展提供可资借鉴的经验。

六、研究意义的澄明

(一) 理论意义

首先,本研究响应了教师发展的当代理论取向,即从工具主义教师发展观向人文主义教师发展观转变,把教师作为发展的主体而不是被发展的客体来对待,关注幼儿园教师的职业尊严和生命意义、现实困境和内在需求,将教师的发展与人的发展相联系,彰显教师研究的理论意义和价值。

其次,通过探查幼儿园教师的生存实况、质量属性、停滞原因和发展可能,丰富了读者对幼儿园教师专业实践的理解,进而丰富了教师培养和培训的理论研究,并为幼儿园教师阶段发展提供了学理基础。

再次,丰富了我国幼儿园教师发展高原阶段研究内容。本研究处于职业高原研究与幼儿园教师发展研究的交叉点,既在职业高原的研究中丰富了幼儿园教师块面研究,又在幼儿园教师发展的研究中丰富了高原阶段研究。

最后,本研究尝试运用多学科理论、多样化方法来研究教师职业高原问题,改变已有研究较为单一的研究方式。一方面拓宽了高原研究的范畴:以往的高原研究多侧重于教育学方面的经验总结,或是侧重心理学方面的数据统计,缺少视野开阔、过程性强的多元化研究;另一方面拓展了幼儿园教师发展的研究视角,将教师发展放入整个职业生涯旅程中审视,对阐释与促进教师成长具有积极新意。

(二) 实践意义

首先,本研究旨在探查阻碍幼儿园教师职业发展的困境,探寻促进幼儿园教师发展的可能路径,以帮助他们正确认识并高效解决发展中遇到的问题,以获得持续的成长动力,这对于改善幼儿园教师流失现象和维护师资队伍稳定具有重要的现实意义。

其次,对职业高原这一实然问题的透析,反映了幼儿园教师发展的原生形态和深层心声。职业高原是客观存在的现象,无视或忽视这一现象,既不利于幼儿园教师的长效发展,也将影响到幼儿的身心健康。对高原现象做多维、深刻的阐释,正确对待,因势利导,有利于维护幼儿园教师的心理健康。

再次,研究结果有助于各级培训工作细分培训对象,改变笼统的划分标准,科学、有效地辨别幼儿园教师的发展层次,体认教师发展中面临的实际问题和个别需要,将激发内在潜力作为培训追求,对于提升幼儿园教师培训成效有一定作用。

最后,通过转换研究角度,从幼儿园教师的立场和角度揭示教师专业生活背后的所见、所闻、所思、所想,为幼儿园教师提供发声平台,还原一个真实的教师世界,有助于促进全社会对幼儿园教师职业的认识、理解和重视。

第二章 文献综述

研究者检索文献时，通过输入"教师发展"（teacher development）、"职业高原"（career plateau）进行词组精确检索，并通过输入"教师 SAME 高原"（teacher SAME platcau）进行算符连接短语搜索。

中文文献具体通过以下途径进行检索。（1）学术搜索引擎：读秀、百链。（2）专业和综合数据库：CNKI 中国期刊全文数据库、CNKI 中国优秀博硕士学位论文全文数据库、万方数字化期刊网、维普科技期刊网。（3）开放资源网址：国家哲学社会科学学术期刊数据库（http://www.nssd.org/），e 读系统（http://www.yidu.edu.cn）。

外文文献具体通过以下途径进行检索。（1）学术搜索引擎：百链。（2）专业和综合数据库：EBSCO，PsyArticle，PsyBSC，ES（Education Source），PQDD（ProQuest Digital Dissertations），Web of Science—SSCI / A & HCI。（3）开放资源网址：Socolar（http://www.socolar.com），Open J-Gate（http://openj-gate.org），Open DOAR（http://www.opendoar.org）。（4）外文书籍下载网站：http://en.bookfi.org/，http://gen.lib.rus.ec/，http://bookfinder.com。

除了南京师范大学图书馆系统，还选择了三个校外图书馆资源系统——国家图书馆文津搜索（http://find.nlc.gov.cn）、重庆大学超星发现系统（http://ss.zhizhen.com）、北京大学未名学术搜索（http://www.lib.pku.edu.cn/portal）进行浏览查找。部分资料通过中国高校人文社会科学文献中心 CASHL（China Academic Humanities and Social Sciences Library）和中国高等教育文献保障系统 CALIS（China Academic Library & Information System）进行文献传递。

研究者整理文献时，除了根据收集的资料进行理论分析，还采用了 CiteSpace 软件（版本 5.1.R1），基于共引分析理论（co-ciation）和寻径网络算法（ path-Finder），对文献进行计量，绘制可视化图谱。

整理后的文献综述如下。

一、核心概念界定与辨析

研究构成的起点是问题,问题构成的起点是概念。奥古斯丁说:"一个概念被千百人亿万次地使用,并不说明这一概念已经具备了明确、公认、凝固的定义。"[①]自苏格拉底以来,"就很强调透过概念的澄清,使人了解到自己观念的混淆、冲突与限制,从确立问题意识与前提,建立论述体系"[②]。因此,对本书涉及的关键概念,研究者尝试从词源学、具体学科角度进行详细剖析。

(一) 教师发展

"教师发展"的内涵有两种理解方式:(1) 广义上来说,教师发展是与教师专业发展、教师个人发展、教师生涯发展相互通用的概念。如有学者认为教师的专业发展可看作与职业发展密切相关甚至可互为替换的概念(Little[③],Trorey & Cullingford[④]),包含了教师在生涯过程中提升其工作的所有活动,是"教师的职业素质、能力、成就和职称等随时间轨迹而发生的变化过程及其相应的心理体验与心理发展历程"(李华)[⑤]。"包括知识和技能发展、自我理解、生态的改变"(Fullan & Hargreaves)[⑥],"强调教师的终身学习和终身成长,是职前培养、新任教师培养和在职培训,直至结束教职为止的整个过程。不仅包括教师个体生涯中知识、技能的获得与情感的发展,还涉及与学校、社会等更广阔情境的道德与政治因素"(卢乃桂)[⑦]。即从纵向角度来看是一个连续的、包含整个职业生涯的终生过程;从横向角度来看是在动态和复杂的环境中,教师体验和追求到的正式和非正式学习的总和(Collinson & Ono)。[⑧] (2) 狭义上来说,教师发展专指教师的专业成长过程和促进教师专业成长的过程。如有学者指出教师发展是教师在教

---

① [古罗马]奥古斯丁.忏悔录[M].周士良,译.北京:商务印书馆,1963:242.

② 邱兆伦.当代教育哲学[M].台北:师大书苑有限公司,2003:214.

③ Little J W. Teacher development and educational policy[M]//Fullan M, Hargreaves A (Eds.). Teacher development and educational change. London & Washington, D C: Falmer Press, 1992.

④ Trorey G, Cullingford C. Professional development and institutional needs[M]. England: Ashgate Publishing Company, 2002: 1.

⑤ 李华.地方高校青年教师专业发展研究[M].成都:西南交通大学出版社,2014:61.

⑥ Fullan M, Hargreaves A. Teacher development and educational change [M]. London & Washington, D C: Falmer Press, 1992:8-9.

⑦ 卢乃桂,钟亚妮.国际视野中的教师专业发展[J].比较教育研究.2006(2).

⑧ Collinson V, Ono Y. The Professional development of teachers in the United States and Japan[J]. European Journal of Teacher Education, 2001, 24(2): 226.

学职业生涯的每一个阶段掌握良好专业实践所必备的知识和技能的过程（Hoyle）[①]，是广义的专业生活成长（Perry）[②]，教师通过培训而获得特定方面的发展，以及在目标意识、教学技能及与通识合作能力上更全面的进步（Fullan）[③]，教师会随着经验增加和反思教学而获得专业成长（Glatthorn）[④]。持有类似观点的还有利伯曼（Lieberman）、斯帕克斯（Sparks）、赫什（Hirsh）。国内学者有从专业实践角度进行的定义："在教学生涯的每一阶段教师掌握良好专业实践所必备的知识与技能的过程。"（饶从满、杨秀玉、邓涛）[⑤]有从专业结构角度进行的定义："教师内在专业结构的更新、演进和丰富的过程，依专业结构，包括观念、知识、能力、专业态度、动机、自我专业发展需要意识等的发展。"（叶澜、白益民）[⑥]还有从专业能力角度进行的定义，认为是教师个体不断接受新知识、增长专业能力的过程（吴伦敦）[⑦]。

本研究倾向于广义定义，认为教师发展既是教师职业生涯的发展过程，也是教师认识自我、准确定位、进一步提高自我价值的过程。其中，发展本质是成为自主成长的研究者；发展标志是不断提升专业品质；发展条件是对教育事业、自身的存在和发展深入理解，并获得同行交流、专家支持；发展途径是不断实践、持续反思和终身学习；发展内容不仅包括专业知识技能的发展，还涉及与教师职业相关的道德、情感、社会性等发展。

（二）高原现象

总的来说，"高原"的概念界定经历了从地理学到心理学再到管理学的迁移、从垂直运动到水平流动再到责任承担的扩展、从静态发展到动态发展的转变。"高原"本是地理学用语，指"海拔高度在1 000米以上、面积广大、地形开阔，周边以明显的陡坡为界、比较完整的隆起地形"。后被借用到心理学中，以"高原现象"（plateau phenomenon）隐

① Hoyle E. Professionalization and deprofessionalization in education[M]// Eric Hoyle, Jacquetta Megarry (Eds.). World yearbook of education 1980：Professional development of teachers. London：Kogan Page，1980：42.

② Perry P. Professional development：the inspectorate in England and Wales[M]//Eric Hoyle, Jacquetta Megarry (Eds.). World yearbook of education 1980：Professional development of teachers. London：Kogan Page，1980：143.

③ 王枬，等.教师发展：从自在走向自为[M].桂林：广西师范大学出版社，2007：8.

④ Glatthorn A. Teacher development[M]//Lorin W. Anderson(Eds.). International encyclopedia of teaching and teacher education(2nd Eds.). Oxford：Elsevier Science Ltd.，1995：41.

⑤ 饶从满，杨秀玉，邓涛.教师专业发展[M].沈阳：东北师范大学出版社，2005：39.

⑥ 叶澜，等.教师角色与教师发展新探[M].北京：教育科学出版社，2001：226.

⑦ 吴伦敦.教师专业发展导论[M].武汉：华中师范大学出版社，2007.

喻学习过程中的停滞或退步现象。20世纪中后期,工业革命背景下的职业生涯发展受到关注,发达国家陆续兴起了相关研究,高原现象成为管理学职业生涯研究中的一部分。1953年舒伯(Super D E)建立了职业生涯循环发展任务理论,指出在职业发展的每一个阶段都蕴含着成长期、探索期、建立期、维持期、衰退期,其中的维持期即有高原的意向。20世纪70年代,费尔伦斯等在《管理职业高原》一文中提出管理学领域的"职业高原"概念,并在后续文章[1]中描述了这一现象。哈维和舒尔茨(Harvey & Schultz)的研究沿用了这一定义。[2] 但是该定义的局限性也日渐被诟病。[3] 1981年魏格(Veiga)对此定义进行了拓展,认为高原不仅指晋升的可能性小(垂直运动停滞),也可以指长期处于某一职位没有变动(水平流动停滞)。[4] 1988年魏茨(Weitz)、费尔德曼(Feldman)从责任视角赋予了该定义新的补充,指在职业生涯发展中进一步接受挑战和承担责任的可能性变小。[5] 后来的概念释义基本包括了晋升(promotion)、流动(mobility)、责任(responsibility)三大范畴。[6] 1990年查奥(Chao)进一步将"高原"的定义从静态观拓展到动态范畴,提出用连续变化的标准来描述职业高原更恰当:"高原是一个连续变化的过程,具有深浅不一的程度。"[7]在我国,直到20世纪90年代才有学者关注这一问题。1992年张继安发表了我国第一篇探讨高原现象的论文。1997年孙丽的《浅谈珠算技能训练中的"高原现象"》是"高原"概念在教育学领域应用的实例。2003年马远、凌文辁、刘耀中发表《"职业高原"现象研究进展》,首次对国外"高原"研究进行综述。自2004年开始,我国各类职业高原现象研究陆续兴起,研究最多的是企业员工。总之,现有研究对高原现象的定义主要沿用西方成果,外延较狭窄,范畴单一,内涵较单薄,没有成熟的定论,囿于管理学的定义难以适用全部职业,也缺乏标准的测量工具和公信力的量表。因此,当研究具体到某一职业领域时,有必要进行深入探索和内涵拓展。

① Warren E K, Ference T P, Stoner J A F. Case of the plateaued performer[J]. Harvard Business Review, 1977, 53(1): 30-38.

② Harvey E K, Schultz J R. Responses to the career plateau bureaucrat[M].London: Falmer Press, 1987: 31-34.

③ Choy M R, Savery L K. Employee plateauing: some workplace attitudes[J]. Journal of Management Development, 1998, 17(6): 392-401.

④ Veiga J F. Plateaued versus non-plateaued managers career patterns, attitudes and path potential[J]. Academy of Management Journal, 1981, 24(3): 566-578.

⑤ Feldman D T, Weitz B A, et al. Career plateauing in a decling engineering organization[J]. Human Resource Management, 1988, 24(3): 255-312.

⑥ 陈剑.西方职业高原现象研究进展[J]. 北京工业大学学报(社会科学版),2006(3).

⑦ Chao G T. Exploration of the conceptualization and measurement of career plateau: a comparative analysis[J]. Journal of Management, 1990, 16(1): 181-193.

（三）教师职业发展高原

教师职业高原的定义也沿用了管理学领域的定义，形容教师职业生涯中的停滞和退步现象。纽曼(Newman,1980)指出教师会在任教的第一个十年内因种种原因导致从事教学的志向发生很大改变。[①] 克鲁普(Krupp,1987)发现在教师发展的中期会出现停滞现象。[②] 布克(Burke)的稳定和停滞状态(stable and stagnant)[③]、休伯曼(Huberman M)的新挑战和新关注期(入职4—10年，由稳定后的教师分化为实验型、职责型、慌乱型三种)、费斯勒(Fessler)的职业挫折期、斯德菲(Steffy)的退缩职业生涯阶段等，均与高原期相关。但是当时对这种停滞现象缺乏进一步研究(Carnazza J，Korman A，Ference T，& Stoner J)。[④] 我国第一篇关于高原的研究文章《教师能力发展中的高原现象》(张继安,1992)正是关于教师职业的。林炳伟论述中学教师发展阶段时提到了"徘徊阶段"，也与高原期的含义相关。[⑤] 已有研究中比较有代表性的教师职业发展高原定义是寇冬泉、张大均提出的："教师在职业生涯的某阶段由进一步增加工作责任引发的职业进步如晋升、流动等暂时停顿的心理与行为状态。"[⑥]此外，章学云提出了操作性定义："教师走上教学岗位后，教学技能提高缓慢，由于放松对自己的要求，对原教育文化环境、现实利害关系、心理习惯定势等方面功能性固着，职业水平将在垂直层级上停顿滑坡现象。"[⑦]还有些学者对特殊教师群体进行了研究，给出了具体定义。如周勇华对名师群体的高原内涵进行了界定，[⑧]姚红玉、叶琴珍研究初任教师在入职几年后会进入专业发展高原期，表现为满足于应付工作最低要求，专业动机下降，不求专业知能提升，不敢迎接挑战性工作，丧失职业热情，产生倦怠。[⑨] 值得一提的是，刘艳对幼儿园教师的专业发展高原进行了界定：幼儿园教师在经过一段时间(3—5年)的专业

---

① Newman K K，et al. Helping teachers examine their long-rang development [J]. The Teacher Educator，1980，15(4)：7 - 14.

② Krupp J. Mentoring：a means by which teachers become developers [J]. Journal of Staff Development，1987，8(1)：12 - 15.

③ Burke P J，Christensen J C，Fessler R. Teacher career stages：implications for staff development[M]. Bloomington，InD：Phi Delta Kappa，1984.

④ Carnazza J，Korman A，Ference T，et al. Plateaued and nonplateaued managers：factors in job performance[J]. Journal of Management，1981(7)：7 - 27.

⑤ 林炳伟.谈中学教师生涯发展[J].教育科学研究,2002(10).

⑥ 寇冬泉,张大均.教师职业生涯"高原现象"的心理学阐释[J].中国教育学刊,2006(4).

⑦ 章学云.中小学教师高原现状研究述评[J].师资培训研究,2005(3).

⑧ 周勇华.四川省中小学教学名师"高原现象"研究[D].成都：四川师范大学,2014.

⑨ 王枬,等.教师发展：从自在走向自为[M].桂林：广西师范大学出版社,2007：122.

成长之后,在其专业成长的认同感、情感、专业积极性和角色定位等方面与自身教学经验增长不相符,出现了停滞或下降的现象。[1]

由于文献中尚无幼儿园教师职业发展高原的定义,因此,根据文献和对论题的理解,本研究把幼儿园教师职业发展高原现象定义为:"幼儿园教师在职业生涯的某一阶段,晋升、流动、迎接挑战和承担责任的可能性等方面不再继续提升,在行为或心理上出现暂时停滞的现象。这一现象具有深浅不一的程度,呈现一种连续变化的过程。"研究者在研究之初持开放的态度,不把"高原"看作单维概念,不对其性质做价值预设,在研究中进行探索,丰富概念内涵。

(四) 相关概念之间的区别

职业高原与职业倦怠是两个不同的概念。"职业倦怠"(job burnout)也称"职业枯竭",是 1974 年助人行业研究领域学者费登伯格(Freudenberger)首次提出的概念,用来形容长期工作在压力情境下导致疲倦、紧张、麻木不仁等负性症状,主要体现在生理、心智、情绪、行为上。后来有学者从静态角度进行定义描述,指"需要连续不断地与他人互动的人际服务业者在经历长期压力下的行为反应,包括情感衰竭、非人性化、低个人成就感"[2];有学者从动态角度予以呈现:"个体由于工作疲劳而在态度和行为上消极变化的过程,包括压力阶段、疲劳阶段、防御性应对阶段。"[3]随着研究的深入,职业倦怠已形成了全面的定义,指"个体所经历的、与工作有关的连续的、消极的心理状态,特征是精疲力竭,表现是负性压力、低效能感、低动机、消极行为,实质是不适当的应对策略。起源于工作目标与现实的冲突,会持续存在"[4]。社会心理学家马勒诗和佩斯(Maslach C & Pines A)认为,职业倦怠有三个特征:耗竭感、去人性化和缺乏个人成就感。而与职业倦怠对应的研究是"职业幸福",职业幸福是职业倦怠水平较低时的状态。[5]

职业高原与职业倦怠之间既有区别也有联系。职业倦怠的研究在时间上先于职业高原研究。当学者们发现职业发展中的某种现象不是"职业倦怠"所能概括的,因而另

---

① 刘艳.幼儿园教师专业成长中"高原现象"研究[D].杭州:浙江师范大学,2011.

② Maslach C. Burnout: a social psychological analysis[M]//Jone J W (Eds.). The burnout syndrome: current research, theory, investigations. Park Ridge, IL: London House Press, 1982.

③ Stelling J, Cherniss C. Professional burnout in human service organizations[J]. Contemporary Sociology, 1980,11(1).

④ Schaufeli W B, Enzmann D. The burnout companion to study and practice: a critical analysis[M]. London: Taylor & Francis, 1998: 36.

⑤ Goddard R, O'Brien P. Beginning teachers' perceptions of their work, well-being and intention to leave[J]. Asia Pacific Journal of Teacher Education and Development, 2003, 6(2).

外使用了"职业高原"一词来形容。倦怠是高原的继发现象,如教师由于教学水平和能力而处于高原期时,缺乏成就感和发展感的支持,就可能出现职业倦怠。[①] 从概念的性质来说,倦怠的消极情绪表现明显,[②]必然会给教师带来不良影响,如教学效果下降、人际关系紧张、自我身心伤害。[③] 而高原则不一定,虽然也包括消极的情绪,但是另有休息、稳定、安全、蓄势而发的一面。有关高原现象的研究表明,高原有三种可能性质:第一种也是最普遍的是负面性质,大多数学者认为"高原"与负面情绪相联系,带来暂时或永久性的停滞(Lemire,Saba & Gagnon[④])、工作满意度低(Near[⑤],Nicholson[⑥],Gerpolt & Domsch[⑦])、努力工作的动机下降(Lock,Shaw,Saari & Latham[⑧])、职业压力大(Carric[⑨],Elass & Ralson[⑩])、情绪低落(Peterson[⑪])、态度消极(West,Nicholson, & Fees[⑫])、离职倾向增大(Rotondo & Perrewe,[⑬]Sharon[⑭])、被同事驱避,主管也不再分配重要任务给他们,工作责任长期不变而拥有较少的发展机会。(2)积极性质:也有少数学者持积极态度,认为高原能避免持续晋升带来的压力(Gunz)[⑮],高原期的员工可以保持较好绩效,工作满意度较好,不用担心工作的不确定和责任的增加,从而进一步

① 刘素梅. 教师职业生涯规划策略[M].长春:东北师范大学出版社,2010:4.

② Feldman D C, Weitz B A. Career plateaus reconsidered[J]. Journal of Management. 1998,14(1):69-80.

③ 杜秀芳.教师职业生涯规划与发展[M].上海:华东师范大学出版社,2015:221-226.

④ Lemire L, Saba T, Gagnon Y C. Managing career plateauing in the Quebec Public Sector[J]. Public Personnel Management, 1999, 28(3):375-391.

⑤ Near J P. The career plateau:causes and effects[J]. Business Horizons. 1980, 23(5):53-57.

⑥ Nicholson N. Purgatory or place of safety? The managerial plateau and organizational age grading[J]. Human Relations. 1993, 46(12):1369-1389.

⑦ Gerpolt T, Domsch M. R & D professionals' reactions to the career plateau:mediating effects of supervisory behaviors and job characteristics[J]. R & D Management. 1987, 17(2):103-118.

⑧ Loke E A, et al. Goal setting and task performance:1969-1980[J]. Psychological Bulletin, 1981, 90(1):125-152.

⑨ McCleese C S, Eby L T, Scharlau E A, et al. Hierarchical, job content, and double plateaus:A mixed method study of stress, depression and coping responses[J]. Journal of Vocational Behavior, 2007, 71(2):282-299.

⑩ Elsass P M, Ralston D A. Individual response to the stress of career plateauing[J]. Journal of Management. 1989, 15(1):35-47.

⑪ Peterson R T. Beyond the plateau[J]. Sales and Marketing Management. 1993, (7):78-82.

⑫ West M, Nicholson N, Fees A. The outcomes of downward managerial mobility[J]. Journal of Organization Behavior, 1990, 11(3):117-134.

⑬ Rotondo D M, Perrewe P L. Coping with a career plateau:an empirical examination of what works and what doesn't[J]. Journal of Applied Social Psychology, 2006(7):2622-2646.

⑭ Heilmann S G, Holt D T, Rilovick CY. Effects of career plateauing on turnover a test of a model[J]. Journal of Leadership & Organizational Studies, 2005, 15(1):59-68.

⑮ Gunz H. Career and corporate cultures[M]. Oxford:Basil Blackwell, 1989.

发展创造机会,获得重新奋斗的动力(Clark)。(3)双面性质:弗伦斯将"高原"细分为
"有效高原"和"无效高原"两种性质,①这是对"高原"性质较为全面的提法。如果员工
处于情感高原状态,即处于当前工作绩效最高的阶段,且认为自己仍具有发展潜力,不
一定会产生负面影响,这种高原就是"有效高原";如果员工处于组织高原状态,即处于
工作业绩低效的阶段,组织无法或不愿提供发展机会,才会产生负面影响,这种高原就
是"无效高原"。

二、教师发展的相关研究

(一)教师发展的阶段划分

关于教师发展阶段的文献可以分为情境论与谱系说两大阵营。情境论的代表人物
有贝尔和格里布利特(Bell & Gillbrert),他们以"情境"来区分教师发展的不同,如渴望
变革(confirmation and desiring change)情境、重新建构(reconstruction)情境、获得能
力(empowerment)情境。② 更多的学者则赞同阶段分明的谱系说,他们认为谱系说更
利于教师在发展生涯中依照谱系明确自己的位置,认清面临的问题并规划发展方向。
谱系说中有关教师发展阶段的划分种类很多,有时间历程维度、主观能动性维度、关注
问题维度、社会化历程维度、综合多维等多种角度。

1. 时间历程维度

这种划分认为教师的发展以年龄和教龄的阶段性变化为标志。恩瑞和特纳
(Unruh & Turner,1970)是最早对教师发展进行阶段划分的研究者,他们按教龄将教
师发展笼统划分成三个阶段。③ 1979年彼得森(Peterson)访谈了50名退休教师,通过
他们的回忆和描述进行阶段划分,仍然得到三个阶段。总的来说,三阶段是教师发展划
分的基本主流,此外还有纽曼以十年为一个周期划分出的三个发展阶段,④纽曼、博登、
阿普尔盖特(Newman K,Burden P,Applegate J)按年龄将教师生涯分为三个阶段

① Ference T P,Stoner J A,Warren E K. Managing the career plateau[J]. Academy of Management Review,1977,2(4):602-612.
② Bell B, Gillbrert J. Teacher development:a model from science education [M]. London & Washington, D C:Falmer Press, 1996:16.
③ Unruh A, Turner H E. Supervision for change and innovation[M]. Boston:Houghton Mifflin, 1970.
④ 彭小虎.社会变迁中的小学教师生涯发展[D].上海:华东师范大学,2005.

（20—40岁,40—55岁,55岁以后）。① 特别指出的是,纽曼的研究表明,教龄十年以上的教师对一成不变的状态会产生"不满足感"。之后,随着研究的深入,教师发展阶段划分有了进一步的细化,如塞克斯（Sikes）用生活史的方法研究得出教师发展的五个阶段,②克鲁普（Krupp J）的研究将教师发展分出七个阶段。③

2. 主观能动性维度

这种划分的特点是认为教师自身发展需求是教师发展的内驱力,教师的批判反思对自身发展起到重要作用。④ 如斯特菲（Steffy）将教师发展分为预备生涯阶段、专家生涯阶段、退缩生涯阶段、更新生涯阶段、退出生涯阶段。⑤ 其中的退缩生涯阶段、更新生涯阶段与"高原期"有一定关系。姜勇提出教师发展经历新手—动机阶段（入职2年内）、适应—观念困惑阶段（入职2—5年）、稳定—行动缺失阶段（入职6—10年）、停滞—缺乏动力阶段（11—15年）、更新—动机增强阶段（16年以上）,其中工作11—15年的教师缺乏发展动力,处于职业生涯停滞阶段,自主发展的意识、动机、规划、行为较其他阶段弱。⑥ 而白益民提出的自我更新关注阶段、申继亮提出的反思和理论认识期⑦也与本研究有一定关联。

3. 关注问题维度

这种划分以不同阶段教师关注的不同问题作为划分标准。该研究始于20世纪60年代富勒（Frances Fuller,1969）建立的教师"关注阶段模式"⑧。相关研究还有如富勒和布朗（1975）提出教师发展有四个阶段:教学前关注、早期生存关注、教学情景关注、

① Newman K, Burden P, Applegate J. Helping teachers examine their long-range development[J]. The Teacher Educator, 1980, 15(4): 7-14.

② Sikes P. The life cycle of the teacher[M]//Ball, Goodson(Eds.). Teachers' lives and career. London: Routledge, 1985.

③ Krupp J. Adult development: implications for staff development[M]. Manchester, CT: Auther, 1981.

④ Judy K. Review of career stages of classroom teachers[J]. Educational Leadership, 1990, 48(3): 108-109.

⑤ Steffy B. Career stages of classroom teachers[M]. Lancaster, PA: Technomic Publishing Company, lnc., 1989.

⑥ 姜勇,阎水金.教师发展阶段研究:从"教师关注"到"教师自主"[J].上海教育科研,2006(7):9-11.

⑦ 申继亮,费广洪,李黎.关于中学教师成长阶段的研究[J].天津师范大学学报（基础教育版）,2002(3):1-4.

⑧ Fuller F. Concerns of teachers: a developmental conceptualization[J]. American Educational Research Journal, 1969(6): 207-226.

学生发展关注。[①] 我国学者白益民(2001)提出教师关注有五阶段:非关注阶段、虚拟关注阶段、生存关注阶段、任务关注阶段、自我更新关注阶段。[②]

4. 社会化历程维度

这种是以教师发展的社会化程度特点为依据进行的划分,概括起来说有以下几种阶段区分。三阶段:昂鲁和特纳(Unruh & Turner,1970)根据职业发展周期提出教师发展分为初始教学期(入职1—6年)、建构安全期(入职6—15年)、成熟期(入职15年以后)。伯顿(Burden,1981)提出教师发展分为生存阶段(survival stage,入职1年)、调整阶段(adjustment stage,入职2—4年)、成熟阶段(mature stage,入职5年及以上)。[③] 舒尔(Shuell,1990)从知识、技能获得的角度将教师发展分为初始阶段、中间阶段、终极阶段。[④] 四阶段:卡茨(Katz,1972)专门研究了幼儿园教师发展阶段,总结为存活期(survival,入职1—2年)、巩固期(consolidation,入职2—3年)、更新期(renewal,入职3—4年)、成熟期(maturity,入职3—5年以后)。这也是唯一一个专门的幼儿园教师发展阶段划分。费曼和弗洛顿(Feiman & Floden,1980)提出了存活期、巩固期、更新期与成熟期。我国学者倪传荣、周家荣(2000)将教师发展分为准备期、适应期、发展期、创造期,对应新任教师、合格教师、精专教师和专家教师。[⑤] 卢真金(2001)根据教师的教学经验、教学理论、教学技能划分出适应阶段、分化定型阶段、突破阶段、成熟阶段。此外还有德牟林和盖藤(Demoulin & Guyton)按教师发展的成长—高峰—衰退过程归纳得出预备、发展、转换、衰退四阶段。五阶段:德雷福斯兄弟(Dreyfus H L & Dreyfus S E,1986)将教师发展分为新手阶段、熟手阶段(入职2—3年)、胜任阶段(入职3—4年)、业务精干阶段(入职5年后)、专家阶段。[⑥] 斯特菲(1989)根据人文心理学派的自我实现论,在费斯勒研究基础上提出预备职业生涯阶段、专家职业生涯阶段、退缩职业生涯阶段、更新职业生涯阶段、退出职业生涯阶段,其中"更新生涯阶段"是对费斯勒的超越。[⑦] 伯林纳(Berliner,1992)提出新手(novice)、进步的新手(advanced beginner)、

① Fuller F, Brown O H. Becoming a teacher[M]// Ryan K. Teacher education: seventy-fourth yearbook of the national society for the study of education. Chicago: University of Chicago Press, 1975.

② 叶澜,等.教师角色与教师发展新探[M].北京:教育科学出版社,2001:249.

③ Burden P R. Teacher's perception of their personal and profession development[R]. Paper presented at the Mid-western Educational Research Association, Des Moines, IA, 1981, 20(11).

④ Shuell T J. Phases of meaningful learning[J]. Review of Educational Research, 1990, 60(4).

⑤ 倪传荣,周家荣.骨干教师队伍建设研究[M].沈阳:沈阳出版社,2000.

⑥ Dreyfus H L, Dreyfus S E. Mind over machine[M]. New York: Free Press, 1986.

⑦ Steffy B. Career stages of classroom teachers[M]. Lancaster, PA: Technomic Publishing Company, 1989.

胜任(competent)、能手(proficient)与专家(expert)的五阶段划分。我国学者赵昌木(2004)结合教师信念、专业技能、教师角色将教师发展划分为预备阶段、适应阶段、迅速发展和稳定阶段、停滞和退缩阶段、持续成长阶段。[①] 六阶段：我国学者王俊生、陈大超(2004)提出教师发展有六个阶段，其中专门提到"高原"阶段——学知、引导阶段(1—7年)，成长、成熟阶段(8—12年)，稳定、发展阶段(13—26年)，"高原"、停滞阶段(26—30年)，超越、专家阶段(30—35年)，夕阳、退出阶段(36—39年)。[②] 八阶段：费斯勒(Ralph Fessler,1985)借鉴社会系统理论建构了一个八阶段发展模型——职前期(pre-service)、职初期(induction,入职1—2年)、能力建构期(competency building,入职3—5年)、热心和成长期(enthusiastic and growing,入职6—10年)、职业挫折期(career frustration,入职10年后)、职业稳定期和停滞期(stable and stagnant,入职16—25年)、职业消退期(career wind down)、职业离岗期(career re-exit)。[③]

5.综合多维

这种划分的特点是从综合角度考虑教师发展，提出多维阶段甚至复杂模型。克里斯滕森(Christensen,1988)等建构了教师职业生涯格子模型(career lattice model)，描绘了教师在整个职业生涯中可能担任的教育角色：学习者、带教老师(mentors)、教师教育者、知识生产者、领导，其发展阶段随着角色的不同而不同。[④] 利斯伍德(Leithwoodkk,1992)将职业周期发展、专业知能发展、心理发展联系在一起，认为教师发展经过四个阶段：(1) 相信权威、坚持原则阶段。(2) 循规蹈矩、遵守常规阶段。(3) 产生自我意识、作出多重选择阶段。(4) 尊重教学规律、创造性对待教学情境阶段。[⑤] 休伯曼(Huberman M)从专业能力与表现、对专业问题探索的角度提出了多个教师发展阶段模型，根据本研究主题选取其中两个进行介绍，一个是入职2—10年的女教师发展阶段模型，包括：专业启动及初始义务期(入职1—6年)、稳定和终身义务期(入职4—8年)、新挑战和新关注期(入职4—10年，由稳定后的教师分化为实验型、职责型、慌乱型三种)[⑥]；另一个是教师发展全程模型：求生和发现期(入职1—3年)、稳定期

① 赵昌木.论教师成长[J].高等师范教育研究.2002(3).
② 王俊生,陈大超.教师个体职业生涯发展阶段初探[J].辽宁教育研究,2004(12).
③ Fessler R. A model for teacher professional growth and development[M]//Burke P J, Heideman R C (Eds.). Career-long teacher education. Springfield, IL：Charles C Thomas, 1985.
④ Christensen J C, Mcdonnell J H, Price J R. Personalizing staff development：the career lattice model[M]. Bloomington, IN：Phi Delta Kappa Educational Foundation，1988.
⑤ Leithwood K. The principal's in teacher development[M]//Fullan M, Hargreaves A. Teachers development and educational change. London & Washington D C：Falmer Press，1992.
⑥ 叶澜,等.教师角色与教师发展新探[M].北京：教育科学出版社,2001:249.

(入职 4—6 年)、实验和歧变期(入职 7—25 年)、重新估价期(入职 7—25 年,指教师跳过前面的实验和歧变期而自我怀疑和重新估价)、平静和关系疏远期(入职 26—33 年)或保守和抱怨期(入职 26—33 年)、退休期(入职 34—40 年)。[①] 这个阶段模型提出了教师发展阶段主题,并预示个体由于应对方式不同会进入不同的发展路径,展示了教师发展的复杂过程。[②] 我国学者杨启亮从层次角度提出教师发展历经掌握学科知识层次、探究学科智慧层次、体悟学科创新层次。[③] 朱旭东、宋萑则从职称、荣誉、职务、学历、资格更新角度归纳了我国教师的一般制度化发展阶梯。[④]

(二) 教师发展的影响因素

总体来说,教师发展影响因素的研究从宏观的社会、经济、文化,到中观的校园氛围、家庭环境、专业组织,再到微观的个人素养,均有涉及。随着研究的发展,还有学者建立了综合模型来概括教师发展的影响因素。

宏观上来讲,教师在专业上受的教育远不如在社会习俗中受到的作用大,文化的潜移默化使得教师即使受过专业训练,也会在教学中回归民间熏陶,许多学者的理论对此有所反映,如布鲁纳(Bruner)的"民间教学法"(folk pedagogy)、格尔兹(Geertz)的"文化模型"(cultural models)、安德莱德(Andrade)的"文化图式"(cultural schema)、托宾(Tobin)等的"隐性文化行为"(implicit cultural practices)。学者们已将教师发展的影响因素从个人过渡到课程,再放眼到学校和社会。[⑤] 还有学者从时间和空间两个维度归纳影响因素,时间上包括教学生涯、个人生活经历,空间上包括社会、文化环境、归属的组织。[⑥] 柯政考察了教师发展空间、发展梯度与社会利益、社会地位的关系。[⑦] 虞永平指出学理、教育实践、政策制度、公共意识四个层面上的统一对于幼儿园教师发展很有必要,并要"通过地位、待遇、尊严和义务等层面来加以保障和确认"。[⑧] 刘云杉提出了教师与外在制度间的互构过程。[⑨]

中观上来讲,西方兴起的"学校氛围"(school climate)研究表明,学校的氛围对教师

① Huberman M. The professional life cycle of teachers[J]. Teacher College Record, 1989(1): 31.
② Huberman M. The lives of teachers[M]. New York: Teachers College Press, 1993.
③ 杨启亮.教师学科专业发展的几个层次[J].教育发展研究,2009(15 - 16).
④ 朱旭东,宋萑.论教师培训的核心要素[J].教师教育研究.2013(3).
⑤ 教育部师范教育司.教师专业化的理论与实践(修订版)[M].北京:人民教育出版社,2003:72 - 73.
⑥ 卢乃桂,钟亚妮. 国际视野中的教师专业发展[J].比较教育研究,2006(2).
⑦ 柯政.学校本位教师专业发展的理论基础[J].全球教育展望,2011(9).
⑧ 虞永平.《幼儿园教师专业标准》的专业化理论基础[J].学前教育研究,2012(7).
⑨ 刘云杉.从启蒙者到专业人——中国现代化历程中教师角色演变[M].北京师范大学出版社,2006.

的心理和发展产生一定影响。① 苏(Sue，2012)指出学校的人际关系即教师在学校场域中与学生、家长、领导、同事的各种社会关系作为教师的社会资本影响到其自身发展。② 钱琴珍等研究发现，幼儿园组织氛围对教师发展有重要影响，其中支持氛围、研究氛围对教师发展的影响大于赋权氛围的影响。还有学者着重研究了教育生活中的关键事件对教师发展的影响。

微观上来讲，布洛和皮尼格(Bullough & Pinnegar)指出教师的个人生活经历对教学观念和教学实践有影响。③ 萨乔万尼和卡弗(Sergiovanni & Carver)在马斯洛需要层次理论和赫兹伯格双因素理论基础上，提出教师职业生涯发展的五层次需要：安全需要(工资、养老金、任用期、角色巩固)，归属需要(接受、归属、友谊、学校成员资格、正式工作群体和非正式工作群体)，自我尊重需要(自我尊重、被他人尊重、信心、认可)，自主需要(控制、影响、参与、分享、权威)，自我实现需要(发挥潜能、奉献、极度满足、成就、个人与专业的成功)，指出教师的需要特别是高层次激励因素(如专业自主需要和自我表现实现需要)对教师发展有重要影响。④ 陈静静考察了教师个人生活史中的早期受教育经验对新手教师专业发展的影响。⑤ 朱小蔓等强调教师的个人品质对发展的影响，指出成长型教师"具有坚忍不拔、不断超越自我的品质"。⑥

模型论方面，菲斯勒和克里斯腾森(Fessler & Christensen，1992)建立了内外二因素动态发展模型，将影响教师发展的因素归纳为个人环境和组织环境两种，个人环境包括：家庭、积极的临界事件、危机、个性特征、业余爱好、生活阶段；组织环境包括规章制度、管理方式、公众信任、社会期望、专业组织、工会。⑦ 克拉克(David Clark，2002)提出教师发展成因关联模型，将个人领域和专业实践领域、外界领域组成了互联模式。阿迪(Adey，2004)从组合信念改变、共同掌权、学校精神、政府领导、专业发展项目的关键性特征等提出了教师发展模型，将教师的专业发展与领导者、课程开发者、政策制定者等联系起来。

---

① Liu Y, Ding C, Berkowitz M W, et al. A psychometric evaluation of a revised school climate teacher survey[J]. Canadian Journal of School Psychology，2014，29(1)：54-67.

② Sue. Pupil wellbeing-teacher wellbeing：personal and job resources and demands [J]. Procedia-Social and Behavioral Sciences，2013，84(7)：1321-1325.

③ Bullough R, Pinnegar S. Guidelines for quality in autobiographical forms of self-study[J]. Educational Researcher，2001，30(3).

④ 吴艳茹.寻路——制度规约下的大学教师职业生涯研究[M].北京：中国社会科学出版社，2013：23.

⑤ 陈静静.试论早期受教育经验对新手教师教学实践的影响[J].全球教育展望，2012(9).

⑥ 朱小蔓，杨一鸣.走向自我成长型教师培养的高师素质教育[J].南京师范大学学报(社会科学版)，2002(1).

⑦ Fessler R, Christensen J C. The teacher career cycle：understanding and guiding the professional development of teachers[M]. Boston：Allyn and Bacon，1992.

(三) 教师发展的促进方式

关于教师发展方式的研究很多,归纳起来看,已有研究所得的促进方式大致可以分为以下几种类型。(1) 职业培训模式:这既是最初始也是最基本的教师发展方式,如英国规定教师入职前必须通过"职前教师培训"(initial teacher training, ITT),又如美国于 20 世纪 70 年代实行了名为"儿童发展助理"(child development associate, CDA)教师职业培训项目。[①] 我国关于教师培训的最新方式是网络研修与校本研修整合培训。(2) 临床视导模式:高尔(Gall 1994)等提出临床视导模式(clinical supervision model),指专业人士深入教师课堂观察,当场提供反馈和帮助,包括同伴互助(peer coaching)、临床视导(clinical supervision)、教师评估(teacher evaluation)等方式。[②] (3) 驻校辅导模式:2009 年美国哥伦比亚大学师范学院对新手教师上岗三年内进行入职辅导,即著名的"波士顿驻校教师计划"(boston teacher residency),效果卓著,开启了驻校模式(residency models)的先河。[③] (4) 专业发展学校模式:专业发展学校(professional development schools)由美国霍姆斯小组 1986 年《明日的教师》报告首次提出,在 1990 年《明日的学校——建立专业发展学校的原则》中进行了详尽阐述(Daling-Hammond, 1998),也称专业实践学校(professional practice schools, PPS)、专业发展中心(professional development center, PDC)、临床学校(clinical schools, CS)、教学共同体(teaching community)或实验学校、学校与大学合作伙伴等,是中小学与大学合作的机构,类似于医学院附属教学医院。(5) 团体带动模式:由团体组织、教师参与的教学活动,其中如课例研究模式(lessen study model),由教师开展核心活动,共同研究课例(Masami Matoba,2005)。[④] (6) 自我发展模式:关注教师的专业自主和专业创新。1990 年美国教育研究协会(the American Educational Research Association, AERA)倡导教师教育实践自我研究(the self-study of teacher education practices),通过推动教师对自身教学活动的研究来促进教师发展。[⑤] 其中实行得最广泛的就是以"问题—计划—行动—观察—评价—再计划(调整)"为流程的行动研究。(7) 教师合作模式:20 世纪 80 年代以来,教师合作促进发展成为热点,教师合作的模式、过程、策略、文化等

---

① 嵇珺.美国学前教育专业人员 CDA 培训方案的依据、内容、实施及其启示[J].学前教育研究,2011(5).
② 邵光华.教师专业知识发展研究[M].杭州:浙江大学出版社,2011:182.
③ 徐今雅,刘玉.美国第三种教师培养模式研究:以波士顿驻校教师计划为例[J].教师教育研究,2011(6).
④ 景敏.中学数学教师教学内容知识发展策略研究[D].上海:华东师范大学,2006.
⑤ [美]拉维沙·C.威尔逊,等.婴幼儿课程与教学[M].台北:五南图书出版公司,2006.

都有了日臻完善的研究,成熟的合作形式有教师间专业团队合作①、共同体成长、学习社群、教师工作坊、教师专业学习社群、教学视频俱乐部等。(8)多样化发展模式:随着研究的发展,促进教师发展的方式日渐多样化。近年来,学者开始突破传统影响,从多角度出发关注教师发展,如教学效能关注②,胜任力影响③,网络化、连续性反思的作用④,泛在学习、移动学习⑤,"学习故事"对教师的帮助⑥,情感对发展的作用,⑦等等。

三、高原现象的相关研究

(一) 职业高原的研究者及研究机构

将搜集的职业高原文献以 Reworks 格式导入 CiteSpace,选择时区分割、呈现方式等所需键位展开操作,生成系统图谱,根据图谱数据与统计结果进行分析。

1. 职业高原的研究者

通过对研究者发文量的挖掘和分析,可以有效识别不同学科的研究现状与发展脉络。文献计量学里的普赖斯定律(price law)指出,高产作者应该完成所有该专业论文总和的 50%,同时完成该专业论文总和一半的高产作者在人数上应等于该专业作者总数的平方根。⑧ 普赖斯利用级数的性质近似求出论文标准数计算公式为 $X = 0.749Y1/2$,其中 Y 为最高产作者的发文数量,即杰出科学家中最低产的那位的发文量,应等于最高产科学家发文量的平方根的 0.749 倍。⑨ 换句话说,发文量大于等于 X 数值的作者就为该领域的高产作者。根据表 2.1 的数据,职业高原领域的作者发文量最高为 10 篇,即 Y 等于 10,代入公式计算得出 $X \approx 2.368\,5$。根据取整原则,即发文量大于等于 3 篇即为该领域的高产作者(杰出科学家),现在多称之为"核心作者"。文献中

①　丁钢.日常教学生活中的教师专业成长[J].教育科学,2006(6).

②　丁钢.教师教育的使命[J].当代教师教育,2008(1).

③　朱旭东.教师专业发展理论研究[M].北京:北京师范大学出版社,2011:86-94.

④　陈妍,姜勇,汪寒鹭."反思"对幼儿教师专业成长作用的个案研究[J].学前教育研究,2010(2).

⑤　曾群芳,杨刚,伍国华.基于网络的教师非正式学习研究[J].中国电化教育,2015(9).

⑥　周菁."幼儿学习故事"研究.南京师范大学学术讲座,2014-05-12.

⑦　Day C, Leitch R. Teachers and teacher education lives:the role of emotion[J]. Teaching and Teacher Education,2001(4): 403-415.

⑧　庞景安.科学计量研究方法论[M].北京:科学技术文献出版社,1999.

⑨　肖明,等.信息计量学[M]. 北京:中国铁道出版社,2014.

发文量大于等于3篇的作者有33人,共发文130篇,占统计数据中总发文量的15.64%,这一比例不到普赖斯定律里的50%,即职业高原领域高产作者不多,说明核心作者群尚未形成。

表2.1显示,从数量上来看,这10位作者中,江苏大学的白光林发文最多,以第一作者以及合作作者的身份发文10篇,扬州大学的寇冬泉发文8篇,暨南大学的凌文轻发文7篇,其余作者均为4篇及以上。从内容上来看,这10位作者的研究各有侧重:白光林和Michel Tremblay聚焦管理者的职业高原,探索了职业高原与离职流动之间的关系;寇冬泉和张大均关注了教师的职业发展,建构了教师职业高原模型;凌文轻和马远研究了企业员工职业高原与组织单位之间的关系;刘丹和周海燕关注了医护人员的职业高原现象;Shakila Devi将研究对象推广到公民范围,从职业规划的角度探讨了职业高原现象。

表2.1　1977—2021年职业高原研究发文量前10名作者的研究情况

序号	作者	发文量(篇)	主要研究关键词
1	白光林	10	企业管理者,职业工作满意度,离职倾向
2	寇冬泉	8	教师,职业生涯高原,职业发展
3	凌文轻	7	企业员工的职业发展,职业组织
4	马　远	6	员工,企业,职业高原
5	刘　丹	6	护理人员,工作绩效,护理质量
6	龙立荣	6	基层公务员,职业生涯,工作满意度
7	张大均	6	中小学教师,专业发展,结构模型
8	周海燕	5	护士,职业韧性,中介效应
9	Michel Tremblay	6	职业高原,工作态度,管理者,流动性
10	Shakila Devi	5	职业规划,学习者,公民

运用CiteSpace软件工具,将节点类型(node types)设置为作者(authors),生成了节点数为460、连线数为221、密度为0.0021的作者间合作的可视化图谱(见图2.1)。节点大小代表发文量的多少,节点间的连线代表研究者间的合作关系密切程度。由图中,可以看出与他人合作关系相对紧密的研究者以凌文轻、龙立荣、周海燕、姜茂敏、吴翠俐、Michel Tremblay为代表,分别与他人合作发文7次、6次、4次、3次和2次。凌文轻所在机构为暨南大学,与他合作的6位研究者中4人来自同一所大学。龙立荣来自华中科技大学,与其合作的6位学者,分别来自湖北中医药大学、华中师范大学、武汉理工大学、武汉大学和中共江西省委。周海燕来自天津中医药大学第一附属医院,与她

合作的 4 位学者中,有 3 位都来自天津中医药大学的附属医院。姜茂敏来自上海工程技术大学,和她合作的 3 位学者同样来自上海工程技术大学。Michel Tremblay 来自加拿大蒙特利尔大学,与他合作的 2 位学者也是来自同所学校。这说明尽管部分研究者倾向于合作研究,但其合作者大都处于同一单位。缺乏与不同性质单位的学者进行学术交流和合作,且未形成长期的合作研究关系。此外,单独节点的学者较多,表明在职业高原的研究上合作沟通的意识不足,共同研究的力度不强。

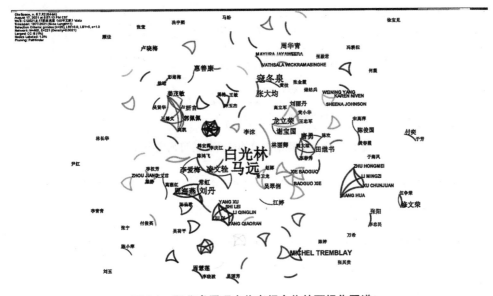

图 2.1　职业高原研究作者间合作的可视化图谱

2. 职业高原的研究机构

运行 CiteSpace 分析软件,将节点类型设置为机构(institutions),生成了节点为208、连线为 67、密度为 0.003 1 的研究者机构间合作的可视化图谱(见图2.2)。由图可以看出,节点之间的连线数较少,这说明研究机构之间关于职业高原研究的联系和交流较少,合作密度不高,尚未形成专门化的职业高原研究机构。其中,江苏大学工商管理学院占据的节点最大,说明其发文量最多,成为研究成果最为丰硕的发文机构;其次是重庆三峡中心医院护理部、暨南大学、华中科技大学管理学院。按研究机构的性质来看,高校、医院是职业高原研究的主阵地,其中职业院校和地方院校更加重视该领域的研究,为职业教育的研究作出了重要贡献。按研究机构的分布来看,国内研究职业教育的机构分布较为广泛,尤其集中在人口稠密、职业多样的省市。

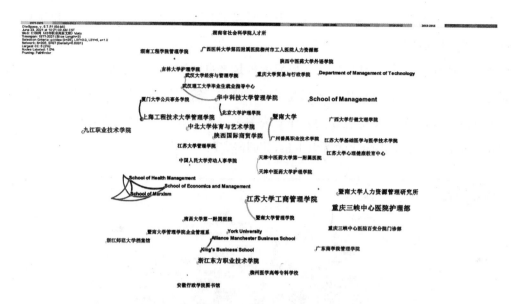

图 2.2　职业高原研究机构间合作的可视化图谱

注：2011 年，作者白光林发文时，署名单位为"江苏大学工商管理学院"。2015 年，作者白光林发文时，署名单位为"江苏大学管理学院"。由于院系调整，因此单位名称有所变化。

　　从研究者与研究机构来看，高职院校对此研究的关注度提高，这与我国大力发展职业教育相辅相成。尚未出现核心作者和核心机构群，作者之间的合作并不紧密，说明当前对于职业高原的研究具有封闭性和阶段性，尚未形成能够进行持续研究且具一定影响力的研究团队。这提示我们可以进一步加强不同国家、不同省份、不同行业间的合作研究。不同时代和文化背景下的职业高原均有其特殊性，研究这一问题，既是对外来研究的嫁接性生长，又是对本土问题的原生性掌握。因此，有必要对我国当前社会发展背景下的职业群体做广泛、深入的研究，进行不同文化语境的对话、不同实践生态的对照，用合作方式解决本土问题。

（二）职业高原的研究内容及热点主题

1. 职业高原的研究内容

　　关键词是浓缩一篇文章的要点，通过关键词可以高度概括一篇文章的主要研究内容。因此，利用 CiteSpace 的关键词图谱绘制功能来对关键词进行分析。[1] 关键词出现

---

[1]　胡金萍，马春梅.国内特殊教育教师研究前沿趋势探析——基于 CiteSpace 的可视化分析[J].海南师范大学学报(社会科学版)，2020(5).

的频次侧面反映了领域研究所追踪的热点,关键词的中介中心度表示节点在网络中的"媒介"作用,也能在一定程度上反映研究的热点问题。[①] 十字形节点代表关键词,节点大小代表词频高低,不同色差代表不同年份(见图2.3)。

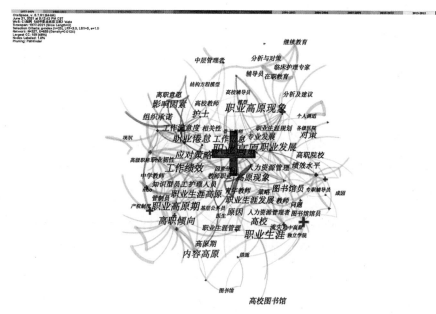

图2.3　职业高原研究关键词共现图谱

将 CiteSpace 中的关键词出现频次和中心度进行统计,绘制成职业高原研究关键词词频和中心度统计表(见表2.2)。根据筛选和剔除,排名前10的关键词有:职业高原、career plateau、职业生涯、工作满意度、离职倾向、对策、护士、工作绩效、职业发展、职业倦怠,集中体现了职业高原研究的热点问题。

从关键词来看,已有研究具有一定的领域局限与职业局限。研究最多的内容基本还是工作满意度、离职倾向、职业倦怠等管理学领域,研究最多的职业是企业员工、医护人员等。随着我国产业升级和经济结构调整,职业生活发生了巨大变化,同时,随着互联网技术和人工智能的发展,不断涌现出一些新兴职业。因此,需要进一步细化与拓展研究对象和内容,用多学科、多视角的研究来助推职业发展。

① 冯潞,冷伏海.共词分析方法理论进展[J].中国图书馆学报,2006(2).

表 2.2　职业高原研究高频关键词词频和中心度统计表

关键词	词频	中心度
职业高原	357	0.19
career plateau	51	0.20
职业生涯	42	0.07
工作满意度	34	0.01
离职倾向	29	0.03
对策	26	0.04
护士	20	0.02
工作绩效	20	0.03
职业发展	17	0.04
职业倦怠	10	0.05

2. 关键词聚类

使用 CiteSpace 对国内外职业高原研究的高频关键词进行聚类分析。CiteSpace 可视化软件以区间(0,1)的聚类模块值 Q(Modularity Q)和平均轮廓值 S(Mean Silhouette)来衡量图谱的效度,$Q>0.3$ 表示图像是显著的,$S>0.5$ 表示聚类是合理的。本研究中研究高频词"职业高原"的聚类共有 10 类,$Q=0.722\,9$,$S=0.568\,2$,说明由高频关键词聚类形成的知识图谱比较合理,如图 2.4 所示。重复的聚类已自动隐藏,剩下的主要有高原维度分析、影响因素、原因、策略、建议等,这些关键词体现了职业高原领域研究的热点主题。

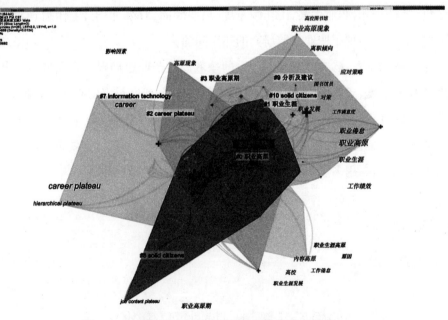

图 2.4　职业高原研究的高频关键词聚类知识图谱

3. 职业高原的热点主题

综合表 2.2 和图 2.4,结合具体文献内容,对主要关键词和聚类进行分析,最终将职业高原的研究主题概括为测量方法、结构维度、影响因素、应对策略,下面依次进行阐述。

(1) 职业高原的测量方法:测量经历了从客观到主观的发展过程。前期(20 世纪 90 年代以前)多采用客观判断的方法,即根据客观的指标(入职时间、年龄、两次晋升间隔时间、有无晋升可能、组织决策者第三方评判等)来评估个体是否处于高原期。这种方法存在一定的问题,不仅测量指标种类不统一,而且同一种类下标准也不一致。如以入职时间划分的标准有五年(Tremblay[1], Slocum[2], Ettingon[3])、七年(Veiga[4], Gould & Penley[5])、十年(Gerpott & Domsch[6])不等;以年龄为指标划分的也不等;以晋升速度划分的标准更没有统一的结论。另外,研究结果之间经常得出不一致的结果,如卡纳扎(Carnazza)等尝试用组织评估和自我评估两种方法做了一个对比测量,发现二者之间一致性仅为 50%。

1990 年查奥(Chao)提出,"由个体自己认知是否处于职业高原期比用客观指标来测量更适切,因为实际工作中个体是根据自己的主观认知而非客观的评估决定自己的工作态度、反应和未来发展计划,如某个体根据客观工龄被判断处于高原期,但是他的自我感知可能不认为自己已进入高原期"[7]。这一见解拓展了高原测量领域,避免了研究结果间的矛盾,对结果的解释更具有说服力,符合人本主义管理潮流,被广为接受,从此带动了测量方式转入主观角度。后期研究者更多地采用主观测量方法,如伊廷顿(Ettington)设计了三项指标来评估主观高原:"在公司中我可能被提升""我已经处于

① Tremblay M, Roger A, Toulouse J. Career plateau and work attitudes: an empirical study of managers[J]. Human Relation, 1995, 48(3): 221-237.

② Slocum J W, Cron W L, Hanson R W, et al. Business strategy and the management of plateaued employees[J]. Academy of Management Journal, 1985, 28(1): 113-154.

③ Ettington D R. Successful career plateauing[J]. Journal of Vocational Behavior, 1998, 52(1): 72-88.

④ Veiga J F. Plateaued versus non-plateaued managers: career patterns attitudes, and path potential[J]. Academy of Management Journal, 1981, 24(3): 566-578.

⑤ Gould S, Penley L E. Career strategies and salary progression: a study of their relationships in a municipal bureaucracy[J]. Organizational Behavior and Human Performance, 1984, 34(10): 244-265.

⑥ Gerpott T, Domsch M. R & D professionals' reactions to the career plateau: mediating effects of supervisory behaviors and job characteristics[J]. R & D Management, 1987, 17(2): 103-118.

⑦ Chao G T. Exploration of the conceptualization and measurement of career plateau: a comparative analysis[J]. Journal of Management, 1990, 16(1).

高过自己所预期的水平""不久后我能升到更高层"。[1] 特雷布莱(Tremblay)等设计了两个指标进行评估："我认为自己在目前的职位上已经待了足够长时间""我在目前职位上更进一步发展的空间已经很小"。[2] 国内学者测量职业高原的工具主要有两个,都采用了主观测量的方式。一是谢宝国等编制的职业高原问卷,包含三个维度、十六个项目,被广泛用于测量医护人员、企业员工、教师的职业高原;[3]二是王忠军等开发的职业高原量表,包含两个维度、十个项目,主要应用于公务员群体。[4]

职业高原研究已从经验总结转向量表测量,这是方法上的一大进步,但又止步于前,没有出现创新的方法应用,缺乏主观和客观不同方法的融合研究。已有的国外职业高原量表,也不能完全反映我国当前各行业高原的实际情况。因此,需要进一步研究适切的量表工具,提高测评的科学性和有效性。

(2) 职业高原的结构维度:职业高原的早期测量仅以年限作为划分高原的标准,后来的主观测量则设计了一些问题进行调查,如:"你认为你任现职的时间足够长吗?""目前是否处于没有晋升前途的位置上?"

随着高原知觉研究的深入,国外学者对高原维度的研究日渐深入,开始出现维度测量。单维高原是早期一些研究者(Tremblay[5],Lee[6])从晋升角度定义高原时的研究结果,如调查个体是否在当前职位水平上工作的时间很长。由于没有代表性的测量工具,因此没有得到广泛沿用。二维高原如费尔伦斯(Ference)提出的个人高原(指个人因素导致的缺少晋升的能力和动机)和组织高原(指组织不能提供机会和发展需要);[7]米利曼(Milliman,1992)提出的层级高原(指个体在组织中的晋升可能性)和工作内容高原(指个体掌握一定知识和技能后工作缺乏挑战),并围绕二维结构开发出一套包括12个

① Ettington D R. How human resource practices can help plateaued managers succeed[J]. Human Resource Management,1997(2):221-234.

② Tremblay M,Roger A,Toulouse J. Career plateau and work attitudes:an empirical study of managers. Human Relations,1995,48(3):221-237.

③ 谢宝国,龙立荣,赵一君.职业高原问卷的编制及信效度研究[J].中国临床心理学杂志,2008(4).

④ 王忠军,龙立荣,刘丽丹,等.仕途"天花板":公务员职业生涯高原结构、测量与效果[J].心理学报,2015(11).

⑤ Tremblay M,Roger A. Individual,familial and organizational determinants of career plateau:an empirical study of the determinants of objective and subjective career plateau in a population of Canadian managers[J]. Group & Organization Management,1993,18(4):411-435.

⑥ Lee B C P. Going beyond career plateau:using professional plateau to account for work outcomes[J]. Journal of Management Development,2003(6):538-551.

⑦ Warren E K,Ference T P,Stoner J A F. Case of the plateaued performer[J]. Harvard Business Review,1975,53(1):30-38.

项目的高原测量工具。[①] 我国学者提出了包含升迁停滞和职位边缘化两个维度的高原结构,呼应了这种结构划分(王忠军,刘丽丹,2015)。三维高原是指如巴德威克(Bardwick)提出的结构高原(组织结构限制员工发展)、内容高原(个体掌握一定知识和技能后缺乏挑战性,或工作本身枯燥乏味)和个人高原(个体对工作缺乏热情和发展方向)。[②] 三维高原的提法得到了最广泛的认可。谢宝国等编制的本土化职业高原量表也以层级高原、内容高原、中心化高原三个维度为基准。梁艳对教师群体的研究也得出高原整体、层级高原和内容高原三个维度的结论。[③] 四维高原如维格(Veiga)提出的结构高原、内容高原、个人选择高原、工作技能高原的构想,但并未进行实证研究。[④] 我国学者叶小红(2008)提出了情感高原、生活高原、技能高原和发展高原四个结构维度,时长娟(2013)提出了层级高原、内容高原、趋中高原、职级高原、情感高原五个维度。值得一提的是巴德威克还提出了"生活高原"概念,是将职业高原拓展到生活中的表现,指在工作之外也感到停滞,失去方向和热情,不再热情承担被赋予的角色,如父母、配偶等。

结构维度的复杂化说明了对职业高原概念内涵的认识日渐深入。学术进步常常来自学术社群对概念认可的变迁,若概念外延狭窄,范畴单一,内涵单薄,则会影响同一概念系统下的深入研究。随着当前职业种类的日益丰富、职业世界的日益复杂,职业高原的内涵需要进一步拓展,相应地,结构维度的研究也需要进一步深入化和本土化,以涵盖、细化所有内容。

(3)职业高原的影响因素:影响因素研究经历了从零散因素到多重因素日渐深入的过程。早期的研究仅提到了管理学上金字塔组织结构引起的职位竞争。其后,对个人因素的考察结果进入人们的视野,如年龄(Tremblay,Roger & Toulouse[⑤])、性别[⑥]、

① Milliman J F. Causes, consequences and moderating factors of career plateauing [D]. Los Angeles: University of Southern California, 1992(5): 93-97.

② Bardwick J M. The plateauing trap: how to avoid it in your career and your life[M]. New York: American Management Association, 1986: 89-92.

③ 梁艳.北京市中学青年体育教师职业高原现状与应对策略的研究[D].北京:首都体育学院,2008.

④ Veiga J F. Plateaued versus non-plateaued managers: career patterns, attitudes and path potential[J]. Academy of Management Journal, 1981,24(3): 566-578.

⑤ Tremblay M, Roger A, Toulouse J. Career plateau and work attitudes: an empirical study of managers[J]. Human Relations, 1995,48(3): 221-237.

⑥ Allen T D, Poteet M L, Russell J E A. Attitudes of managers who are more or less career plateaued[J]. The Career Development Quarterly, 1998(2): 159-172.

任职时间（Abraham，Medoff[①]）、受教育水平（Baker et al.[②]，Tremblay，Roger，& Toulouse[③]）、社会压力（Duffy[④]）、前任员工影响（Lemire L[⑤]）、以往的职业经历（Tremblay & Roger[⑥]）、职业动力、职业期望、人生阶段（Jung & Tak[⑦]）等。对组织的研究丰富了高原影响因素的认识，学者们认为组织氛围（Feldman & Weitz[⑧]）、组织结构精简（Bardwick[⑨]）、上级支持和关怀（Ettington[⑩]）、组织和团队成员的尊重（Marjorie[⑪]）、组织的职业指导（Benjamin[⑫]）、组织策略[⑬]等，都会影响员工的职业发展，可能造成"高原"现象。

随着影响因素日益多样化，学者们将因素归纳为如下几种类型。弗伦斯最早提出二因素说，将影响因素归纳为组织因素和个人因素两种，特别指出竞争、年龄、组织需要对高原产生的影响。我国学者谭玲玉也有关于内因、外因的二因素探讨。[⑭] 郭树标从外因和内因两个角度探究了二因素，外因如持续的超负荷的工作压力、教学环境、学科

① Abraham K G, Medoff J L. Length of service and promotions in union and nonunion work groups[J]. Industrial and Labor Relations Review, 1985,38(3)：408－420.

② Baker P M, Markham W T, Bonjean C M, et al. Promotion interest and willingness to sacrifice for promotion in a government agency[J]. Journal of Applied Behavioral Science, 1988,24(1)：61-80.

③ Tremblay M, Roger A, Toulouse J. Career plateau and work attitudes：an empirical study of managers[J]. Human Relations, 1995,48(3)：221-237.

④ Duffy, J A. The application of chaos theory to the career-plateaued worker[J]. Journal of Employment Counseling, 2000,37(4)：229-236.

⑤ Lemire L, Saba T, Gagnon Y C. Managing career plateauing in the Quebec Public Sector[J]. Public Personnel Management, 1999,28(3)：375-391.

⑥ Tremblay M, Roger A. Individual, familial, and organizational determinants of career plateau：an empirical study of the determinants of objective and subjective career plateau in a population of Canadian managers[J]. Group & Organization Management, 1993,18(4)：411-435.

⑦ Jung J, Tak J. The effects of perceived career plateau on employees' attitudes：moderating effects of career motivation and perceived supervisor support with Korean employees[J]. Journal of Career Development, 2008,35(2)：187-201.

⑧ Feldman D C, Weitz B A. Career plateaus reconsidered[J]. Journal of Management, 1988,14(1)：69-80.

⑨ Bardwick J M. SMR forum：plateauing and productivity[J]. Sloan Management Review, 1983, 24(3)：67-73.

⑩ Ettington D R. Successful career plateauing[J]. Journal of Vocational Behavior, 1998,52(1)：72-88.

⑪ Armstrong-Stassen M. Factors associated with job content plateauing among older workers[J]. Career Development International,2008(7)：594-613.

⑫ Foster B P, Shastri T, Withane S. The impact of mentoring on career plateau and turnover intentions of management accountants[J]. Journal of Applied Business Research, 2011,20(4)：33-43.

⑬ Slocum J W, Cron W L, Hansen R W, et al. Business strategy and the management of plateaued employees[J]. Academy of Management Journal, 1985, 28(1)：133-154.

⑭ 谭玲玉.基层公务员职业生涯高原的产生因素及对策分析[J].人力资源开发,2020(17).

建设等方面去探讨成因和对策,内因如心理因素、身体因素、内在驱动力因素和能力知识素养因素等。而刘丽丹等将二因素进一步结构化,提出了两维度、七要素模型,其中内部归因维度包括三个归因要素:能力因素、努力因素、群众基础;外部归因维度包含四个归因要素:机遇因素、领导因素、岗位因素、体制因素。[①] 特伦布雷、罗格(Tremblay & Roger)提出三因素说,特点是将影响因素拓展到了家庭生活领域,将调查得出的多因素归纳为三大类型,即个人因素(年龄、受教育程度、内控或外控的人格特质、资历、晋升愿望、上级绩效评定、工作投入度、管理幅度、先前工作经验以及前任影响)、组织因素(组织结构特征,如金字塔式、矩阵式、扁平式、直线式,员工职业路径如技术路径、行政管理路径)、家庭因素(家庭满意度、家庭规模、配偶工作状况、个人家庭负担)。[②] 在三因素的基础上,费尔德曼、威茨(Feldman & Weitz,1988)提出了一个著名的高原影响因素动态模型,主结构是三大因素:个人工作绩效、组织是否提供更多责任的机会、个人是否接受机会,围绕三大主因进行作用的还有众多相关因素,包括个人技能和能力、个人需要和价值观、个人对组织提供或不提供机会的归因、内外部动机、角色知觉(角色超负、角色模糊、压力和倦怠)、培训机会、当前工作与将要承担更多责任的工作间的相似性、组织成长、公司战略、双重职业阶梯、是否接受机会。这些因素间形成紧密关联的动态链,任何一个环节的断裂都可能导致员工进入"高原期"。[③]

我国学者专门围绕教师的职业高原的原因进行过研究:惠善康特别探讨了教师的职业情感对教师职业高原的影响。[④] 周勇华研究了导致名师出现职业高原的原因,内因包括不恰当的专业发展目标、过高的自我要求、过重的榜样负荷和工作压力、不恰当的职业价值观;外因包括学校管理评价制度、教研组的学习研讨氛围、社会的支持力度等。[⑤] 张昊孛发现在外因方面,高原期的教师生涯进步机会缺失,社会期望压力、学习进修压力和教学环境压力大;在内因方面,特别提到了自身人格因素的影响。[⑥] 胡蕊娜、刘建君赞成三因素说,研究指出幼儿园教师晋升机会减小,导致工作热情锐减、工作

① 刘丽丹,王忠军,黄小华,等.中国基层公务员对职业生涯高原的心理归因:一项实证研究[J].中国人力资源开发,2015(17).

② Tremblay M, Roger A. Individual, familial and organizational determinants of career plateau: an empirical study of the determinants of objective and subjective career plateau in a population of Canadian managers[J]. Group & Organization Management,1993,18(4):411-435.

③ Feldman D C,Weitz B A. Career plateaus reconsidered[J]. Journal of Management,1998,14(1):69-80.

④ 惠善康.中小学教师职业高原的现状、成因及其对个体职业生涯的影响——基于皖北地区428名中小学教师的实证研究[D].苏州:苏州大学,2011.

⑤ 周勇华.四川省中小学教学名师"高原现象"研究[D].成都:四川师范大学,2014.

⑥ 张昊孛.专家型教师成长路径研究[D].长春:东北师范大学,2009.

动力不足,从而进入职业高原期,成因包括三个方面:个人方面由于职业生涯规划意识淡薄,幼儿教师生命周期短暂;工作方面由于工作超载,工作单调,高职称教师年轻化;社会方面由于社会要求过多,加重教师心理负担,提出进行职业生涯规划、管理制度创新、提高幼儿教师地位的对策解决。[①] 曲玉楠验证了四因素说,从社会根源、高校的制度文化根源、关系网络根源和高校教师的职业根源四个方面分析了高校教师产生职业高原的原因。[②] 李忠民、张阳分析了组织支持感、领导授权、工作压力、工作挑战性对教师职涯高原的影响及其内在作用机制。[③] 张培指出过重的社会和工作压力、学生问题日益严重、进步机会缺失、低效的培训,都是造成小学教师发展中产生高原现象的因素。[④]

近年来,心理因素日益受到重视。如李忠民、张阳的研究中引入了"心理控制源"个体内部知觉因素。[⑤] 一些研究加入了中介变量和调节变量,如工作满意度、工作绩效、工作倦怠、离职倾向等,从更广泛、复杂的角度探究职业高原,为缓解、调节、预防职业高原可能导致的消极因素提供了依据(Tremblay & Roger,2004;余琛,2006;李华,2006;McCleese et al.,2007;Jung & Tak,2008;谢宝国,龙立荣,2008;白光林,2011)。另外,近来研究还发现,抗压能力越低、反刍思维越强的人职业高原水平越高(姜茂敏,2020;王露,2021)。特别值得一提的是,医护人员影响因素和其他职业相比具有一定的特殊性,如紧张的环境、带有辐射的检测仪器、病患携带的细菌病毒、家属的治疗高期望与事与愿违的治疗结果造成的护患关系紧张等,都会一定程度上引发职业高原现象。[⑥]

目前看来,关于职业高原影响因素的研究主要从人力资源管理、心理学出发,将高原现象与工作满意度、离职倾向、组织承诺等因素单一对应,或分别就前因变量、调节变量、后果变量与职业高原的关系进行研究,研究缺乏过程意识,缺乏背景因素分析。后面可以从多学科视角深入理解和诠释,以发掘职业高原持续涌现的复杂原因。

(4)职业高原的应对策略:高原的应对策略研究较为零散,主要分为以个体为中心的干预和以组织为中心的干预。而且在形式上将预防与治疗并重,一级干预重在预防,二级干预重在治疗。

---

① 胡蕊娜,刘建君.幼儿教师职业高原问题研究[J].当代教师教育.2013(2):84-88.
② 曲玉楠.我国高校教师职业高原问题的研究[D].洛阳:河南科技大学,2009.
③ 李忠民,张阳.高校教师职业高原生成要素研究[J].科学·经济·社会,2012(3).
④ 张培.小学教师职业"高原现象"研究[D].郑州:河南大学,2008.
⑤ 李忠民,张阳.高校教师职业高原生成要素研究[J].科学·经济·社会,2012(3).
⑥ 王露,杨省利,张静波,等.心内科护士职业高原状况及影响因素分析[J].职业与健康,2021(9).

从个体角度,兰茨、费勒(Rantze & Feller)提出了四种策略,包括静心法(placid approach),接受状态并克制消极情绪;跳房子法(hopscotch approach),职位不变的情况下向其他方面发展;跳槽法(change of uniform approach),离职并寻求类似职位;创业法(entrepreneurial approach),开发现有工作,与决策者互动。[①] 罗顿多(Rotondo)提出两种策略,第一种是问题应对法(problem-focused coping),针对压力进行解决,包括横向转移、接受新工作、充当年轻员工导师、变成技术专家、加入工作项目或团队、从工作任务中获得激励,第二种是情绪应对法(emotion-focused coping),指主观上的应对,包括寻求社会支持、主观不看重晋升、责备组织或上级、敌意、心理退行等。[②] 我国学者曾莉[③]、付俊英等[④]认为个体需要调适心态,缓解压力,适当调整职业晋升目标。陈琳等认为个体要提高职业韧性,合理宣泄压力。[⑤] 刘丽丹等认为要改变个体认知和个体行为,采用理性的、算法式或冷认知的加工模式。[⑥] 马红等提到了重视个体的心理素质培养。[⑦]

从组织角度,伊凡瑟微和迪富兰克(Ivancevith & Defrank)提出组织开展放松技巧训练法、健康谈论法、压力研讨法等。[⑧] 坦和萨门(Tan & Salomone)提出组织应关注并解决这个问题,如采用项目团队、轮岗、带薪休假、横向转移、工作再设计等方法。[⑨] 达菲(Duffy)将混沌理论(Chaos Theory)移植到职业咨询领域,通过咨询、干预帮助高原员工。[⑩] 我国学者的研究多是顺应这种思路的拓展延伸。如卢晓梅和钮晓悦提出后

---

① Rantze K R, Feller R W. Counseling career-plateaued workers during times of social change[J]. Journal of Employment Counseling, 1985,22(3): 19-37.

② Rotondo P M, Ralston D A. Individual response to the stress of career plateauing[J]. Journal of Management. 1989,15(1): 35-47.

③ 曾莉.职业生涯高原对公务员工作绩效的影响研究——基于公共服务动机的调节效应[J].长白学刊,2021(4).

④ 付俊英,李亚洁.深圳市三级甲等医院 ICU 护士职业高原现状及人口学影响因素分析[J].护理学报.2014(20).

⑤ 陈琳,李霞,夏明晖.武汉市神经内科护士职业韧性与职业生涯高原反应的调查[J].职业与健康,2018(19).

⑥ 刘丽丹,王忠军.职业高原对基层公务员在职行为的影响——基于公平与归因的视角[J].中国人力资源开发,2017(9).

⑦ 马红,田婷,姜晓丽.372 名县级医疗机构护士人群职业高原现状及其影响因素分析[J].工业卫生与职业病,2021(2).

⑧ Defrank R S, Ivancevith J M. Job loss: an individual level review and model[J]. Journal of Vocational Behavior, 1986(1).

⑨ Tan C S, Salomone P R. Understanding career plateau: implications for counseling[J]. Career Development Quarterly, 1994(7).

⑩ Duffy J A. The application of chaos theory to the career-plateaued worker[J]. Journal of Employment Counseling, 2000,37(4): 229-236.

WTO 时代重视组织软环境建设,完善组织培训体系。① 白光林认为要针对不同员工制定差异化的职业发展策略。② 钟永芳等提出设计多元化转岗路径。③ 龚雨蕾等建议应用以案例分享、自由发言、场景再现和角色扮演为特征的巴林特小组管理模式。④

职业高原应对策略的已有研究多从心理学角度出发,且研究成果较为分散,停留于个别方法(method)的总结,缺乏从路径(path)角度的综合探讨,未形成可操作化体系。另外,研究者往往居于文化客位,与研究对象保持遥远的距离,习惯通过外化的数据和语言推测结果,没有进入研究现场的质性研究,缺乏纵向追踪研究,这些都是在后面的研究中需要进一步关注的。

从热点主题来看,职业高原研究经过探索阶段,已进入多元和深入发展阶段,趋于多维结构建构,测量方法从客观判断过渡到主观报告,这些都是进步的体现。但是,对于影响因素的研究尚有深入的可能,特别是有关影响因素的影响过程、作用机制、边界条件的探究不足,整体停留在横断式研究,缺乏纵向追踪研究,缺少进入研究现场的质性研究。因此,需要进一步加强过程意识、综合意识,分析背景因素,发掘职业高原现象持续涌现的复杂原因。而在应对策略上,需要从经验总结中跳脱出来,尝试从多角度探讨持续发展的可能,进一步建立职业发展精准扶持机制和发展体系。

(三) 职业高原的研究阶段及热点演变

1. 职业高原的研究阶段

时序图反映了研究内容的演变阶段。研究得出的时序知识图谱共有 327 个网络节点、659 条连接线、密度为 0.5682(见图 2.5)。从图中可以看出,职业高原研究一直处于延续和更新状态,可以分为三个阶段:(1) 探索阶段(1977—1994 年),研究对象集中在企业人员中,研究内容主要聚焦探讨职业高原内涵。1981 年,Veiga 对 Ference 等的定义进行了拓展,在垂直运动停滞基础上增加了水平流动停滞维度。1988 年,Weitz 和Feldman 从责任视角赋予了该定义新的补充。1990 年,Chao 进一步将"高原"的定义从静态范畴拓展到动态范畴,提出用连续变化的标准来描述职业高原。1992 年,张继

---

① 卢晓梅,钮晓悦.后 WTO 时代的《职业高原现象》研究[J]. 中国集体经济(下半月),2007(9).

② 白光林.企业管理者职业高原对工作满意度与离职倾向的影响[J].暨南大学学报(哲学社会科学版),2015(5).

③ 钟永芳,贾丽霞,赵改梅.高年资护士职业状况的研究进展[J].护理管理杂志,2020(12).

④ 龚雨蕾,姚惠萍,张帅.巴林特小组管理模式对 ICU 护士情感衰竭和职业生涯高原的影响研究[J].护士进修杂志,2020(5).

安发表了第一篇有关职业高原的论文,加入研究大军。(2)多元发展阶段(1995—2006年),关于各类职业的高原研究陆续兴起,其中研究较多的有护理人员、教师、知识型员工等;有关职业高原的内容研究进一步拓展,如探讨职业高原的内部结构、影响因素、职业态度、职业韧性、职业倦怠、解决策略、职业生涯和规划等。(3)稳定和拓展阶段(2007年至今),研究内容进一步扩大范围,如职业满意度、同事冲突、角色模糊、职业替换、离职意愿、发展需求、导师经验、导师福利、组织承诺、社会支持等,研究模式趋于稳定。

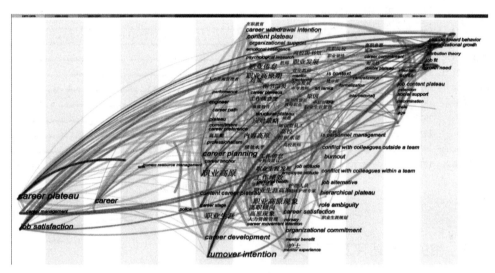

图 2.5　职业高原研究的时序知识图谱

2. 职业高原的热点演变

突现词是某一个时间段内被引频次突然增多的关键词,突现词的时长变化可以用来反映某一时间段内的研究热点的演变。将 CiteSpace 参数设置"Burstness",得到突现词图谱(见图 2.6)。每个词语在直线上的持续时间不同,持续时间较长的说明具有较高的研究意义,持续时间较短的说明具有一定的时代意义。英文突现词"job satisfaction"从 1986 年持续到 2003 年,对应的中文词语从 2011 年持续到2018 年,说明满意度是影响职业高原的重要因素;2004 年开始出现了"离职倾向""层级高原""应对策略"等突现词,说明研究者努力探索职业高原的内容结构、影响因素以及相应的解决策略;2011 年至今,突现词里出现了"高职院校",说明高职院校开始进入研究领域,这与我国大力发展职业教育有一定关联。

Top 20 Keywords with the Strongest Citation Bursts

Keywords	Year	Strength	Begin	End	1977−2021
job satisfaction	1977	3.06	1986	2003	
职业高原期	1977	4.61	2004	2007	
绩效水平	1977	4.13	2004	2006	
应对策略	1977	3.63	2004	2011	
馆员	1977	2.74	2004	2008	
职业生涯	1977	4.11	2006	2008	
职业高原现象	1977	2.94	2006	2010	
高原现象	1977	3.19	2007	2008	
职业生涯发展	1977	2.87	2007	2009	
高校	1977	4.07	2008	2011	
层级高原	1977	2.79	2009	2011	
工作满意度	1977	6.34	2011	2018	
职业发展	1977	4.13	2011	2014	
高职院校	1977	3.69	2011	2013	
离职倾向	1977	3.63	2011	2016	
工作绩效	1977	3.39	2012	2014	
相关性	1977	3.7	2015	2018	
护士	1977	2.79	2015	2021	
career plateau	1977	3.12	2018	2021	
基层公务员	1977	3.03	2019	2021	

图 2.6　职业高原研究的突现词图谱

四、相关文献述评及可研究空间

上述文献呈现了与本书相关的研究成果,对本研究有诸多启示,有助于利用已有积累建立研究基础,设定研究定位,寻找研究空间。

第一,从研究对象来看,随着幼教事业的快速发展,急需丰富的研究来帮助幼儿园教师发展。幼儿园教师作为教师队伍的重要组成部分,承担着全国数以亿计的儿童教育任务,并以急速上升的势头成为一支越来越庞大的队伍,我们不能够也不应该忽视他们的存在,对他们的研究具有重要的学术价值和社会意义。高原现象既是教师发展过程中遭遇的一个实际问题,也是一个新兴的研究热点。高原涉及的学科和问题较多,有深入研究的广阔前景。已有高原现象研究主要集中在社会职业生涯管理领域,作为研究分支的教师高原也只下探到中小学教师层面,研究范围仅停留在这一层面后再横向细分到各学科教师。整个教师群体研究的成果均较少,更遑论幼儿园教师领域,且中国文化背景下的高原研究又有其特殊性,因此,有必要对我国当前社会文化背景下幼儿园教师群体的职业高原做深入研究,不同职业高原内容的研究拓展具有积极的理论意义和应用价值。

第二,从研究方法来看,关于教师的高原研究已从教育学的经验总结转向心理学的客观测量,这是方法上的一大进步,但又止步于前,没有出现创新的方法应用,缺乏不同研究方法的融合研究。研究者总是处于文化客位,与研究对象保持遥远的距离,只通过外化的数据和语言推测结果,没有进入研究现场的质性研究,缺乏纵向追踪研究、深度挖掘,主要停留在横断式研究,揭示前因变量、调节变量与后果变量与职业高原的关系结构,缺乏完整展示教师遭遇高原现象过程中多种因素的影响。而且目前尚无符合心理学测量标准的幼儿园教师职业发展高原量表工具,不能反映我国当代文化背景下的幼儿园教师实际发展情况。

第三,从研究内容上看,教师发展特别是幼儿园教师发展研究中的阶段研究较薄弱,多集中于两头——特级教师、新手教师。对特级教师和新手教师的特质关注较多,而二者的中间阶段研究较少;对成功特质研究较多,对遭遇过程关注较少。因此,幼儿园教师发展的高原阶段仍是有待研究的阙如。纵观各职业领域的高原研究,也仍有深入研究的必要。首先,概念研究有待发展,学术进步常常来自学术社群对既定概念范式的变迁,公认的、权威的高原概念的缺乏,影响了同一概念系统下的深入研究,需要对幼儿园教师职业发展高原的内涵进行全面把握。其次,已有教师高原研究的视角单一、理论基础薄弱,因此得出的高原现象呈现出概貌化、面具化、抽象化的特点。教师本人的话语稀缺,研究没有深入教师内心分析高原心理和体验,没有倾听教师对高原的理解,没有站在教师角度思考高原的深层困境。虽然关于高原现象性质已有正面和负面两种意见,但是具体某一职业的高原性质还有待具体考证。再次,关于高原现象影响因素的研究尚有深入的可能。已有研究主要集中于人力资源管理、心理学领域,习惯于将高原现象与工作满意度、离职倾向、组织承诺等关系分别进行实证研究,缺少打破规约化的综合研究。研究缺乏过程意识,没有联系地、发展地看问题,没有将高原问题与教师发展机制一体化研究相结合。缺乏背景因素分析,缺乏多学科视角介入的理解和诠释,没有深入发掘高原现象持续涌现的复杂原因。最后,提出的解决策略多从心理学角度出发,停留于个别方法的总结,缺乏从路径的角度进行的归纳式综合探讨。

第三章　研究设计与研究方法

一、研究范式

（一）研究范式的流变与类属

"范式"（paradigm）是库恩（Kuhn，1962）在《科学革命的结构》中提出的科学方法论概念："一方面，它代表着一个特定共同体的成员所共有的信念、价值、技术等构成的整体。另一方面，它指谓着那个整体的一种元素。"[①]范式表示了某一领域研究者公认的研究信念、关注的研究内容、采用的研究方法和共同的研究取向。

研究范式主要可分为量的研究范式和质的研究范式。量的研究范式属于"实证主义"范式，质的研究范式属于"解释主义"范式。[②]

实证主义思想发端于孔德（Comte），他在代表作《论实证精神》中进行过详细阐述。实证主义遵循自然主义的方法论特征。在科学孕育出的物化王国里，自然是一部精密的仪器，一切都是确定和预定的。17 世纪形而上学奉行者如斯宾诺莎（Benedicts Spinoza）、莱布尼茨（Gottfried Leibniz）均将世界看作封闭的因果系统。孔德、斯宾塞（Herbert Spencer）等实证主义者认为社会也是自然的一部分，因此在社会科学研究中引入自然科学思维，采用自然科学方法来研究社会现象，"把一切现象视为遵循着不变的自然规律，有准备地发现这些规律，并尽量减少它们的数量，是我们一切努力的目的"[③]。正如康德所说，"人类理性这样仓促地完成它思辨大厦的建筑，忘记了检查基础的稳定性"，实证主义认为其可以客观、科学地呈现事物本来的面貌，奉行"验证原则"（principle of verification），即人类知识均可以化约成命题的方式被验证，分析命题是从概念出发推演验证，综合命题是由经验出发验证归纳。

---

① ［美］托马斯·库恩.科学革命的结构[M].金吾伦，胡新和，译.北京：北京大学出版社，2003：157.
② 陈向明.从"范式"的视角看质的研究之定位[J].教育研究，2008(5).
③ ［英］哈耶克.科学的反革命：理性滥用之研究[M].冯克利，译.南京：译林出版社，2003.

解释主义的源头则可以追溯至前苏格拉底时期,历经苏格拉底、斯多葛(Stoic)学派、奥古斯丁(Aurelius Augustinus)、阿奎那(Thomas Aquinas)、帕斯卡尔(Blaise Pascal),在笛卡尔(René Descartes)时期得以发扬。① 新康德主义者狄尔泰(Wilhelm Dilthey)和李凯尔特(Heinrich Rickert)建立了不同于自然科学的人文科学理论。韦伯(Max Weber)接受了这种界限划分,并指出人文科学的对象是文化事件,其包含的基本要素是价值和意义,不能依赖规律和因素来获得。② "理解"是人文科学活动的象征,是人文科学活动存在的方式:"自然需要说明,而人需要理解。"③

(二) 范式转换的视角

任何一种范式都不具有普适性,所有的研究都经受着范式的转变,范式的转变也推动并彰显着研究的发展:"一种范式通过革命向另一种范式的过渡,便是成熟科学通常的发展模式。"④质的研究范式与量的研究范式在对峙中逐渐走向融合,继而出现的混合研究被誉为继量的研究和质的研究之后的"第三种研究范式"⑤"第三条道路"⑥"第三种研究共同体"⑦,在研究发展中得到了广泛关注,其另辟蹊径的视角与涵盖多学科的效用推动了复杂研究应用,因此被称为"第三次方法论运动"⑧。

混合研究有利于拓展研究的广度和范围。莱尔(Lair)指出,生活世界"仅凭定性研究或定量研究单一方法的力量是办不到的,它需要二者的交叉和结合,才能真正把握"。⑨ 麦克米伦(McMillan)认为,定量研究中,因为研究者对研究对象没有直接影响,所以仅能描述事物或揭示几个因素之间的关系;而定性研究基于现象学模式,事实上根植于主体的感知。⑩ 理查德森(Richardson)在论及研究方法时提出多面"晶体化"

---

① [法]笛卡尔.谈谈方法[M].王太庆,译.北京:商务印书馆,2007.

② [德]马克斯·韦伯.社会科学方法论[M].韩水法,莫茜,译.北京:商务印书馆,2013.

③ 朱小蔓.道德教育论丛(第1卷)[M].南京:南京师范大学出版社,2000:229.

④ [美]托马斯·库恩.科学革命的结构[M].金吾伦,胡新和,译.北京:北京大学出版社,2003:13.

⑤ Johnson R B, Onwuegbuzie A J. Mixed methods research: a research paradigm whose time has come[J]. Educational Researcher,2004(7): 14 - 26.

⑥ Gorard S, Taylor C. Combining methods in educational and social research [M]. London: Open University Press,2004.

⑦ Teddlie C, Tashakkori A. Foundations of mixed methods research: integrating quantitative and qualitative approaches in the social and behavioral sciences[M]. Thousand Oaks ,CA: Sage, 2008.

⑧ Tashakkori A, Teddlie C. Handbook of mixed methods in social and behavioral research[M]. Thousand Oaks, CA:Sage, 2003.

⑨ [英]理查德·普林.教育研究的哲学[M].李伟,译.北京:北京师范大学出版社,2008:44.

⑩ [美]威廉·维尔斯马,[美]斯蒂芬·G. 于尔斯.教育研究方法导论(第9版)[M].袁振国,主译.北京:教育科学出版社,2010:15.

(crystallize)概念,隐喻对主题复杂深刻的理解。① 舒茨(Alfred Schutz)指出社会科学和自然科学两种研究法是同中有异、异中有同。② 总之,联合多种理论、多重方法和数据资源的研究克服了来自单一方法、单一理论的内在偏差。混合研究中多种方法的结合可以让研究者更充分地描述情况,不仅涵盖问题的范围,而且可以深入了解导致某些行为增多的驱动因素。③

(三) 本研究的范式择取

研究范式的选择是研究者经验判断和价值取舍的结果。"每一种社会科学诊断,都是与观察者所做出的那些评价、所具有的那些无意识取向密切联系在一起的,而社会科学所进行的批判性自我澄清,也都是与我们在日常生活的世界中对我们的取向的批判性自我澄清密切联系在一起的。"④首先,本研究属于教育学领域的教师领域,混合研究已经成为教师研究领域的趋势。国际教师教育研究分会主席史密斯(Cochran Smith)指出,在教师教育领域内加强混合研究非常必要,否则无法使教师研究获得的结论成为共识,更难以回应公众质疑和引导政策改革。⑤ 美国教育研究会教学与教师教育分会克拉克(Clark)等认为,"一个平衡的包含各种研究方法的模式更能促进教师教育领域的发展"。其次,除了沿袭教师领域混合研究的趋势,研究者还认为,作为一个问题驱动的领域,应该遵循问题实际需要来选择研究范式。围绕"幼儿园教师职业发展高原现象"这一问题,设计分为结构、特点、体验与性质、影响因素、路径五个部分,依次展开,根据研究内容的不同需要,在研究过程中灵活采用不同的方法,如结构、特点研究主要使用量化方法,体验、影响、路径研究主要使用质化方法,并且不做固定限制,如结构研究中也用到质化方法,影响研究中也用到量化方法。研究者认为,研究过程也是视角切换的过程,不同方法从不同角度揭示了问题真相。因此,本研究决定采用混合式研究范式,综合使用量的研究方法和质的研究方法。

---

① [美]诺曼·K.邓津,[美]伊冯娜·S.林肯.定性研究(第4卷):解释、评估与描述的艺术及定性研究的未来[M].风笑天,等译.重庆:重庆大学出版社,2007:1001.

② 谭光鼎,王丽云.教育社会学:人物与思想[M].上海:华东师范大学出版社,2009:97.

③ [英]马丁·登斯库姆.怎样做好一项研究——小规模社会研究指南(第三版)[M].陶保平,等译.上海:上海教育出版社,2011:93.

④ [德]卡尔·曼海姆.意识形态与乌托邦[M].艾彦,译.北京:华夏出版社,2001:51-53.

⑤ Cochran-Smith M, Feiman-Nemser S, McIntyre D J, et al. Handbook of Research on Teacher Education[M]. New York:Routledge, 2008.

二、研究思路

(一)宏观代入与微观诠释结合的观念导向

总体而言,整个研究遵循宏观行动观与微观行动观相结合的研究观念导向。宏观行动观是在实证主义下应用自然科学方法来研究问题,奉行价值预设和无"污染"假设,适用于揭示客观内容与特征。微观行动观则反映了现象学与社会学提倡的研究观念,重视日常生活中实践活动的权宜性、反身性、可说明性和索引式表达,关注场景组织和社会世界的不确定性、不规则性、局限性。哈罗德·加芬克尔(Harold Garfinkel,1970)以接近社会现象本身为原则,倾听教师的声音,关注教师如何赋予行为以意义,从理解的视角审视行为。

(二)三维聚焦的思路规划

研究者力求在研究过程中体现整体性思维、动态性思维、复杂性思维的设计思路。(1)整体性思维:将幼儿园教师的职业生涯、专业发展、个人生活史相联系,进行整体考察。(2)动态性思维:既对高原的结构和特点做现时段实时分析,也对高原的体验和影响因素做长时段历时分析。(3)复杂性思维:在研究中进行多角度透视、多方法应用、多立面呈现。通过前台(教育现场中的高原结构和特点)体现现实状态,中台(高原的体验和影响因素)体现制度权力话语,后台(高原问题对应的时代背景、社会文化)体现历史纵深。

(三)研究阶段与研究步骤

本研究总体依循"应然趋势—问题聚焦—实然状态—何以如此—何以可能"几个阶段展开,主要思路是:(1)教师职业的本体阐释、教师发展的取向辨析、教师研究的视角转向,最后聚焦于幼儿园教师职业发展高原现象问题;(2)幼儿园教师职业发展高原的结构和特点探索;(3)幼儿园教师职业发展高原的体验描摹和性质判断;(4)幼儿园教师职业发展高原影响因素的追问;(5)幼儿园教师职业发展高原改善路径的探寻。

研究的具体步骤为:(1)通过文献法归纳并阐述研究者对教师职业发展应然取向的理解,并寻找发展中的实然问题——幼儿园教师职业发展高原,予以关注;(2)针对该问题编制问卷,调查幼儿园教师职业发展高原结构,统计和分析幼儿园教师职业发展高原呈现的现状特点;(3)运用现象学方法研究幼儿园教师职业发展高原的体验,判断其性质;

(4) 运用多种方法深入追寻幼儿园教师职业发展高原的影响因素;(5) 通过访谈法和逻辑思辨法,探讨改善幼儿园教师职业发展高原现象的可能路径。

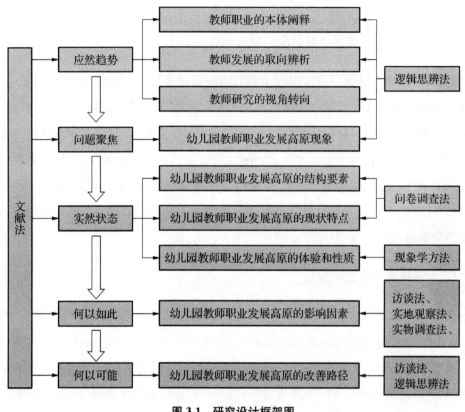

图 3.1 研究设计框架图

三、具体研究方法介绍

本研究用到的具体研究方法包括如下多种。

访谈法:访谈是非常基本的具有指向性的谈话。[①] 本书采用了个别访谈和集体访谈两种形式。集体访谈主要应用了焦点小组访谈方式,个别访谈则应用了半结构型访谈和无结构型访谈两种方法。[②]

焦点小组访谈就是让一群相关对象就某个特定问题发表自己看法的小组访谈方

---

① [英]凯西·卡麦兹.建构扎根理论:质性研究实践指南[M].边国英,译.重庆:重庆大学出版社,2009:34.

② 陈向明.质的研究方法与社会科学研究[M].北京:教育科学出版社,2000:171.

式,规模通常为 7—10 个对象和一个协导员。[①] 在某民办幼教集团下属幼儿园的 10 位园长(副园长)在南京培训期间,研究者组织园长们对"幼儿园教师职业发展高原现象"这一研究问题进行了集体性探讨。

半结构型访谈在研究对象选取上需要遵循质的研究中"入场"要求。因此研究者主要选择了自己熟识的教师,以利于获取真实的深度信息。所选教师在职业发展节点上呈"鱼骨图"分布:"鱼头"是某幼儿园退休园长,曾获"特级教师""人民教师""全国教育系统劳动模范"等称号,担任过中国学前教育研究会常务理事、省政府教育督学、大学兼职教授等职务,在幼师职业发展方面具有一定代表性;"鱼尾"是幼儿园新手教师,其余教师作为鱼骨中间部分予以充实。另外,研究者还对问卷填答时留下联系电话的部分教师进行了回访。

无结构型访谈具有三种途径:一是在研究者本人的同学 QQ 群和微信群里进行开放式聊天,因为笔者同学中大部分人从事幼儿园教师或相关职业,且关系熟稔,是极佳的幼儿园教师讨论群。二是通过 QQ 群查找功能,以 500 人以上规模群为范围查找幼儿园教师群并申请加入,进行静默聆听。三是与笔者女儿就读的幼儿园的教师和园长进行不定期谈话。

正式访谈均有录音,结束后研究者及时将录音转录整理成文字;闲谈聊天后凭记忆整理内容作为田野资料。主要访谈对象的情况见表 3.1 和表 3.2。

表 3.1 小组焦点访谈人员情况一览表

访谈人员	年龄	教龄	职称	性别	学历	所在园性质
J1	34 岁	15 年	一级	女	大专	
J2	32 岁	10 年	无	女	中专	
J3	33 岁	14 年	无	女	中专	
J4	43 岁	17 年	无	女	中专	
J5	28 岁	7 年	二级	女	大专	某民办幼教集团
J6	36 岁	13 年	无	女	中专	下属 10 家
J7	34 岁	15 年	无	女	中专	幼儿园
J8	34 岁	15 年	二级	女	大专	
J9	35 岁	16 年	二级	女	大专	
J10	35 岁	17 年	二级	女	大专	

---

① [美]罗伯特·C.波格丹,[美]萨莉·诺普·比克伦.教育研究方法:定性研究的视角(第四版)[M].钟周,等译.北京:中国人民大学出版社,2008:101-102.

表 3.2　半结构型访谈人员情况一览表

访谈人员	年龄	教龄	职称	性别	学历	职业经历
J11	74 岁	满教龄已退休	特级	女	大专	20 世纪 60 年代参加幼儿园教师工作,获全国、省、市多项教师奖励,兼任全国及省市多个幼教专业职务,现已退休,仍坚持到一线听课,参与幼儿园课题研究
J12	64 岁	满教龄已退休	特级	女	本科	创办了一所农村幼儿园,担任过教师、教研组组长、副园长、园长、党支部书记,兼任市多项幼教专业职务,获得省多项奖励,退休后成立工作室,仍在坚持幼教工作
J13	52 岁	33 年	一级	女	大专	市幼师第一届毕业生,曾在儿童活动中心任心理教师,后调至幼儿园任带班教师、年级组组长、分园园长、幼儿园教研室总务后勤等职
J14	51 岁	33 年	高级	女	研究生	20 世纪 80 年代初从事幼儿园教师工作,5 年后升任副园长,10 年后任园长,曾主持多项课题,发表 50 余篇论文,主编 20 余本著作,获得省、市多项荣誉
J15	50 岁	32 年	特级	女	本科	20 世纪 80 年代初担任幼儿园教师,历任教师、年级组组长、业务园长、园长,获得全国、省、市多项荣誉
J16	50 岁	30 年	高级	女	研究生	幼师毕业后到幼儿园从事教师工作,曾任年级组组长、副园长、园长,获省、市多项教师奖励,现为区教研员,并兼任多个专业职务
J17	50 岁	31 年	一级	女	中专	幼师毕业后去了一家街道幼儿园做带班教师,现为该幼儿园资料室老师
J18	48 岁	32 年	高级	女	大专	幼师毕业后到幼儿园从事教师工作,现为园长
J19	45 岁	29 年	一级	女	中专	幼师毕业后到幼儿园从事教师工作,现为副园长
J20	45 岁	27 年	一级	女	中专	幼师毕业后到幼儿园从事教师工作
J21	43 岁	25 年	一级	女	中专	幼师毕业后到幼儿园从事教师工作
J22	37 岁	19 年	一级	女	中专	幼师毕业后到幼儿园从事教师工作,现为园长
J23	37 岁	13 年	高级	女	本科	学前教育本科毕业后到某街道园从事教师工作,9 年后任副园长

访谈人员	年龄	教龄	职称	性别	学历	职业经历
J24	36 岁	13 年	一级	女	本科	学前教育本科毕业后到普通公办园从事教师工作
J25	36 岁	12 年	一级	女	本科	学前教育专业本科毕业后去了某教育部门办园,后因为家庭原因辞职跳槽到另一个城市的集体园,现为年级组组长并带班
J26	36 岁	6 年	无	女	本科	学前教育本科毕业后到公办园从事教师工作,2 年后跳槽到外资幼儿园从事教师工作,4 年后转岗为外资学校初中部中文教师
J27	35 岁	11 年	无	女	研究生	学前教育本科毕业后,到区中心幼儿园从事教师工作 9 年后,跳槽到另一个区幼儿园,2 年后转岗为区幼教教研员
J28	35 岁	12 年	高级	女	本科	学前教育专业本科毕业后去了某市最好的教育部门办园做教师
J29	35 岁	13 年	一级	女	本科	幼师毕业保送学前教育本科,毕业后到幼儿园从事教师工作
J30	35 岁	12 年	一级	女	本科	学前教育专业本科毕业后去了家乡最好的教育部门办园
J31	34 岁	16 年	一级	女	大专	幼师毕业后到幼儿园从事教师工作
J32	34 岁	13 年	一级	男	本科	学前教育本科毕业后进教育部门办园,在教科室从事 5 年教科研工作,后自己要求当带班教师
J33	34 岁	13 年	一级	男	研究生	学前教育本科毕业后回到家乡某县幼儿园工作,12 年后获得在职研究生硕士学位,获得市、县多项荣誉称号
J34	34 岁	13 年	一级	男	本科	学前教育专业本科毕业后去了某市开发区新建的公办园,现为该园副园长
J35	33 岁	13 年	一级	女	本科	幼师毕业后到幼儿园从事教师工作
J36	32 岁	6 年	一级	女	研究生	非学前教育专业本科毕业,工作几年后,考取学前教育专业研究生,毕业后到幼儿园从事教师工作
J37	28 岁	3 年	无	女	研究生	学前教育专业硕士毕业后去了某省级机关园
J38	26 岁	3 年	二级	女	本科	学前教育专业本科毕业后去了教育部门办园
J39	22 岁	1 年	无	女	大专	学前教育专业大专毕业后应聘去了民办园,现为带班教师

实地观察法:该法强调通过研究者深入教育现场去真切感知教育现象当事人所做的行为以及行为背后的意义。认为只有通过深层的互动,研究对象才可能把心灵深处的秘密暴露出来。[①] 强调尊重研究对象,倾听他们的声音,让他们居于文化主位,用"自己的概念、语言和习俗,支持探寻和体验他们所诠释的思想、情感和行动"[②]。就本书而言,首先,研究者在实施课题的幼儿园进行长期蹲点观察,深入教育现场,在自然状态下对园里教师发展过程进行考察,具体包括观摩听课、参与研讨、跟踪课题研究、参与观察课程实施,以期获得变化的、丰富的、生动的、客观的一手资料,完整记录教师真实的发展过程,补充调查法所不能涵盖的信息,矫正访谈法可能存在的遗漏、修饰。研究者每次进入调查现场后都进行拍照、录像或录音,事后及时转录成文字材料,撰写反思和体会。其次,研究者参与了一个教师共同体活动,记录、积累了详细的活动资料。最后,研究者利用工作机会,到全国各地参与教师培训活动,实地观察不同地区幼儿园教师发展的现状。

实物调查法:实物资料的分类包括"非正式个人类"和"正式官方类"。[③] 本书收集了幼儿园教师主编的图书、发表的文章、教案活动录像、会议资料、教研活动微信记录、网络聊天记录等,调阅了有关幼儿园教师的评选制度、培训制度和评价方案的文件资料,通过这种方法补充了访谈法和实地观察法无法获得的信息。

问卷调查法:问卷法是用严格设计的问卷来收集研究对象的心理特征和行为数据的方法,标准化程度较高,结构固定,能在较短时间得到大量资料。[④] 现有关于"高原"现象的问卷有管理者评估量表和自陈述量表两种类型,考虑到调查对象的分散性和调查标准的统一性,本书采取自陈述量表形式,编制了幼儿园教师职业发展高原问卷,由被调查教师根据自己的实际情况和主观感受作答。

文献法:这一方法贯穿了研究始终,通过查阅国内外有关教师发展和高原现象研究的相关资料,了解研究进展,借鉴已有研究成果,比较已有结论,省思研究结果。

另外,现象学方法由于专章使用,将在本书第六章具体介绍。

---

① 朱德全,李姗泽.教育研究方法[M].重庆:西南师范大学出版社,2011:18.
② 刘晓瑜.教育研究方法的新取向——质的教育研究方法[J].教育理论与实践,1998(5).
③ 陈向明.质的研究方法与社会科学研究[M].北京:教育科学出版社,2000:258.
④ [英]慕荷吉,[英]阿尔班.早期儿童教育研究方法[M].费广洪,郑福明,译.北京:高等教育出版社,2012.

四、研究实施的可行性分析

研究者在某幼儿园进行了为期两年的课题研究,每周入园半天到一天;并参与了南京市幼儿园教师研究共同体,每月活动两次。因此,研究者在幼儿园和教师共同体两个组织中均获得了"守门员"的认可,拥有进入场域的资本和惯习,可以自由进入场地做深入调查和研究,方便收集资料。

研究者对幼儿园教师发展的理论前沿和实际需求持续关注,工作中经常去全国各地幼儿园参与教材培训,与幼儿园教师接触、交流较多,也方便大范围收集问卷信息。

研究者平时与在幼儿园工作的同学联系密切,而且工作的对象多是幼教领域的高校教师、园长,访谈对象大多是熟人或是通过熟人介绍的,因此他们比较愿意吐露真实的信息,"真人当着真人面说真话"[1],为本研究提供了较为宝贵的第一手资料。

研究期间适逢自己女儿从小班入园到大班毕业,因此从平时与女儿的老师的点滴接触中,增加了研究者对幼儿园教师工作的了解和体会。

---

[1] 当研究者发微信感慨某次访谈言论的出乎意料时,华东师范大学李生兰教授如此评论。

第四章 维度的探秘

——幼儿园教师职业发展高原的结构要素

根据文献,"高原"概念的最初含义仅限于晋升这一个角度。如果对高原的理解仅限于此,只有高原状态和非高原状态两种判断,就不存在高原结构的问题,也不需要进行维度探讨。但是后来的研究发现,各类职业的高原现象表现不同。在此基础上,学者们探索出多类高原维度,使得高原现象日趋呈现出立体、复杂的结构,从而丰富了高原概念的内涵,有利于进一步拓宽理解视角和提供应对策略。因此,本研究也从高原结构研究入手,为后面的研究打下基础。

由于国内外没有权威的职业发展高原测试问卷,且高原研究带有鲜明的本土文化背景特征,因此我国幼儿园教师职业发展高原就如深幽未知的洞穴,需要一探究竟。

本书在相关理论的指导下,借鉴相关研究问卷的测量项目,通过质化和量化相结合的方法,进行调查问卷的设计,在全国范围内进行调查,研究全程约有 2 000 名幼儿园教师参与问卷填写。研究者对调查所得数据进行项目分析、探索性因素分析、验证性因素分析以及信度、效度分析,最终编制出较为科学合理的调查问卷,探索出我国幼儿园教师职业发展高原的结构要素。

一、幼儿园教师职业发展高原初始问卷编制及修订

(一) 研究目的

为了探索幼儿园教师职业发展高原的结构要素,在文献研究、开放式问卷调查和预访谈研究的基础上,研究者编制出一份适合我国当前社会文化背景下的幼儿园教师职业发展高原初始问卷,通过预试对初始问卷进行修订,为后续正式问卷的编制提供参考和依据。

（二）研究方法

1. 研究对象

（1）参与开放式问卷调查和预访谈人员

根据《幼儿园教师专业标准（试行）》的定义，本书的调查对象只限于在"幼儿园履行教育教学工作职责的专业人员"，不包括在幼儿园工作的保育员、厨师、门卫等后勤人员，也不包括早教机构教师。预访谈部分采取方便取样的方法，共邀请了3所幼儿园园长和N大学学前教育专业毕业生中在幼儿园从事教师工作的24人参与访谈，并通过他们分发了150份开放式问卷，参与问卷调查的幼儿园教师分布在上海、深圳、以及江苏的南京、苏州、无锡、常州、南通、泰州、镇江等地不同类型幼儿园，包括教育部门办园、街道办园、中外合资园、私人办园。

（2）参与问卷评估人员

语义分析部分，邀请了3名园长、24名幼儿园资深教师，Y大学学前教育专业选修研究方法课的70名学生参与讨论。项目评估部分，邀请了教授（导师）1名、副教授1名、有问卷编制经验的博士3名进行评估。专家评估部分，邀请了1名心理学背景的研究员进行评估。

（3）参与初始问卷填写人员

参与试测部分的为某集体园20位幼儿园教师，参与预试部分的为江苏省内10家幼儿园的教师，统计所得的有效问卷的填写教师分布情况见表4.1。

（4）问卷样本量

根据研究规范，一般因素分析中题项数与样本数在1∶5和1∶10之间为宜。预试时进行因素分析的样本数最好为题项数的5倍，受试总样本数量不得少于100人（Gorsuch，1983）。[1] 正式抽样样本数以350人以上为宜（Creswell，2002）。[2] 因为本研究初始问卷中共有59个题项，所以预计所需样本数至少为300份，考虑到回收率和有效率，预试发放问卷350份，回收有效问卷312份，有效率为89％，详情见表4.1。

---

[1]　吴明隆.问卷统计分析实务——SPSS操作与应用[M].重庆：重庆大学出版社，2010：207.
[2]　吴明隆.问卷统计分析实务——SPSS操作与应用[M].重庆：重庆大学出版社，2010：60.

表 4.1　参与预试的有效被试分布情况一览表（$N=312$）

调查地区	所属样本框位置	人数	百分比
江苏徐州	苏北	95	30.4%
江苏泰州	苏中	43	13.8%
江苏常州	苏南	72	23.1%
江苏苏州	苏南	77	24.7%
江苏宜兴	苏南	25	8.0%

（5）问卷抽样方法

预试研究采用了抽样方法里的非概率抽样，即由研究者主观判断决定进入样本的个体，且个体之间被选择时不是彼此独立的。非概率抽样由于其方便性与经济性的特点，适合于预调查研究。非概率抽样中最常用的是方便抽样，样本由于易得性而入选。[①] 研究者根据地缘条件，采用方便抽样选取江苏省内幼儿园的同时，还使用了整体抽样，即以幼儿园为单位进行抽样。这些方法省时省力，便于初期工作的较快开展和有效反馈。

2. 研究工具

开放式问卷调查和预访谈部分采用了自编的幼儿园教师职业发展高原开放式问卷和访谈提纲作为调查工具。预试部分采用了自编的"幼儿园教师职业发展高原调查问卷（初始问卷）"作为调查工具。统计工具为 SPSS 17.0。

（三）研究过程

1. 开放式问卷调查和预访谈

开放式问卷能快速得到较广泛的信息，但表述会比较笼统，结合访谈，可以获得更加具体、清楚的表述，有利于资料的收集。首先，将收集到的原始资料中与职业发展高原有关的陈述逐一登录，提取关键词，找出语义单元。其次，给语义单元设置码号，剔除掉重复和无法归类的原始码号。再次，对码号进行提炼，将意义关联的码号合并在一起，逐级编码。最后，归纳出码号的上位概念——类属，作为本研究构想维度。

2. 问卷设计

在建立的条目池的基础上，参考已有职业发展高原问卷形式，设计初始问卷。设计

---

① 范伟达，范冰.社会调查研究方法[M].上海：复旦大学出版社，2010.

完成后,请南京师范大学一名心理学专业的副教授对问卷进行审阅。

3. 项目评估及修订

设计语义分析问卷,请 3 名园长、24 名幼儿园资深教师对项目语义进行分析,并请 Y 大学学前教育专业选修研究方法课的 70 名学生参与讨论,提出修改意见。

设计项目评估表,将项目按质化研究得出的维度呈现,给出每个维度的含义评定意见,邀请教授(导师)1 名、副教授 1 名、有问卷编制经验的博士 3 名,就命中目标程度、表述清楚程度、单维性进行评估。

设计专家评估问卷,请 1 名心理学背景的研究员根据对幼儿园教师职业发展高原现象定义的理解,判断项目适合研究的程度。

4. 试测及问卷修订

在正式发放问卷之前,为了解问卷的题项、结构设计是否科学合理,是否还有未被发现的问题,研究者试发了 20 份问卷进行了小范围试测。

5. 预试及问卷修订

(1) 在江苏省内的苏北、苏中、苏南发放了 350 份问卷进行预试调查。问卷回收后,进行检查、整理和登记。

(2) 根据统计学中通用的 95% 置信度水平,剔除无效问卷,包括:空白卷(整份问卷未作答)、题项雷同卷(95% 以上题项答案重复)、漏填(5% 以上题项未填)、多选(5% 以上题项多选)。

(3) 对有效问卷进行编号,如 11001 编号问卷(第一个数字代表地区,第二个数字代表幼儿园,最后三个数字代表问卷序号),此项工作是为了方便统计数据有误时快速找出原始问卷进行核对。

(4) 进行数据录入和核查,每份问卷由两人负责,一人负责录入,一人负责复检。数据汇总后,研究者再进行一次检核工作。检核分过程检核与终点检核两种方式。过程检核是在数据输入过程的适当段落进行数据检查。终点检核是通过计算机使用数据的可能性检查(wild code checking)模式,通过描述统计中的频次分布表进行数据格式确认,检查出现超过范围的数值(out-of-range value)。当发现数据问题时需要进行处理,缺失值的处理方法有事先预防法、删除法、虚拟变量法以及取代法等。[1] 当缺失值

---

① 邱皓政.量化研究与统计分析:SPSS(PASW)数据分析范例解析[M].重庆:重庆大学出版社,2013.

在 15% 以内时,可以使用取代填充的技术进行置换,不会对结果产生明显影响。[①] 因此,本研究采用过程检核和终点检核的方法,通过 SPSS 自带的数据可能性检查模式进行检核,当发现数据问题时,先利用问卷编号返回查找、修改,查找未果并且缺失量未超过 15% 时,利用 SPSS 缺失值置换功能进行处理,使用 SPSS 软件默认的置换过程"平均值替换"(数列平均数),采取数列平均数法对缺失值进行了替换。

(5)最后对问卷数据进行项目分析和初步的探索性因素分析,以删除不适宜的项目。

(四)研究结果

1. 项目设计

研究者通过登录陈述、提炼码号、建立类属的顺序对开放式问卷和预访谈收集的资料进行编码,并在文献分析的基础上,构建了三维结构设想。在资料收集的基础上提取条目池,根据项目评估的反馈意见,并参考相关研究中相对成熟的调查问卷中的测量项目(Milliman[②]、寇冬泉[③]、叶小红[④]),设计了"幼儿园教师职业发展高原现象调查问卷(初始问卷)",共计 59 条,具体见附录部分。

2. 问卷设计及基本信息修改

问卷以自陈形式呈现,由标题、问卷说明、答题指导语、问题项和答案、结束语组成。标题是"幼儿园教师职业发展高原现象调查问卷"。问卷说明部分交代了调查目的、内容、保密措施及感谢语。研究者在调查中发现,由于本项研究涉及幼儿园教师的部分隐私和对领导、园部、制度等的看法,教师在回答时有所顾虑,因此强调保密措施对于有效回答问卷非常必要。答题指导语交代了填写问卷的注意事项。问题项和答案部分是问卷的主要内容,包括两部分内容:第一部分是个人基本情况,包括性别、婚姻状况、年龄、教龄、学历、职称、职务、所在幼儿园性质等信息;第二部分是幼儿园教师职业发展状况的相关问题和答案。结束语部分提醒填写者复核,并对合作表示感谢。根据研究规范,变量设计包括三点:设计操作变量、设计变量属性、选择变量尺度,其中变量的属性设计

---

① [加]乔治,[加]马勒瑞.SPSS 统计分析简明教程:第 10 版[M].何丽娟,李征,韦玉,译.北京:电子工业出版社,2011.

② Milliman J F. Causes, consequences and moderating factors of career plateauing[D]. Los Angeles: University of Southern California, 1992.

③ 寇冬泉.教师职业生涯高原:结构、特点及其与工作效果的关系[D].重庆:西南大学,2007.

④ 叶小红.中小学教师职业高原的结构及其调节变量研究[D].广州:广州大学,2008.

需要符合完备性和独立性原则,尺度选择根据变量的类型。由于"高原"是离散变量(discrete variable),因此选用等距尺度,即优先次序之间的差异程度是等距的,具有同一性和优先性。开始设计时采用了 Likert 6 点法,经过试测,在一线教师们的建议下,最终改用 Likert 5 点法,"1"表示完全不符合,"2"表示比较不符合,"3"表示不确定,"4"表示比较符合,"5"表示完全符合。问卷的基本信息根据项目评估和试测结果进行了修订。

项目评估部分反馈的意见举例如下。

"我对幼儿园的事务没有决策权":"决策权"这样的专业术语避免或慎用,要用通俗语言,否则违反填答者有能力回答的原则。

"当前工作对于我自己已成为一种单调的重复劳动":句义不协调,回答者自然是回答的自己。另外问卷题项中形容词要慎用。

"我对当前的工作不自信,觉得无法胜任":意义重合,有两个句义特征,违反了一次只问一个问题的原则,要避免或者慎用"和""与"这样的连接词,会造成双重句义。

"提升空间"与"提升机会"这两题:作为填答者,可能会觉得语义重合,或者区分不出意思。

"与同事在孩子表现上的看法不一致":这个句子有点绕。

"自身已经定位了,再努力也没有更多的东西给我":这个句子意思表达不够清晰。

"幼儿园里职位少":职位指园长、副园长等职务吗?不同的幼儿园教师可能存在不一致的理解,还有的老师会误以为是职称。

"我没有从幼儿园中获得更多的发展资源":这个句子可能会出现理解不一致的情况。

"我被提拔到领导岗位或更高领导岗位的可能性小"和"我获得进一步提拔的机会有限":两题之间的逻辑关系有重合之嫌。

"我在工作上没有足够的自主权":表达太抽象。

"我不再关心自己的专业水平是否还能提高":属于不被职业道德所认可的问题,问题设计时应该设计得委婉些,可以用假定法或转移法对此类问题进行提问。

"评更高职称的困难多":在幼儿园除了评聘中学高级较难外,其他职称还是水到渠成的事情,没什么困难。职称和职位在幼儿园的提升情况很不一样。

"在幼儿园里的主人翁意识下降":"主人翁"这个词建议替换一下,因为说到底就是工作,不能要求所有老师把工作当成事业。领导的心态必须开放多元、兼容并蓄,有的老师没有主人翁意识,但把本职工作做好,也是好老师,是"主人翁"意识的表现,所以这个词的表述会让一些老师缺乏认同感。

试测部分反馈的意见举例如下。

教龄最好也写成周年,因为在现实中,不管人事也好,评选职称或者综合荣誉也好,讲的都是真实的教龄,几月到几月,而不是虚岁。有些人判断自己的年龄会根据阴历,有的会根据阳历,只问多少年很容易出现问题。

职称系列直接用幼儿园教师标准即可,不用附上以前的中小学教师标准,现实中都已做了改变,即使以前评的也知道其对应的新的级别,不存在填写问题。

职位一栏,本来设计的是"普通教师、中层领导、园长或副园长",因为在调查中发现中层领导的区别有园所差异,如有的民办园把董事长以下的园长、副园长都归为中层领导,所以需要加以举例,修改为"普通教师、园长或副园长,中层领导(如年级组长、课题组长、后勤组长、学科组长、保教主任、教研室主任、教务主任、部长、园长助理等)"。

幼儿园性质分类一栏,研究者对不同类型幼儿园、不同身份人员做了访谈,最后按照实际情况并参考权威资料,将公办园、民办园两类详细分为教育部门办园、其他部门办园、集体办园、民办园四类,既可以基本囊括现阶段所有幼儿园性质,又可以按照不同园做人口学变量统计,用数据显示和验证访谈得到一些情况。

关于"编制"有很多形式,幼儿园教师有的是在编在职,有的是在职不在编,有的是教师编制,有的是工人编制等,需要注明问卷中指的是哪种编制。

表述上仍要斟酌,教师们的感觉是:"和我们平时的表述方式有点不一样,以前做的问卷选项比较直接,这张问卷的选项好像要仔细读前面的题目,领会题目的意思再选择。如'我不刻意追求职位提升',一般我们看到这一题目会想到这样几种选项——是的、有点追求、比较追求、追求等(这样的表述比较通俗),而这里的表达书面化。可能一些题目是否定句,所以我们在选择选项时需要将平时惯性的回答转换一下。有的有双重否定句的感觉,要细细想一下,不小心容易选反。"

Likert 6 点法不适宜,由于问卷的题项以否定表达居多,再加上 Likert 6 点法题项判断程度的区别细微,教师们反映很"绕人",有些教师填写时因此失去耐心甚至敷衍作答,建议改用 Likert 5 点法更好。

3. 项目分析及题项筛选

项目分析(Item Analysis)是通过选择、替代或修改题项而提高问卷的鉴别度和同质性,以使得测验具有较高的信度和效度。[①] 项目分析的判别方式有几种,其判别指标如表 4.2 所示。[②]

表 4.2　项目分析的判别指标

题项	极端组比较	题项与总分相关		同质性检验		
	决断值	题项与 总分相关	效正题项 与总分相关	题项删除 后的 α 值	共同性	因素负 荷量
判别指标	≥3.000	≥0.400	≥0.400	≤问卷信度值	≥0.2	≥0.45

临界比值法:这是项目分析最常用的方法,目的在于算出问卷每个题项的决断值(critical ration,简称 CR 值),又称为临界比。做法是将问卷的几个分问卷中的总分加以排序,前 27% 为高分组,后 27% 为低分组,采用独立样本 t 检验方法,对高低二组的每个项目得分平均数之间的差异显著性进行检验。当达到显著性水平时($P<0.05$),表示该项目能够鉴别不同被试的反应程度。

因为采用临界比值法会受到分组标准的影响,所以这种区分度不能作为删除项目的唯一标准,还要结合其他方式检验。

题项与总分相关:这一方法要求对各个项目和总分进行 Pearson 相关系数检验,看其显著性水平。Pearson 相关系数必须大于等于 0.40,且显著性小于 0.05。

同质性检验:同质性检验也可以作为项目分析的指标,用来筛选题项。同质性检验包括信度、共同性与因素负荷量检验。信度系数是同质性检验的指标之一,反映问卷所测结果的一致性或稳定性。信度包括外在信度和内在信度两类:外在信度指不同时间测量时问卷一致性程度,内在信度指组成问卷题项的内在一致性程度。对于 Likert 问卷的信度估计常用方法为克隆巴赫(Cronbach)创设的 α 系数(Cronbach α)以及折半信度。但是估计内部一致性系数时用 α 系数优于折半法,社会科学研究领域 α 系数的使用率很高。α 系数检验的具体做法是,若相同面向的因素构念的问卷的某个题项删除后,α 系数变大,表示此题测试的属性或心理特质可能不相同,与其他题项同质性不高,可考虑删除。信度检验步骤:删除效正后项目总相关系数<0.50 的值的题项,根据学者

---

① [美]安妮·安娜斯塔西,[美]苏珊娜·厄比纳.心理测验[M].缪小春,竺培梁,译.杭州:浙江教育出版社,2001:225.

② 吴明隆.问卷统计分析实务——SPSS 操作与应用[M].重庆:重庆大学出版社,2010:192.

Henson 观点,为编制预测问卷,测量某构念的先导性,信度系数在 0.50—0.60 已足够[1];删除那些被删除后可以提高 α 系数的题项,以提高问卷整体信度;采用逐步删除法,每次删除质量最差的项目,使分问卷的 α 系数达到信度系数最佳的水平。共同性则必须大于等于 0.20,因素负荷量应大于等于 0.45。

(1) 临界比值法:总体 t 值偏大,sig 值完全符合(<0.005),只有第 54 题 $t=3.05$,相对其他题项 t 值较小,考虑删除。数据见表 4.3。

表 4.3　极端值比较结果

题项	高分组($n=84$)		低分组($n=82$)		t	df	p
	M	SD	M	SD			
a1	4.30	0.94	3.49	1.15	4.97	156.53	.000
a2	3.80	1.19	2.46	0.97	7.93	164.00	.000
a3	2.93	1.50	1.68	0.99	6.34	144.29	.000
a4	3.83	1.26	2.06	0.98	10.11	156.56	.000
a5	4.54	0.75	2.59	0.99	14.24	150.87	.000
a6	4.15	0.10	2.43	1.12	10.46	164.00	.000
a7	3.74	1.14	1.87	0.90	11.70	157.17	.000
a8	3.54	1.44	1.61	0.93	10.30	142.68	.000
a9	3.80	1.33	2.63	1.32	5.65	164.00	.000
a10	3.71	1.32	1.57	0.87	12.40	144.30	.000
a11	2.64	1.30	1.32	0.56	8.54	113.57	.000
a12	4.15	1.01	2.11	0.92	13.64	164.00	.000
a13	4.11	1.03	2.38	1.09	10.50	164.00	.000
a14	3.24	1.17	1.59	0.82	10.54	148.98	.000
a15	4.12	1.07	2.23	0.93	12.11	164.00	.000
a16	3.81	1.12	1.78	0.89	12.96	164.00	.000
a17	3.71	1.23	1.71	0.87	12.15	149.38	.000
a18	3.59	1.08	1.78	0.96	11.39	164.00	.000
a19	4.19	1.24	2.40	1.21	9.43	164.00	.000
a20	2.47	1.34	1.34	0.61	7.03	116.89	.000
a21	2.70	1.40	1.49	0.72	7.06	125.36	.000

[1] 吴明隆.问卷统计分析实务——SPSS 操作与应用[M].重庆:重庆大学出版社,2010:243.

题项	高分组（$n=84$）		低分组（$n=82$）		t	df	p
	M	SD	M	SD			
a22	3.09	1.20	1.74	0.82	8.57	147.17	.000
a23	3.36	1.37	1.49	0.65	11.29	119.37	.000
a24	2.80	1.44	1.35	0.67	8.33	118.42	.000
a25	3.08	1.06	1.68	0.90	9.13	164.00	.000
a26	2.95	1.03	1.29	0.51	13.22	121.98	.000
a27	3.15	1.22	1.41	0.63	11.58	125.02	.000
a28	2.75	1.24	1.44	0.67	8.50	128.10	.000
a29	3.08	1.27	1.66	0.88	8.41	147.69	.000
a30	3.58	1.21	1.39	0.64	14.59	127.13	.000
a31	3.61	1.27	1.49	0.74	13.20	134.45	.000
a32	3.35	1.41	1.46	0.77	10.75	129.61	.000
a33	4.27	0.10	3.07	1.21	6.96	164.00	.000
a34	4.15	1.09	2.35	1.25	9.86	164.00	.000
a35	3.58	1.56	1.90	1.03	8.22	143.79	.000
a36	3.12	1.33	1.23	0.53	12.07	109.07	.000
a37	3.04	1.26	1.69	0.92	7.88	164.00	.000
a38	3.25	1.28	1.48	0.88	10.44	147.32	.000
a39	2.88	1.33	1.20	0.62	10.52	117.81	.000
a40	3.46	1.35	1.24	0.51	14.09	106.82	.000
a41	3.50	1.33	1.39	0.72	12.76	127.98	.000
a42	3.79	1.26	1.48	0.72	14.51	132.93	.000
a43	3.85	1.29	1.78	0.97	11.71	153.80	.000
a44	3.43	1.28	1.51	0.74	11.89	133.81	.000
a45	3.70	1.26	1.99	0.96	9.87	155.13	.000
a46	2.70	1.30	1.20	0.96	9.95	106.02	.000
a47	4.06	0.10	2.01	1.01	13.11	164.00	.000
a48	3.76	1.38	2.32	1.35	6.80	164.00	.000
a49	3.86	1.26	1.45	0.79	14.77	139.68	.000
a50	3.71	1.29	1.54	0.89	12.71	148.11	.000
a51	3.83	1.38	2.35	1.34	7.02	164.00	.000

续　表

题项	高分组($n=84$)		低分组($n=82$)		t	df	p
	M	SD	M	SD			
a52	4.27	0.96	2.22	1.01	13.39	164.00	.000
a53	3.94	1.13	1.56	0.93	14.79	164.00	.000
a54	4.10	1.05	3.50	1.44	3.05	148.20	.000
a55	3.83	1.32	1.93	1.31	9.35	164.00	.000
a56	4.26	1.08	2.45	1.09	10.71	163.81	.000
a57	4.44	0.90	3.12	1.43	7.11	135.81	.000
a58	3.88	1.24	1.87	1.13	10.95	164.00	.000
a59	4.40	0.95	3.19	1.32	6.79	146.74	.000

（2）题项与总分相关：a1（Pearson＝0.301，sig＝0.000）、a3（Pearson＝0.390，sig＝0.000）、a9（Pearson＝0.360，sig＝0.000）、a20（Pearson＝0.392，sig＝0.000）、a48（Pearson＝0.366，sig＝0.000）、a54（Pearson＝0.187，sig＝0.001）达到显著，考虑删除。数据见表4.4。

表 4.4　题项与总分相关统计结果

题项	Pearson相关性	显著性（双侧）	题项	Pearson相关性	显著性（双侧）	题项	Pearson相关性	显著性（双侧）
a1	.301**	.000	a15	.642**	.000	a29	.479**	.000
a2	.461**	.000	a16	.627**	.000	a30	.664**	.000
a3	.390**	.000	a17	.589**	.000	a31	.619**	.000
a4	.540**	.000	a18	.589**	.000	a32	.603**	.000
a5	.641**	.000	a19	.530**	.000	a33	.409**	.000
a6	.500**	.000	a20	.392**	.000	a34	.526**	.000
a7	.598**	.000	a21	.410**	.000	a35	.482**	.000
a8	.507**	.000	a22	.474**	.000	a36	.595**	.000
a9	.360**	.000	a23	.565**	.000	a37	.446**	.000
a10	.590**	.000	a24	.411**	.000	a38	.515**	.000
a11	.444**	.000	a25	.492**	.000	a39	.561**	.000
a12	.623**	.000	a26	.424**	.000	a40	.675**	.000
a13	.567**	.000	a27	.606**	.000	a41	.638**	.000
a14	.567**	.000	a28	.466**	.000	a42	.682**	.000

题项	Pearson 相关性	显著性（双侧）	题项	Pearson 相关性	显著性（双侧）	题项	Pearson 相关性	显著性（双侧）
a43	.599**	.000	a49	.650**	.000	a55	.487**	.000
a44	.585**	.000	a50	.635**	.000	a56	.554**	.000
a45	.517**	.000	a51	.401**	.000	a57	.443**	.000
a46	.508**	.000	a52	.595**	.000	a58	.528**	.000
a47	.588**	.000	a53	.660**	.000	a59	.401**	.000
a48	.366**	.000	a54	.187**	.001			

（3）信度检验：$\alpha-0.954>0.800$，校正的项总相关>0.4，项已删除的α值<0.954。因此，a1、a3、a9、a20、a21、a24、a26、a33、a48、a51、a54、a59校正的总相关<0.4，可以考虑删除；a1、a2、a3、a6、a8、a9、a11、a20、a21、a22、a24、a25、a26、a28、a29、a33、a35、a37、a48、a51、a55、a57、a59删除后α值不变，可以考虑删除。数据见表4.5。

表 4.5　信度系数检验结果

题项	M	S^2	r	α	题项	M	S^2	r	α
a1	159.40	1 617.58	.275	.954	a18	160.63	1 582.83	.567	.953
a2	160.04	1 598.09	.435	.954	a19	160.09	1 585.13	.504	.953
a3	161.00	1 603.78	.361	.954	a20	161.42	1 610.21	.369	.954
a4	160.38	1 587.60	.516	.953	a21	161.31	1 605.38	.385	.954
a5	159.65	1 584.41	.624	.953	a22	160.99	1 602.32	.452	.954
a6	159.92	1 592.09	.475	.954	a23	160.81	1 583.74	.542	.953
a7	160.55	1 582.33	.577	.953	a24	161.17	1 600.37	.382	.954
a8	160.64	1 586.66	.480	.954	a25	160.87	1 600.03	.471	.954
a9	159.80	1 605.69	.330	.954	a26	161.09	1 593.84	.392	.954
a10	160.62	1 575.15	.565	.953	a27	160.99	1 587.27	.587	.953
a11	161.27	1 603.27	.420	.954	a28	161.23	1 602.20	.444	.954
a12	160.11	1 580.74	.603	.953	a29	160.97	1 598.38	.455	.954
a13	160.04	1 584.94	.544	.953	a30	160.88	1 575.46	.645	.953
a14	160.91	1 589.14	.546	.953	a31	160.74	1 580.84	.598	.953
a15	160.15	1 579.31	.623	.953	a32	160.92	1 578.88	.581	.953
a16	160.59	1 579.51	.607	.953	a33	159.53	1 602.83	.381	.954
a17	160.61	1 582.17	.567	.953	a34	160.11	1 585.01	.499	.953

题项	M	S^2	r	α	题项	M	S^2	r	α
a35	160.60	1 589.33	.453	.954	a48	160.12	1 601.87	.334	.954
a36	161.12	1 584.93	.574	.953	a49	160.73	1 574.19	.630	.953
a37	160.94	1 599.45	.420	.954	a50	160.78	1 573.16	.613	.953
a38	160.93	1 590.30	.491	.953	a51	160.12	1 598.36	.370	.954
a39	161.36	1 592.53	.541	.953	a52	159.94	1 581.63	.573	.953
a40	161.03	1 572.70	.657	.953	a53	160.60	1 568.55	.639	.953
a41	160.95	1 579.00	.618	.953	a54	159.51	1 626.59	.156	.955
a42	160.80	1 573.21	.664	.953	a55	160.41	1 586.65	.458	.954
a43	160.56	1 581.74	.577	.953	a56	159.81	1 584.88	.530	.953
a44	160.82	1 586.12	.564	.953	a57	159.45	1 599.49	.416	.954
a45	160.45	1 591.88	.494	.953	a58	160.35	1 583.51	.502	.953
a46	161.38	1 596.49	.486	.953	a59	159.39	1 605.66	.376	.954
a47	160.35	1 583.04	.566	.953					

（注：M 为项目删除时的尺度均值，S^2 为项目删除时的尺度方差，r 为修正的项目总相关系数，α 为项目删除时 Cronbach's α 值。）

（4）共同性与因素负荷量：根据共同性应大于等于 0.2、因素负荷量应大于等于 0.45 的标准，a1、a3、a9、a20、a21、a24、a26、a33、a37、a48、a51、a54、a57、a59 可以考虑删除。数据见表 4.6 所示。

表 4.6　共同性及因素负荷量检验结果

题项	共同性	载荷量	题项	共同性	载荷量
a1	.075	.275	a11	.204	.452
a2	.208	.456	a12	.390	.624
a3	.143	.378	a13	.324	.569
a4	.292	.540	a14	.340	.583
a5	.412	.642	a15	.414	.643
a6	.235	.485	a16	.398	.631
a7	.368	.607	a17	.363	.603
a8	.254	.503	a18	.352	.594
a9	.110	.332	a19	.284	.533
a10	.351	.592	a20	.173	.415

续　表

题项	共同性	载荷量	题项	共同性	载荷量
a21	.179	.423	a41	.420	.648
a22	.235	.485	a42	.478	.692
a23	.335	.579	a43	.362	.602
a24	.162	.402	a44	.352	.594
a25	.248	.498	a45	.257	.507
a26	.173	.416	a46	.272	.521
a27	.380	.616	a47	.342	.585
a28	.232	.481	a48	.112	.334
a29	.237	.487	a49	.424	.651
a30	.450	.671	a50	.411	.641
a31	.393	.627	a51	.145	.380
a32	.378	.615	a52	.337	.581
a33	.148	.384	a53	.449	.670
a34	.272	.522	a54	.023	.150
a35	.232	.482	a55	.233	.483
a36	.361	.601	a56	.286	.535
a37	.192	.438	a57	.173	.416
a38	.262	.512	a58	.273	.523
a39	.330	.575	a59	.138	.372
a40	.483	.695			

　　根据项目分析筛选结果，如表 4.7 整理的数据，结合专业评判，删除不适合的项目，剩余 27 个题项符合指标，予以保留，纳入后续的探索性因素分析中。

表 4.7　预试的项目分析筛选结果

	临界比		同质性检验			
	极端组比较	题项与总分相关	校正题项与总分相关	题项删除后的 α 值	共同性	因素负荷量
判断标准	$\geqslant 3.00$	$\geqslant .40$	$\geqslant .40$	$\leqslant .954$	$\geqslant .20$	$\geqslant .45$
a1	4.97	.3015**	.275	.954	.075	.275
a3	6.34	.390**	.316	.954	.143	.378
a9	5.65	.360**	.330	.954	.110	.332

续　表

	临界比		同质性检验			
	极端组比较	题项与总分相关	校正题项与总分相关	题项删除后的 α 值	共同性	因素负荷量
a20	7.03	.392**	.369	.954	.173	.415
a21	7.06	.410**	.385	.954	.179	.423
a24	8.33	.411**	.382	.954	.162	.402
a26	13.22	.424**	.392	.954	.173	.416
a33	6.96	.409**	.381	.954	.148	.384
a37	7.88	.446**	.420	.954	.192	.438
a48	6.80	.366**	.334	.954	.112	.334
a51	7.02	.401**	.370	.954	.145	.380
a54	3.06	.187**	.156	.955	.023	.150
a57	7.11	.443**	.416	.954	.173	.416
a59	6.79	.401**	.376	.954	.138	.372

二、幼儿园教师职业发展高原问卷编制及结构模型探索

(一) 研究目的

为了编制符合心理测量学标准并适合我国当前社会文化背景的幼儿园教师职业发展高原现象正式问卷,构建幼儿园教师职业发展高原结构模型,验证研究者前期理论构想,进而深入探索幼儿园教师职业发展高原结构维度,从而进行相关研究。

(二) 研究方法

1. 研究对象

(1) 参与研究人员

本研究调查的对象同预试一样,只限于《幼儿园教师专业标准(试行)》规定的幼儿园教师,不限定年龄、教龄等人口学信息,但是研究者将调查范围拓展至全国。

(2) 抽样框构建

既然在全国范围内选择样本,则需要考虑抽样框。抽样框指一个或一些含有定义的总体单元的清单或信息源,提供了定位总体中元素和分层的方式。本研究选择抽样

框中的区域抽样框进行参考。国务院发展研究中心发展战略和区域经济研究部报告《中国(大陆)区域社会经济发展特征分析》分出了八大区域:东北地区、北部沿海地区、东部沿海地区、南部沿海地区、黄河中游地区、长江中游地区、西南地区、西北地区。研究者根据自己的实际情况和条件许可,尽可能确保调查范围覆盖八大区域、多种类型幼儿园的教师。

（3）问卷抽样方法

根据文献,为了保证抽样的样本性质能有效反映总体属性,最好采用随机抽样或分层随机抽样方式。抽取有代表的样本比抽取多而代表性不高的样本更具有外在效度。因此,本研究在全国范围内采取随机抽样和有代表性抽样的方式,并遵循抽样设计的四个原则(目标定向、可测性、可行性和经济性)[①]进行抽样。问卷发放的形式有幼儿园现场发放调查、邮件发放调查、网络调查(问卷星)三种类型。

（4）问卷样本量

根据文献,为有效进行探索性因素分析,样本数不宜过少;为防止验证性因素分析时,模型适配度卡方值不易达到显著性水平而拒绝虚无假设,样本数也不宜太多。[②] 一般因素分析中题项数与样本数在 $1:5$ 和 $1:10$ 之间为宜。修订问卷共有 27 个题项,所以施测时发放问卷 1 500 份,回收有效问卷 1 163 份,有效率为 78%。见表 4.8。所得数据一半用于探索性因素分析,一半用于验证性因素分析。

表 4.8　修订问卷测试有效研究对象情况分布一览表($N=1$ 163)

调查地区	所属样本框位置	人数	百分比
河北保定、山东利津	北部沿海	271	23.3%
上海宝山、江苏南京	东部沿海	251	21.6%
广东广州	南部沿海	123	10.6%
广西桂林	西南地区	146	12.6%
宁夏银川	西北地区	148	12.7%
河南郑州	黄河中游	98	8.4%
湖北荆州	长江中游	50	4.3%
辽宁沈阳	东北地区	76	6.5%

① [美]威廉·维尔斯马,[美]斯蒂芬·G.于尔斯.教育研究方法导论[M].袁振国,主译.北京:教育科学出版社,2010.
② 吴明隆.结构方程模型:AMOS 操作与应用[M].重庆:重庆大学出版社,2009:29.

表 4.9　研究对象基本情况

项目	组别	人数	百分比
年龄	18—25 岁	438	37.7%
	26—30 岁	291	25.0%
	31—35 岁	190	16.3%
	36—40 岁	116	10.0%
	41—45 岁	81	7.0%
	46—50 岁	36	3.1%
	51 岁及以上	11	0.9%
学历	中专及以下	95	8.2%
	大专	494	42.5%
	本科	551	47.4%
	硕士及以上	23	2.0%
职称	高级或正高级教师	105	9.0%
	一级教师	258	22.2%
	二级教师	168	14.4%
	三级教师	48	4.1%
	未定职级教师	584	50.2%
职位	普通教师	999	85.9%
	中层领导	119	10.2%
	园长或副园长	45	3.9%
编制	有编制	420	36.1%
	无编制	743	63.9%
园所性质	教育部门办园	298	25.6%
	民办园	423	36.4%
	其他部门办园	262	22.5%
	集体办园	180	15.5%

2. 研究工具

本研究采用了自编的"幼儿园教师职业发展高原现象问卷(修订问卷)"作为调查工具。统计工具为 SPSS 17.0,用于探索性因素分析、信度分析、效度分析。

(三) 研究过程

问卷回收后数据的整理、登记、处理方式与初始问卷数据一样。

1. 探索性因素分析

在项目分析之后,运用探索性因素分析(exploratory factor analysis)筛选、聚合项目,进行结构探索。因素分析包括探索性因素分析和验证性因素分析。前者的目的是对项目做进一步筛选,使问卷项目变成一组较少且彼此相关较大的变量,探究问卷潜在结构,因此这种因素分析被称为探索性因素分析。

2. 问卷信度检验

对问卷进行信度检验。信度(reliability)指问卷的一致性程度或可靠程度。可分为外在信度和内在信度两种。外在信度是在不同时间内进行测量,检测问卷结果的一致性程度,常用方法是检测重测信度。内在信度是指问卷的某一构念(一组问题)或整个问卷是否测量的是同一个概念,常用检测方法是内部一致性信度和折半信度。Likert 量表多采用克隆巴赫系数(Cronbach α)作为内部一致性信度指标。本研究使用了重测信度和内部一致性信度检验。

3. 问卷效度检验

对问卷进行效度检验。效度(validity)是指问卷能准确测量的特质程度。问卷的效度一般有四种:① 内容效度,也称逻辑效度,是测量题项的代表性或取样的适切性,即考察题项能否测量到所要测试的行为或心理特质,达到测量目的。其检验一般运用双向细目表对题项的合理性做逻辑分析;② 效标关联效度,又称实证效度,指问卷与本身具有良好信度与效度的外在效标之间关系的程度。通过检测与外在效标之间的关系来判断;③ 结构效度,指能测量到理论架构的心理特质或概念的程度。它可以弥补内容效度有逻辑分析但无实证依据的缺点,常用检验方法是因素分析;④ 专家效度,是社会科学领域近年来倡导的效度,即请相关学者专家进行检视。本研究根据具体情况,最终选取了内容效度、结构效度、专家效度三种方法进行检验。

(四) 研究结果

1. 探索性因素分析

(1) 适合度检验

因素分析前首先需要进行适合度检验,其目的在于确定获得的测量数据是否适合做因素分析。[1] 因素分析的前提是变量间彼此相关。可运用 KMO 取样适合度检验（Kaiser-Meyer-Olkin measure of sampling adequacy，KMO）和 Bartlett 球形检验法（Bartlett-test of sphericity）。KMO 检验采样是否充足，以及变量间的偏相关是否很小。当 KMO 值在 0.90 以上，表示极适合因素分析；在 0.80 以上，表示适合进行因素分析；在 0.70 以上，表示尚可进行因素分析；在 0.60 以上，表示勉强可进行因素分析；在 0.50 以上，表示不适合进行因素分析；在 0.50 以下，表示非常不适合进行因素分析。[2]

对 1 163 份回收问卷的项目数据进行 KMO 和 Bartlett 球形检验，表 4.10 所列结果显示：$KMO=0.945, X^2=7 737.015, df=351, sig=0.000<0.001$，达到显著水平，表示相关矩阵间有共同因素存在，说明适合做因素分析。

表 4.10　幼儿园教师职业发展高原问卷 KMO 和 Bartlett 检验结果

取样适合度的 KMO 度量		0.945
Bartlett 球形检验	近似卡方分布（Approx Chi-Square）	7 737.015
	自由度（df）	351
	显著性概率（sig）	0.000

（2）因子提取

首先对问卷的项目数据运用主成分法提取共同因素，求得初始因素负荷矩阵，再用方差最大化正交旋转（varimax）方法求出旋转因素负荷矩阵。因素旋转是为了简化因素结构，如果理论暗示概念间无关联或因子之间相关系数很低（0.30 以下），则使用正交旋转，反之使用斜交旋转。因此，为了提高问卷简洁性，根据筛选原则多次探索，直到呈现出清晰的结构维度，如表 4.11 所列。

根据因素分析结果，按照因素筛选标准筛选和聚合项目。常用筛选标准有三种，一是学者 Kaiser 提出的保留的因素特征值应大于等于 1，即因素贡献率大于等于 1；[3]二是 Kavsek, Seiffge-Krenke 提出的因素载荷应大于等于 0.40；三是学者 Cattell 提出的特征值图形陡坡图检验法，即根据最初抽取因素所能解释的变异量高低绘制图。此外常用的标准还有：删除在因素构念中归于一类因素但旋转后结果明显归于不同因素分组的题项，这是由于题目描述不清和概念模糊造成的；删除同时在两个以上公共因素中因素载荷值大于 0.4 的题项，因为这种题项概念模糊；删除一个项目形成一类因素的题

①　邓铸,朱晓红.心理统计学与 SPSS 应用[M].上海:华东师范大学出版社,2009:216.
②　吴明隆.问卷统计分析实务——SPSS 操作与应用[M].重庆:重庆大学出版社,2010:208.
③　吴明隆.问卷统计分析实务——SPSS 操作与应用[M].重庆:重庆大学出版社,2010:204.

项;删除共同度小于 0.2 的题项;删除包含 3 个项目以下的因素;以及还有方差百分比决定法、事先决定准则法等。① 根据以上标准对问卷项目进行筛选:a19 因子负荷不足0.45,故删除;a8 和 a26 聚合在同一维度上,这一维度只有两个项目,故删除;a10、a25、a11 同时聚合在两个维度上,且负荷量相近,故删除;a7 聚合在两个维度上,且负荷量相近,故删除。剩余的 20 个题项构成幼儿园教师职业发展高原正式问卷。如表 4.11所示。

表 4.11　幼儿园教师职业发展高原因素分析结果(旋转成分矩阵ª)

	成分		
	1	2	3
(a21)对领导的提议不积极响应	.745		
(a14)感觉与领导在工作理念上不一致	.738		
(a16)当前工作做多做少都一样	.701		
(a17)我对工作的激情渐渐淡了,觉得是一种程式化劳动	.677		
(a15)当前工作压力大	.645		
(a13)我反映的问题得不到园部重视	.645		
(a12)想离领导远一点	.623		
(a18)当前工作给我带来的成就感低	.610		
(a9)我对工作付出的程度超出被认可的程度	.594		
(a23)当前工作的收入与辛苦程度不成比例	.559		
(a27)在专业发展上只想保持目前的状态		.759	
(a24)不主动报名参与专业评选(如骨干、青优、学科带头人等)		.755	
(a6)我觉得当前工作杂事多		.687	
(a20)平时不会主动进行专业反思		.595	
(a22)没有主动写专业论文的意愿		.521	
(a2)我不想突出表现自己			.717
(a1)我对提拔到更高领导职位的意愿不强烈			.708
(a5)我没有进一步评职称的动力			.679
(a3)我觉得在幼儿园里要获得职位提拔,自己不能把握的因素多			.664
(a4)我获得提拔的空间(指幼儿园里职位)有限			.510

提取方法:主成分分析法。
旋转法:具有 Kaiser 标准化的正交旋转法。
a. 旋转在 7 次迭代后收敛。

① 吴明隆.问卷统计分析实务——SPSS 操作与应用[M].重庆:重庆大学出版社,2010:204-205.

（3）因子命名

因子命名原则一是参考根据理论设计项目时的构想，看该因素测量项目主要来自依照理论模型编制初始问卷的哪个维度，哪个维度对该因素贡献多就以那个维度命名；二是按项目因素负荷值命名，即根据负荷值较高的项目所隐含的意义命名。

根据因子命名原则，对提取的因素进行如下命名与描述。因素一：包含 10 个题项，主要描述了幼儿园教师对当前工作的情感投入到达一个平台，变化趋势不再上升甚至下降，所以暂时命名为情感高原；因素二：包含 5 个题项，主要描述了幼儿园教师掌握一定知识和技能后，在专业方面的发展停顿，变化趋势不再上升甚至下降，或当前工作本身缺乏挑战性，没有进一步发展的空间，因此暂时命名为专业高原；因素三：包含 5 个题项，主要描述的是幼儿园教师所获得的职称、职位提升到达一个平台，变化趋势不再上升甚至下降，是层级结构带来的限制，因此暂时命名为层级高原。

2. 问卷信度检验

本研究采用的外部信度检验指标是重测信度。重测信度要求两次测试时间以 1—2 周为宜，否则研究对象可能会因周围环境改变、身心成熟或其他干扰因素而发生某些变化，影响测试效果。[①] 因此，本研究在 2 周内对样本中的 150 份进行了重测，有效回收 123 份。本研究采用的内部信度检验指标是 Cronbach α 系数，它是利用各项目间相关性，以项目间平均关系系数来反映内部一致性的检验。内部一致性信度系数指标判断原则是：分层面最低的内部一致性信度系数要在 0.50 以上，最好能高于 0.60；而整份问卷最低的内部一致性信度系数要高于 0.70，最好在 0.80 以上。[②] 由表 4.12 可以看出，本研究整份问卷的信度系数远高于 0.80，各个分问卷的信度系数也远高于 0.50，说明问卷的各项目具有较高的一致性。总体来看，问卷及其各个维度的信度良好。

表 4.12　幼儿园教师职业发展高原问卷 Cronbach α 信度系数

问卷及所属 因素名称	项目数	信度系数 Cronbach $\alpha 1$ （$n=1\,163$）	重测信度系数 Cronbach $\alpha 2$ （$n=123$）
整体高原	20	0.922	0.805
情感高原	10	0.902	0.812

① 吴明隆.问卷统计分析实务——SPSS 操作与应用[M].重庆：重庆大学出版社，2010：257.

② 吴明隆.问卷统计分析实务——SPSS 操作与应用[M].重庆：重庆大学出版社，2010：243-244.

问卷及所属 因素名称	项目数	信度系数 Cronbach α1 （n＝1 163）	重测信度系数 Cronbach α2 （n＝123）
专业高原	5	0.791	0.678
层级高原	5	0.791	0.657

3. 问卷效度检验

（1）内容效度

内容效度的测量没有量化指标，一般通过双向细目表对问卷的合理性进行逻辑分析和理性判断。本研究通过严格遵照规范的实证研究流程细目表来保证内容效度：在阅读文献、访谈和开放式问卷以及参考已有研究测量项目的基础上设计了题项；经过问卷评估、试测和预试环节，对所得数据进行项目分析和探索性因素分析，删除和修订题项，在一定程度上保证了所得问卷具有较好的内容效度。

（2）专家效度

研究全程邀请了幼儿园园长、幼儿园教师、高校学前教育专业学生、有问卷编制经验的博士、学前教育专业教师、心理学专业教师，对问卷所包括的题项逐一检视，经过语义分析、项目评估、专家评估三道程序，对题项内容的单维性、表述清晰度、命中目标程度、关联性、适切性等提出修改和补充意见。最后根据专家意见修改内容，编制成问卷。经此程序，本问卷具备了一定的专家效度。

（3）结构效度

当问卷的各个维度之间的相关较低而各维度与总分相关较高时，说明维度之间既具有一定的区别又同属于一个构念，这表明问卷的结构效度较好。表 4.13 显示本研究问卷各因素之间以及因素与问卷总分之间的相关矩阵，各维度之间的相关系数在 0.55 到 0.65 之间，处于可以接受的范围。因此本研究问卷具有一定的结构效度。

表 4.13　高原各因素之间以及因素与总分之间的相关矩阵

	情感高原	专业高原	层级高原	高原整体
情感高原	/	0.614 **	0.640 **	0.925 ***
专业高原	0.614 **	/	0.554 ***	0.805 ***
层级高原	0.640 **	0.554 ***	/	0.825 ***
高原整体	0.925 ***	0.805 ***	0.825 ***	/

注：** $p < 0.01$，*** $p < 0.001$。

三、幼儿园教师职业发展高原结构模型验证

(一) 验证性因素分析

探索性因素分析之后,需要对得到的三因素结构的稳定性和可靠性进行验证性因素分析(confirmatory factor analysis,CFA)。经过探索性因素分析,已初步获得了幼儿园教师职业发展高原的多维结构模型,但是这一模型的适切性和合理性需要进一步通过验证性因素分析来检验。探索性因素分析是在不知道影响因素结构的基础上对数据进行的因素分析,目的是得出问卷结构模型;而验证性因素分析是为了确认问卷各层面及其题项是否如先前预期而进行的因素分析,用来验证模型效果。

验证性因素分析常用的检验指标主要有:绝对拟合指标,评价结构方程的整体拟合程度,包括卡方检验(X^2)、调整拟合度指标(AGFI)、近似误差均方根(RESEA);相对拟合指标,用于不同理论模型比较,包括相对拟合指数(CFI)、非范拟合指数(NNFI)、递增拟合指数(IFI);节俭拟合指标,包括简约调整适配指标(PNFI),具体检验标准列举如下。

(1) 绝对拟合指标

X^2(拟合优度的卡方检验,X^2 goodness-of-fit test):与自由度一起使用(X^2/df),检验样本协方差矩阵和估计协方差矩阵之间的相似程度,说明模型正确率的概率。当期望值是 1 时,X^2/df 越接近 1,表示模型拟合越好;$X^2/df < 3$,表示模型拟合较好;$3 < X^2/df < 5$,表示模型拟合不太好,但可以接受;$X^2/df > 5$,表示模型拟合较差;$X^2/df > 10$,表示模型拟合很差。

AGFI(调整拟合度指标,adjust goodness-of-fit index):理论期望值在 0—1 之间,越接近 0 表示拟合越差,越接近 1 表示拟合越好。一般认为 AGFI 大于或等于 0.80 时,模型拟合较好。

RMSEA(近似误差均方根,root mean square error of approximation):理论期望值在 0—1 之间,越接近 0 表示拟合越好,越接近 1 表示拟合越差。一般认为 RESEA > 0.10时,模型拟合欠佳;RESEA < 0.10 时,模型拟合较好;RESEA < 0.05 时,模型拟合非常好。

(2) 相对拟合指标

CFI(相对拟合指数,comparative fit index):理论期望值在 0—1 之间,越接近 1 表示拟合越好。一般认为 CFI > 0.9,表示模型拟合良好。

NNFI(non-normed fit index,非范拟合指数):NNFI 的值跟样本有很大关系,不好把握,因此学者们提出了赋范拟合指数(normed fit index,NFI),NFI 取值在 0 到 1 之间,越靠近 1 拟合程度越好,一般在 0.9 以上拟合即较好。

(3)节俭拟合指标

PNFI(简约调整适配指数):一般以 PNFI>0.50 作为模型适配度通过与否的标准。

因为没有一个指标可以独立、完全地作为检验标准,所以学者普遍建议综合多项指标进行判断。

在本研究中,对修订问卷中剩下的另一部分 581 份问卷进行数据分析,运用 AMOS 统计软件,对幼儿园教师职业发展高原结构模型进行检验。结果见表 4.14、表 4.15、表 4.16。总体看来,问卷的关键拟合指标基本能达到统计要求,说明模型与理论构想较一致,问卷具有一定的构想效度。

表 4.14 绝对拟合指标适配度检验结果

Model	RMSEA	LO 90	HI 90	PCLOSE
Default model	.069	.064	.075	.000
Independence model	.214	.209	.219	.000

表 4.15 相对拟合指标适配度检验结果

Model	NFI Delta1	RFI rho1	IFI Delta2	TLI rho2	CFI
Default model	.879	.863	.908	.895	.908
Saturated model	1.000	/	1.000	/	1.000
Independence model	.000	.000	.000	.000	.000

表 4.16 节俭拟合指标适配度检验结果

Model	PRATIO	PNFI	PCFI
Default model	.879	.773	.798
Saturated model	.000	.000	.000
Independence model	1.000	.000	.000

因此,在我国文化背景下,幼儿园教师职业发展高原结构呈现三个维度,三个高原构成因素并列排列,因素之间自由相关,成为待检验的构想模型。

(二)竞争模型比较

在已经建立三维结构模型的基础上,需要进一步思考该结构模型是不是最优模型,是否还存在更好的模型,这需要建立竞争模型进行对比、分析。

验证性因素分析得出高原结构是三个相对独立、并列的维度构成,即情感高原、专业高原、层级高原平行排列,三个因子间自由相关,作为本研究的假设模型。同时我们提出几个模型进行比较。具体做法是根据文献,利用因素分析强制归类法,将高原问卷的项目强制归为不同因素,建立六个竞争模型。然后对这六个模型的拟合程度进行比较,以验证提出的三维模型是否为拟合最优模型。

模型1(M1):虚无模型(各变量间不相关,即高原内部不含有任何因素,因此我们提出了该模型进行比较)。

模型2(M2):一阶单因子模型(由幼儿园教师职业高原一个因子解释,即考察是否如文献中高原研究初期的结果一样,幼儿园教师高原是一个单因子结构,因此我们提出了该模型进行比较)。

模型3(M3):一阶三因子模型(待检验的模型,认为幼儿园教师职业高原是一个一阶模型,三个因子平行排列,因子之间自由相关)。

模型4(M4):一阶四因子模型(已有中小学教师职业高原研究中出现过该模型,[①]因此我们提出了该模型进行比较)。

模型5(M5):一阶五因子模型(五个因子平行排列,之间自由相关。已有中小学教师职业高原研究中出现过该模型[②],因此我们提出了该模型进行比较)。

模型6(M6):二阶一因子一阶三因子模型(即考察模型是二阶还是一阶更适宜,因此我们提出了该模型进行比较)。

模型结构图见图4.1至图4.6。

---

① 寇冬泉.教师职业生涯高原:结构、特点及其与工作效果的关系[D].重庆:西南大学,2007.
② 叶小红.中小学教师职业高原的结构及其调节变量研究[D].广州:广州大学,2008.

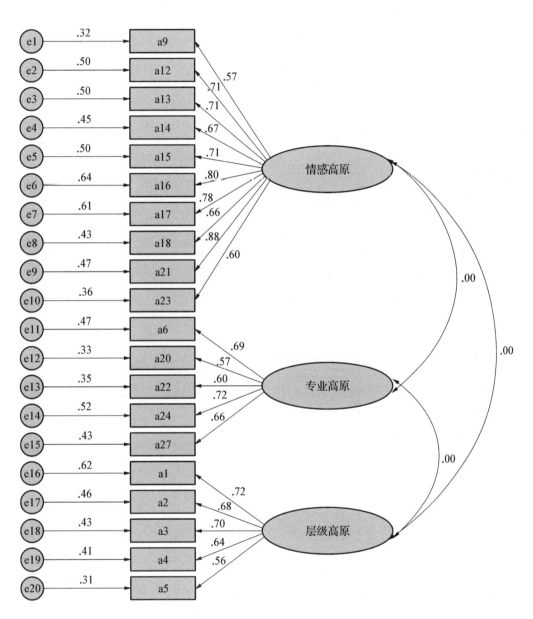

图 4.1　模型 1:虚无模型

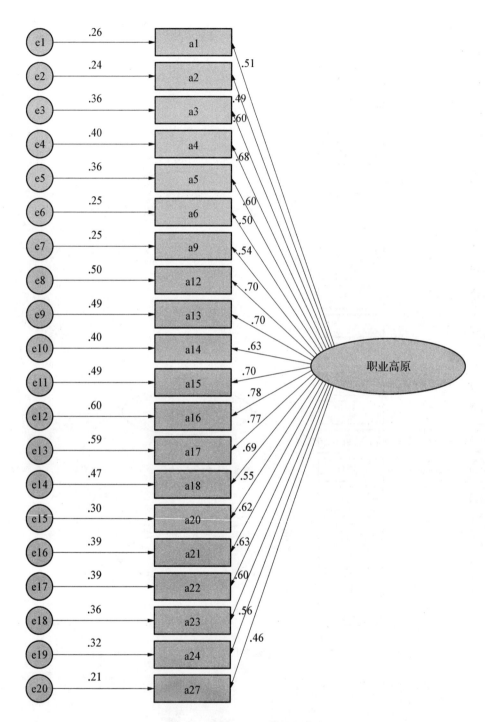

图 4.2　模型 2：一阶单因子模型

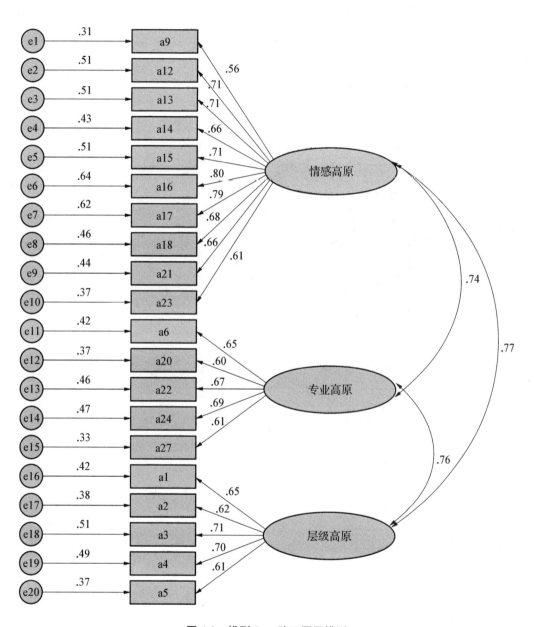

图 4.3 模型 3:一阶三因子模型

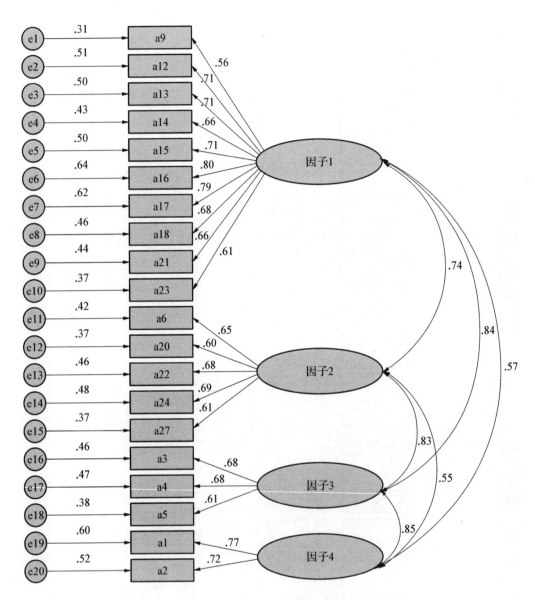

图 4.4 模型 4:一阶四因子模型

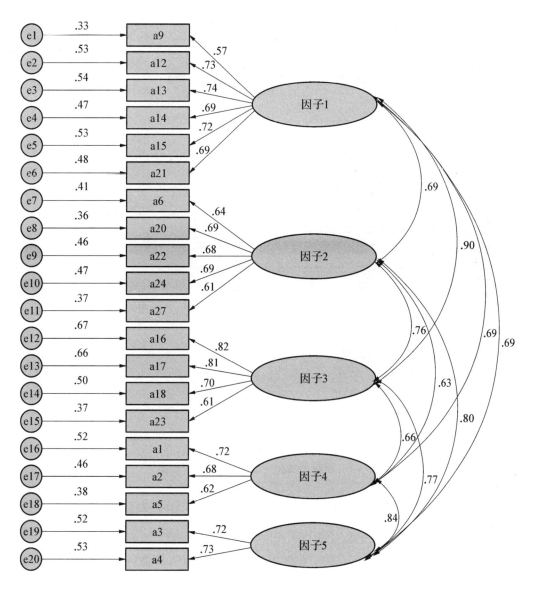

图 4.5 模型 5：一阶五因子模型

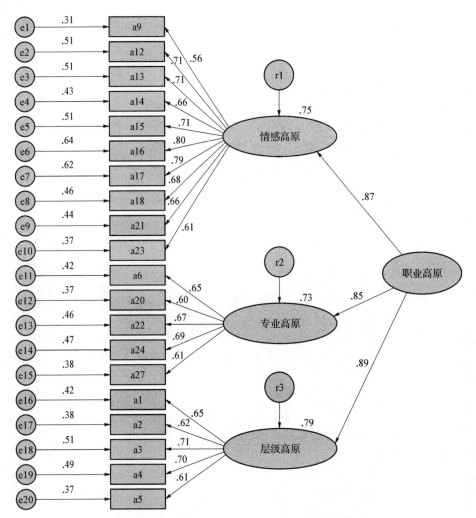

图 4.6 模型 6：二阶一因子一阶三因子模型

几个竞争模型的各项拟合指数如表 4.17 所列,从表中可以看出。

单因子模型的 x^2、x^2/df、RMR、CFI、NFI、GFI、AGFI、RFI、IFI、TLI 数值均超出可接受的限值,证明单因子模型拟合较差,因此幼儿园教师发展高原结构不适宜用简单的单维结构表示。

三因子模型、四因子模型、五因子模型的所有拟合指标的适宜程度远超虚无模型和一阶单因子模型的拟合指标值,因此幼儿园教师发展高原更适宜用多维结构模型表示。但是,四因子模型、五因子模型在聚合时均出现有一个维度只有 2 个项目的情况,根据每个维度至少应有 3 个项目的标准,因此,四因子模型、五因子模型也被排除。

二阶一因子一阶三因子模型与一阶三因子模型比较而言,首先在拟合指标上它们是一致的,依据侯杰泰(2004)的观点,在进行模型比较时,对拟合程度相同但结构不同的模型,不应以拟合指数为主要依据,而应考虑模型所描述的各个变量间的合理性以及该结构模型所表达的具体意义。在一阶三因子模型中,三个因子之间的相关在 0.74 以上,意味着这些一阶因子均受到一个较高潜在特质的影响,存在某一高阶结构可以解释所有的一阶因素构念。而在二阶一因子一阶三因子模型中,三个初阶因子的因素负荷量分别为 0.87、0.85、0.89,均大于 0.71。三个初阶因子的信度指标值分别为 0.75、0.73、0.79,模型质量较好,且二阶模型的 GFI、TLI 值极接近于 0.90,达到边缘适配标准。因此,二阶一因子一阶三因子模型稍优于一阶三因子模型。

因此,最终得出幼儿园教师职业发展高原二阶一因子一阶三因子模型是一个较为合理的选择,如图 4.7 所示。

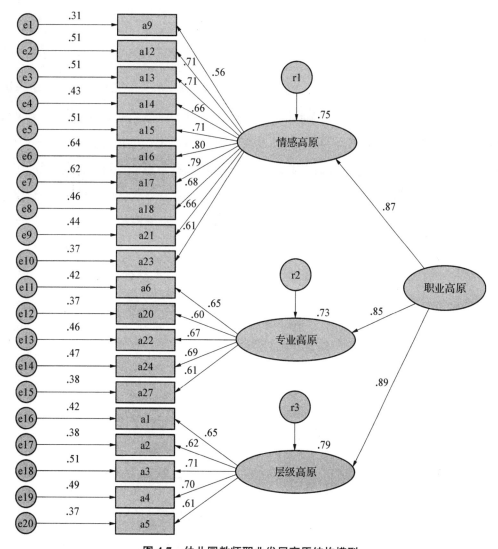

图 4.7　幼儿园教师职业发展高原结构模型

表 4.17 幼儿园教师职业发展高原竞争模型的拟合指数比较

模型	x^2	x^2/df	RMR	RMSEA	CFI	NFI	GFI	AGFI	RFI	IFI	TLI	PNFI	PGFI	PCFI
指标		1—3	<0.05	<0.10	>0.90	>0.90	>0.90	>0.90	>0.90	>0.90	>0.90	>0.50	>0.50	>0.50
M 1	1 282.425	7.544	0.397	0.106	0.781	0.756	0.824	0.783	0.727	0.781	0.755	0.677	0.667	0.698
M 2	997.238	5.866	0.101	0.091	0.837	0.810	0.822	0.781	0.788	0.837	0.818	0.725	0.666	0.749
M 3	633.784	3.795	0.081	0.069	0.908	0.879	0.897	0.871	0.863	0.908	0.895	0.773	0.714	0.798
M 4	560.744	3.419	0.072	0.064	0.922	0.893	0.908	0.882	0.876	0.922	0.909	0.771	0.709	0.796
M 5	524.650	3.279	0.078	0.063	0.928	0.900	0.914	0.887	0.882	0.928	0.915	0.758	0.697	0.782
M 6	633.784	3.795	0.081	0.069	0.908	0.879	0.897	0.871	0.863	0.908	0.895	0.773	0.714	0.798

四、研究小结

本研究证明幼儿园教师职业发展高原存在多维结构,是一个二阶一因子一阶三因子模型,幼儿园教师职业高原由二阶因子"高原整体"和一阶三个维度因子构成,三个结构因子及其内涵分别为:情感高原,指幼儿园教师对当前工作的情感投入到达一个平台,变化趋势不再上升甚至下降;专业高原,指幼儿园教师掌握一定知识和技能后,在专业方面的发展停顿,变化趋势不再上升甚至下降,或当前工作本身缺乏挑战性,没有进一步发展的空间;层级高原在幼儿园教师所获得的职称、职位到达一个平台,变化趋势不再上升甚至下降,是层级结构带来的限制。

本研究结果与国内外诸多职业高原的多维构成既存在一致性,也具有不同之处:自米利曼(1992)首次用实证方法探索出层级高原和内容高原之后,[①]这两个维度就成为职业高原研究中最稳定的因素,本研究结果也验证了这一观点。自从巴德威克(1986)提出三维高原的结构后[②],三维结构的提法得到了最广泛的认可,后续研究多有对此结构的验证和应用(Allen, Poteet, & Russell, 1998;[③] Allen, Russell, Poteet, &

---

① Milliman J. Causes, consequences, and moderators of career plateauing[J]. Paper Dissertation Abstracts International,1992:53(4A).

② Bardwick J M. The plateauing trap: how to avoid it in your career and your life [M]. New York: American Management Association,1986:89 - 92.

③ Allen T D, Poteet M L, Russell J E A. Attitudes of managers who are more or less career plateaued[J]. The Career Development Quarterly,1998(2):159 - 172.

Dobbins，1999[①]），本研究的结论正是对此结构的本土化验证。情感高原形容对当前工作情感投入的停滞，提醒我们关注幼儿园教师职业的情感发展和情感影响因素。专业高原与文献中的内容高原是基本一致的，指研究对象在从事职业的知识、技能等方面出现的停滞状态，也说明专业发展是幼儿园教师职业重要的因素之一。层级高原与文献中的层级高原是基本一致的，也被称为结构高原，说明作为一门职业，层级发展是不可回避的因素，也呼应了职业高原最初的定义和研究渊源。本研究结论与已有研究的吻合之处，说明了不同职业高原之间存在结构相似性和结构稳定性；与已有研究的不同之处——情感高原，则说明了幼儿园教师职业高原的特殊性，也是我们在以后研究中需要重点关注的。

　　总之，在我国的社会文化背景下，幼儿园教师职业高原与其他职业高原、不同学段教师职业高原既有共同之处，也存在不同之处。这提示我们，幼儿园教师职业高原内涵丰富、层级明显、特点鲜明，需要从多视角进行透视、关注和理解，在此基础上才能有效研究和促进幼儿园教师持续发展。

---

① Allen T D，Russell J E A，Poteet M L，et al. Learning and development factors related to perceptions of job content and hierarchical plateauing[J]. Journal of Organizational Behavior，1999，20(12)：1113 - 1137.

第五章 张力下的濡滞

——幼儿园教师职业发展高原的现状特点

职业发展高原的出现对于幼儿园教师势必产生一定的影响,对其现状特点的掌握既是了解我国现阶段社会文化背景下幼儿园教师发展情况的需要,也是推动教师持续发展的依据,具有重要的意义。

本研究试图反映幼儿园教师职业发展高原的基本情况,揭示当前幼儿园教师职业发展高原的综合特点以及人口学变量特点。根据第四章的结论,幼儿园教师职业发展高原是一个二阶一因子一阶三因子模型,即一个二阶因子统领三个一阶因子的结构,因此每一块面均围绕"高原整体"(二阶因子)以及三个"高原维度"(一阶因子)分别进行阐述。

研究采用自编的《幼儿园教师职业发展高原现象问卷》作为研究材料,问卷包括20个题项,涵盖情感高原、专业高原、层级高原三个维度。问卷有较好的信效度,应用 Likert 5 点记分。采用整群随机抽样方法抽取研究对象,发放 1 500 份问卷,有效问卷为 1 163 份,研究对象详细情况见第四章。使用 SPSS 作为数据处理工具,具体用到的统计方法有独立样本 t 检验、单因素方差分析与多元方差分析。调查问卷中设计有"性别"一栏,但是调查结果发现 1 163 名教师样本中只有 21 位男教师,男女比例过于悬殊,不具有统计意义,因此未对性别数据进行统计。现实中,我国幼儿园教师绝大部分是女教师,因此,在分析时有必要考虑女性特质对这一职业发展的影响。

一、幼儿园教师职业发展高原现状特点的定量描述

(一) 幼儿园教师职业发展高原的综合特点

为了分析幼儿园教师职业发展高原及其各维度的基本情况,研究者对有效数据(N)在高原整体及高原各因子上的平均数(M)和标准差(SD)进行了描述性统计分析。具体结果见表 5.1。

（1）从总体来看，幼儿园教师在高原整体上平均得分为47.77，略高于中值46.56，说明幼儿园教师职业发展高原化程度中等。进一步分析得到总平均分大于中值的共计580人，占调查总数的49.87%，说明有49.87%左右的教师对高原现象有一定程度的感知。

表5.1 幼儿园教师职业发展高原整体及高原各因子的平均数和标准差（$N=1\,163$）

因子	M	SD
情感高原	19.68	8.21
专业高原	14.93	4.56
层级高原	13.17	4.75
高原整体	47.77	15.19

（2）从各个维度来看，三个维度因子平均值从高到低排列依次为情感高原＞专业高原＞层级高原。情感高原上平均得分最高（$M=19.68$），层级高原上平均得分最低（$M=13.17$），说明幼儿园教师在其职业生涯发展过程中，在情感高原维度的感知最强烈，在专业高原维度的感知其次，在层级高原维度的感知较弱。

（二）幼儿园教师职业发展高原的人口学变量特点

本研究对人口学变量影响职业高原的情况进行统计分析，对每个变量进行单因素方差分析，根据方差齐性检验结果，如果 $sig>0.05$，选择LSD法进行多重比较；如果 $sig<0.05$，采用Tamhane's $T2$法，研究结果如下。

1. 幼儿园教师职业发展高原的婚姻特点

研究将幼儿园教师的婚姻现状分为已婚、未婚、其他（已婚但丧偶、已婚但离异等）三种状态，对三组数据采用单因素方差分析。单因素方差分析检验由某一因素影响的另一个或几个相对独立的因素，各水平分组均值之间的差异是否具有统计意义，可以进行两两组间均值比较，即组间均值的多重比较。根据方差齐性检验结果（$sig>0.05$），选择LSD法进行多重比较。分析结果见表5.2。

表 5.2　幼儿园教师职业发展高原在婚姻上的单因素方差分析

因子	婚姻	M	SD	F	P
情感高原	1	19.96	8.34	2.43	0.089
	2	19.17	8.02		
	3	22.16	7.43		
	Total	19.69	8.21		
专业高原	1	15.19	4.70	2.65	0.071
	2	14.56	4.41		
	3	14.87	2.95		
	Total	14.93	4.56		
层级高原	1	13.38	5.02	1.52	0.220
	2	12.89	4.38		
	3	12.91	3.48		
	Total	13.18	4.75		
高原整体	1	48.53	15.73	2.44	0.088
	2	46.61	14.46		
	3	49.94	11.05		
	Total	47.80	15.18		

注:1=已婚,2=未婚,3=其他(离异、丧偶等),* $P<0.05$,** $P<0.01$,*** $P<0.001$。

表 5.3　幼儿园教师职业发展高原在婚姻上的多重比较

因子	方差齐性检验(sig)	婚姻(I)	婚姻(J)	均值差($I-J$)	显著性(sig)
高原整体	0.088	1	2	1.92	0.037*
			3	−1.40	0.650
		2	1	−1.92	0.037*
			3	−3.32	0.286
		3	1	1.40	0.650
			2	3.32	0.286

续　表

因子	方差齐性检验（sig）	婚姻（I）	婚姻（J）	均值差（I−J）	显著性（sig）
情感高原	0.089	1	2	0.79	0.111
			3	−2.20	0.187
		2	1	−0.79	0.111
			3	−2.99	0.076
		3	1	2.20	0.187
			2	2.99	0.076
专业高原	0.071	1	2	0.63	0.022*
			3	0.33	0.725
		2	1	−0.63	0.022*
			3	−0.31	0.742
		3	1	−0.33	0.725
			2	0.31	0.742
层级高原	0.220	1	2	0.49	0.086
			3	0.47	0.624
		2	1	−0.49	0.086
			3	−0.02	0.984
		3	1	−0.47	0.624
			2	0.02	0.984

注：1=已婚，2=未婚，3=其他（离异、丧偶等），* $P<0.05$，** $P<0.01$，*** $P<0.001$。

（1）从高原整体来看

高原整体 F 值为 2.44，$P=0.088>0.05$，表明幼儿园教师职业高原在婚姻上不存在显著差异。

（2）从高原各因子维度来看

情感高原中婚姻状况差异不显著，$P=0.089$。

专业高原中具有显著差异的是已婚教师和未婚教师，且已婚教师分值高于未婚教师分值。

层级高原中婚姻状况差异不显著，$P=0.220$。

2. 幼儿园教师职业发展高原的年龄特点

本研究将幼儿园教师按年龄段分成18—25周岁、26—30周岁、31—35周岁、36—40周岁、41—45周岁、46—50周岁、51周岁及以上七类,进行单因素方差分析,见表5.4。为了进一步比较不同年龄段的教师在高原上的具体差异,采用多重比较方法。根据方差齐性检验结果($sig<0.05$),方差不齐性,选择 Tamhane's $T2$ 法进行多重比较,如表5.5所示。

(1) 从高原整体来看

高原整体 F 值为8.98,$P=0.000<0.001$,表明幼儿园教师高原在年龄上存在极其显著的差异。不同年龄的幼儿园教师在情感高原上的 F 值为6.35,$P=0.000$;在专业高原上的 F 值为4.16,$P=0.000$;在层级高原上的 F 值为12.54,$P=0.000$,说明不同年龄幼儿园教师在情感高原、专业高原、层级高原上均存在极其显著的差异。在高原整体上,46—50周岁显著高于41—45周岁($P=0.023$),显著高于36—40周岁($P=0.023$),显著高于31—35周岁($P=0.001$),极其显著高于26—30周岁($P=0.000$),极其显著高于18—25周岁($P=0.000$)。36—40周岁显著高于26—30周岁($P=0.035$),显著高于18—25周岁($P=0.037$)。其余年龄段差异不显著。

46—50周岁的教师分值最高,26—30周岁的教师分值最低,总体呈现随年龄由低到高的变化趋势,在36—50周岁之间分值处于高峰。这说明幼儿园教师高原整体随年龄增加而显著增加,在36—50周岁之间易出现高原现象,应尤其关注这个阶段教师的发展。

(2) 从高原各因子维度来看

情感高原中年龄差异表现在:46—50周岁显著高于36—40周岁($P=0.022$),显著高于31—35周岁($P=0.011$),极其显著高于26—30周岁($P=0.000$),极其显著高于18—25周岁($P=0.000$)。其余年龄段差异不显著。46—50周岁的教师分值最高,26—30周岁的教师分值最低,总体呈现随年龄由低到高的变化趋势,在41—50周岁之间分值处于高峰。这说明幼儿园教师情感高原随年龄增加而显著增加,在41—50周岁之间易出现情感高原现象,应尤其关注这个阶段教师的发展。

专业高原中年龄差异表现在:46—50周岁显著高于26—30周岁($P=0.035$),显著高于18—25周岁($P=0.007$)。36—40周岁与18—25周岁达到边缘显著($P=0.056$)。其余年龄段差异不显著。46—50周岁的教师分值最高,51周岁及以上的教师分值最低,总体呈现随年龄由低到高的变化趋势,在31—50周岁之间分值处于高峰。这说明幼儿园教师专业高原随年龄增加而显著增加,在31—50周岁之间易出现专业高原现象,应尤其关注这个阶段教师的发展。

层级高原中年龄差异表现在:46—50周岁显著高于41—45周岁($P=0.003$),与36—40周岁达到边缘显著($P=0.053$),极其显著高于31—35周岁($P=0.000$),极其显著高于26—30周岁($P=0.000$),极其显著高于18—25周岁($P=0.000$)。36—40周岁极其显著高于26—30周岁($P=0.000$),显著高于18—25周岁($P=0.001$)。46—50周岁的教师分值最高,26—30周岁教龄的教师分值最低,总体呈现随年龄由低到高的变化趋势,在36—50周岁之间分值处于高峰。这说明幼儿园教师层级高原随年龄增加而显著增加,在36—50周岁之间易出现层级高原现象,应尤其关注这个阶段教师的发展。

表 5.4　幼儿园教师职业发展高原在年龄上的主效应分析

因子	年龄	M	SD	F	P
情感高原	1	18.90	7.70	6.35	0.000***
	2	18.70	7.85		
	3	20.35	8.26		
	4	20.43	8.71		
	5	21.59	8.76		
	6	26.11	8.60		
	7	20.35	10.87		
	Total	19.67	8.18		
专业高原	1	14.39	4.32	4.16	0.000***
	2	14.80	4.51		
	3	15.29	4.56		
	4	15.77	4.37		
	5	15.05	5.28		
	6	17.64	4.83		
	7	14.27	5.88		
	Total	14.92	4.55		

因子	年龄	M	SD	F	P
层级高原	1	12.69	4.32	12.54	0.000 ***
	2	12.22	4.26		
	3	13.43	4.70		
	4	14.98	5.45		
	5	14.02	5.33		
	6	17.85	4.58		
	7	13.00	7.11		
	Total	13.18	4.74		
高原整体	1	45.98	13.93	8.98	0.000 ***
	2	45.71	14.21		
	3	49.07	15.46		
	4	51.19	16.14		
	5	50.67	16.33		
	6	61.60	15.87		
	7	47.63	22.95		
	Total	47.78	15.13		

注:1=18—25周岁,2=26—30周岁,3=31—35周岁,4=36—40周岁,5=41—45周岁,6=46—50周岁,7=51周岁及以上,* $P<0.05$,** $P<0.01$,*** $P<0.001$。

表5.5　幼儿园教师职业发展高原在年龄上的多重比较

因子	方差齐性检验 (sig)	年龄 (I)	年龄 (J)	均值差 ($I-J$)	显著性 (sig)
高原整体	0.000 ***	1	2	0.26	1.000
			3	−3.09	0.323
			4	−5.21	0.037*
			5	−4.69	0.303
			6	−15.62	0.000 ***
			7	−1.65	1.000

因子	方差齐性检验（sig）	年龄（I）	年龄（J）	均值差（I－J）	显著性（sig）
高原整体	0.000***	2	3	−3.35	0.309
			4	−5.47	0.035*
			5	−4.95	0.269
			6	−15.88	0.000***
			7	−1.91	1.000
		3	4	−2.12	0.998
			5	−1.60	1.000
			6	−12.53	0.001**
			7	1.44	1.000
		4	5	0.52	1.000
			6	−10.41	0.023*
			7	3.56	1.000
		5	6	−10.93	0.023*
			7	3.04	1.000
		6	7	13.97	0.833
情感高原	0.000***	1	2	0.20	1.000
			3	−1.45	0.576
			4	−1.53	0.851
			5	−2.69	0.208
			6	−7.214	0.000***
			7	−1.46	1.000
		2	3	−1.65	0.474
			4	−1.73	0.755
			5	−2.90	0.161
			6	−7.41	0.000***
			7	−1.66	1.000
		3	4	−0.08	1.000
			5	−1.24	0.999
			6	−5.76	0.011*
			7	−0.00	1.000

续 表

因子	方差齐性检验（sig）	年龄（I）	年龄（J）	均值差（I－J）	显著性（sig）
情感高原	0.000***	4	5	−1.16	1.000
			6	−5.68	0.022*
			7	0.08	1.000
		5	6	−4.5	0.211
			7	1.24	1.000
		6	7	5.76	0.946
专业高原	0.000	1	2	−0.41	0.996
			3	−0.90	0.365
			4	−1.38	0.056
			5	−0.66	0.999
			6	−3.25	0.007**
			7	0.12	1.000
		2	3	−0.49	0.997
			4	−0.97	0.630
			5	−0.25	1.000
			6	−2.84	0.035*
			7	0.53	1.000
		3	4	−0.48	1.000
			5	0.24	1.000
			6	−2.35	0.185
			7	1.02	1.000
		4	5	0.72	1.000
			6	−1.87	0.604
			7	1.50	1.000
		5	6	−2.59	0.212
			7	0.78	1.000
		6	7	3.37	0.904

续　表

因子	方差齐性检验 （sig）	年龄 （I）	年龄 （J）	均值差 （I−J）	显著性 （sig）
层级高原	0.000	1	2	0.47	0.970
			3	−0.74	0.755
			4	−2.30	0.001**
			5	−1.34	0.533
			6	−5.16	0.000***
			7	−0.31	1.000
		2	3	−1.20	0.096
			4	−2.76	0.000***
			5	−1.80	0.120
			6	−5.62	0.000*
			7	−0.78	1.000
		3	4	−1.56	0.214
			5	−0.60	1.000
			6	−4.42	0.000***
			7	0.43	1.000
		4	5	0.96	0.994
			6	−2.86	0.053
			7	1.98	1.000
		5	6	−3.82	0.003**
			7	1.02	1.000
		6	7	4.85	0.685

注：1＝18—25周岁，2＝26—30周岁，3＝31—35周岁，4＝36—40周岁，5＝41—45周岁，6＝46—50周岁，7＝51周岁及以上，* $P<0.05$，** $P<0.01$，*** $P<0.001$。

3. 幼儿园教师职业发展高原的教龄特点

本研究将幼儿园教师按教龄分成0—2周年、3—5周年、6—10周年、11—15周年、16—20周年、21—25周年、26周年及以上七类，采用单因素方差分析的方法对幼儿园教师职业发展高原在教龄上的差异进行研究，结果如表5.6所示。为了进一步比较不同教龄段的老师在高原上的具体差异，采用多重比较方法。根据方差齐性检验结果（$sig<0.05$），方差不齐性，选择 Tamhane's T2 法进行多重比较，如表5.7所示。

表 5.6　幼儿园教师职业发展高原在教龄上的主效应分析

因子	教龄	M	SD	F	P
情感高原	1	18.90	7.70	6.54	0.000***
	2	18.70	7.85		
	3	20.35	8.26		
	4	20.43	8.71		
	5	21.59	8.76		
	6	26.11	8.60		
	7	20.35	10.87		
	Total	19.67	8.18		
专业高原	1	14.39	4.32	3.31	0.003**
	2	14.80	4.51		
	3	15.29	4.56		
	4	15.77	4.37		
	5	15.05	5.28		
	6	17.64	4.83		
	7	14.27	5.88		
	Total	14.92	4.55		
层级高原	1	12.69	4.32	10.37	0.000***
	2	12.22	4.26		
	3	13.43	4.70		
	4	14.98	5.45		
	5	14.02	5.33		
	6	17.85	4.58		
	7	13.00	7.11		
	Total	13.18	4.74		
高原整体	1	45.98	13.93	8.00	0.000***
	2	45.72	14.22		
	3	49.07	15.46		
	4	51.19	16.14		
	5	50.67	16.33		
	6	61.60	15.87		
	7	47.63	22.95		
	Total	47.78	15.13		

注：1＝0—2周年，2＝3—5周年，3＝6—10周年，4＝11—15周年，5＝16—20周年，6＝21—25周年，7＝26周年以上，* $P<0.05$，** $P<0.01$，*** $P<0.001$。

表 5.7　幼儿园教师职业发展高原在教龄上的多重比较

因子	方差齐性检验 （sig）	教龄 （I）	教龄 （J）	均值差 （$I-J$）	显著性（sig）
高原整体	0.000***	1	2	0.12	1.000
			3	−0.57	1.000
			4	−1.98	0.989
			5	−3.57	0.747
			6	−6.58	0.020*
			7	−12.99	0.001**
		2	3	−0.70	1.000
			4	−2.10	0.990
			5	−3.69	0.765
			6	−6.70	0.026*
			7	−13.11	0.001**
		3	4	−1.41	1.000
			5	−2.99	0.953
			6	−6.00	0.075
			7	−12.42	0.001**
		4	5	−1.59	1.000
			6	−4.59	0.583
			7	−11.01	0.012*
		5	6	−3.01	0.996
			7	−9.42	0.099
		6	7	−6.41	0.690
情感高原	0.000***	1	2	−0.07	1.000
			3	−0.15	1.000
			4	−0.89	0.999
			5	−1.17	0.998
			6	−3.05	0.065
			7	−6.65	0.001**

续　表

因子	方差齐性检验（sig）	教龄（I）	教龄（J）	均值差（I-J）	显著性（sig）
情感高原	0.000***	2	3	-0.09	1.000
			4	-0.82	1.000
			5	-1.10	1.000
			6	-2.98	0.112
			7	-6.58	0.001**
		3	4	-0.73	1.000
			5	-1.01	1.000
			6	-2.89	0.135
			7	-6.49	0.001**
		4	5	-0.29	1.000
			6	-2.16	0.771
			7	-5.76	0.011*
		5	6	-1.87	0.974
			7	-5.48	0.037*
		6	7	-3.60	0.529
专业高原	0.000***	1	2	-0.37	1.000
			3	-0.69	0.758
			4	-0.97	0.389
			5	-0.81	0.968
			6	-1.91	0.036*
			7	-2.16	0.209
		2	3	-0.33	1.000
			4	-0.60	0.990
			5	-0.44	1.000
			6	-1.54	0.269
			7	-1.80	0.553
		3	4	-0.27	1.000
			5	-0.12	1.000
			6	-1.21	0.684
			7	-1.47	0.852

因子	方差齐性检验 (sig)	教龄 (I)	教龄 (J)	均值差 (I-J)	显著性(sig)
专业高原	0.000***	4	5	0.16	1.000
			6	-0.94	0.969
			7	-1.19	0.982
		5	6	-1.10	0.962
			7	-1.35	0.970
		6	7	-0.25	1.000
层级高原	0.000***	1	2	0.56	0.939
			3	0.27	1.000
			4	-0.13	1.000
			5	-1.59	0.219
			6	-1.63	0.312
			7	-4.18	0.000***
		2	3	-0.28	1.000
			4	-0.68	0.988
			5	-2.15	0.022*
			6	-2.18	0.044*
			7	-4.74	0.000***
		3	4	-0.40	1.000
			5	-1.86	0.091
			6	-1.90	0.144
			7	-4.45	0.000***
		4	5	-1.46	0.622
			6	-1.50	0.688
			7	-4.05	0.001**
		5	6	-0.04	1.000
			7	-2.59	0.202
		6	7	-2.56	0.266

注：1＝0—2周年,2＝3—5周年,3＝6—10周年,4＝11—15周年,5＝16—20周年,6＝21—25周年,7＝26周年以上, $* P<0.05$, $** P<0.01$, $*** P<0.001$。

根据表 5.6、表 5.7 分析结果如下。

(1) 从高原整体来看

高原整体 F 值为 8.00，$P=0.001$，表明幼儿园教师高原在教龄上存在极其显著差异。不同年龄的幼儿园教师在情感高原上的 F 值为 6.54，$P=0.000$；在专业高原上的 F 值为 3.31，$P=0.003$；在层级高原上的 F 值为 12.54，$P=0.000$，表明幼儿园教师高原在各因子维度上均存在极其显著差异。

在高原整体上，26 周年及以上显著高于 11—15 周年（$sig=0.012$），显著高于 6—10 周年（$sig=0.001$），显著高于 3—5 周年（$sig=0.001$），显著高于 0—2 周年（$sig=0.001$）。21—25 周年显著高于 3—5 周年（$sig=0.026$），显著高于 0—2 周年（$sig=0.020$）。其他教龄段教师之间没有显著差异。总体呈现随教龄由低到高的变化趋势，这说明幼儿园教师高原整体随年龄增加而显著增加。其中教龄 21—25 周年的老师分值最高，教龄 3—5 周年的教师分值最低，在 11—25 周年处于高峰，即工作 10 年以上的教师易出现高原现象，应尤其关注这个阶段教师的发展。

(2) 从高原各因子维度来看

情感高原中年龄差异表现在：26 周年及以上显著高于 16—20 周年（$sig=0.037$），显著高于 11—15 周年（$sig=0.011$），显著高于 6—10 周年（$sig=0.001$），显著高于 3—5 周年（$sig=0.001$），显著高于 0—2 周年（$sig=0.001$）。其他教龄之间的教师没有显著差异。总体呈现随教龄由低到高的变化趋势，这说明幼儿园教师情感高原随教龄增加而显著增加。其中教龄 21—25 周年的老师分值最高，教龄 3—5 周年的教师分值最低，在 11—25 周年处于高峰，即工作 11 年到 25 年的教师易出现情感高原现象，应尤其关注这个阶段教师的职业情感上的困扰。

专业高原中年龄差异表现在：21—25 周年显著高于 0—2 周年的教师（$sig=0.036$）。其他教龄之间的教师没有显著差异。总体呈现随教龄由低到高的变化趋势，这说明幼儿园教师专业高原随教龄增加而显著增加。其中教龄 21—25 周年的老师分值最高，教龄 26 周年及以上的教师分值最低，在 6—25 周年处于高峰，即工作 6 年到 25 年的教师易出现专业高原现象，应尤其关注这个阶段教师的专业发展。

层级高原中年龄差异表现在：26 周年及以上教龄的教师显著高于教龄 11—15 周年的教师（$sig=0.001$），极其显著高于教龄 6—10 周年的教师（$sig=0.000$），极其显著高于教龄 3—5 周年的教师（$sig=0.000$），极其显著高于教龄 0—2 周年的教师（$sig=0.000$）。21—25 周年显著高于 3—5 周年（$sig=0.044$）。16—20 周年显著高于 3—5 周年（$sig=0.022$）。其他教龄之间的教师没有显著差异。总体呈现随教龄由低到高的变化趋势,这说明幼儿园教师层级高原随教龄增加而显著增加。其中教龄 21—25 周年的老师分值最高,教龄 3—5 周年的教师分值最低,在 11—25 周年处于高峰,即工作 11 年到 25 年的教师易出现层级高原现象,应尤其关注这个阶段教师在晋升方面的发展危机。

4. 幼儿园教师职业发展高原的学历特点

根据现在幼儿园教师中常见的学历——中专及以下、大专、本科、硕士及以上,将幼儿园教师学历划分成四种类型,采用单因素方差分析的方法对幼儿园教师职业发展高原在学历上的特点进行研究,为了进一步比较不同学历的教师是否在高原上具有差异,采用多重比较方法。根据方差齐性检验结果($sig < 0.05$),方差不齐性,选择 Tamhane's $T2$ 法进行多重比较,结果如表 5.9 所示。

根据表 5.8、表 5.9,可分析得到如下结果。

(1) 从高原整体来看

高原整体 F 值为 9.40,P 值为 0.000<0.001,表明幼儿园教师高原在学历上存在极其显著的差异。不同教龄的幼儿园教师在情感高原上的 F 值为 5.88,P = 0.001;在专业高原上的 F 值为 13.48,P = 0.000;在层级高原上的 F 值为 5.59,P = 0.001,表明幼儿园教师职业高原在专业高原维度上存在极其显著差异,在情感高原和层级高原上达到边缘极其显著差异。在高原整体上,本科学历的教师与大专学历的教师达到极其显著差异(sig = 0.000),其他学历的教师之间没有显著差异。大专学历的教师分值最低,本科学历的教师分值最高,说明本科学历教师易出现高原现象,要引起重视。

(2) 从高原各因子维度来看

情感高原中年龄差异表现在:本科与大专教师之间达到极其显著的差异(sig = 0.000)。其他学历之间的教师没有显著差异。这说明本科和大专教师在发展上易出现区别。分值上硕士及以上学历教师>本科学历教师>中专及以下学历教师>大专学历教师。这说明硕士及以上学历教师在职业情感上易达到高原。

专业高原中年龄差异表现在:本科与大专学历教师之间达到极其显著的差异(sig = 0.000),本科与中专及以下学历教师之间达到显著的差异(sig = 0.020)。其他学历的教师之间没有显著差异。这说明本科与其他学历的教师在发展上易出现区别。本科学历教师的分值最高,硕士及以上学历教师的分值最低。这说明本科学历幼儿园教师在专业方面感受到高原的人最多,硕士学历幼儿园教师在专业方面感受到高原的人最少。

层级高原中年龄差异表现在：本科与大专学历的教师之间达到极其显著的差异（$sig=0.000$）。这说明本科学历和大专学历的教师在发展上易出现区别。本科学历教师的分值最高，硕士及以上学历教师的分值最低，这说明本科学历幼儿园教师更易在结构方面达到高原，而硕士及以上学历教师很少存在这个问题。

表5.8　幼儿园教师职业发展高原在学历上的主效应分析

因子	学历	M	SD	F	P
情感高原	1	19.45	8.47	5.88	0.001**
	2	18.57	7.81		
	3	20.64	8.45		
	4	21.46	7.66		
	Total	19.68	8.22		
专业高原	1	14.28	4.60	13.48	0.000***
	2	14.10	4.38		
	3	15.80	4.57		
	4	14.09	4.64		
	Total	14.92	4.56		
层级高原	1	13.41	4.34	5.59	0.001**
	2	12.54	4.49		
	3	13.70	5.01		
	4	12.21	4.09		
	Total	13.16	4.76		
高原整体	1	47.14	15.00	9.40	0.000***
	2	45.21	14.33		
	3	50.15	15.68		
	4	47.75	14.35		
	Total	47.76	15.20		

注：1=中专及以下，2=大专，3=本科，4=硕士及以上，* $P<0.05$，** $P<0.01$，*** $P<0.001$。

表5.9　幼儿园教师职业发展高原在学历上的多重比较

因子	方差齐性检验（sig）	学历（I）	学历（J）	均值差（I−J）	显著性（sig）
高原整体	0.000***	1	2	1.93	0.823
			3	−3.01	0.374
			4	−0.61	1.000
		2	3	−4.93	0.000***
			4	−2.54	0.975
		3	4	2.40	0.981
情感高原	0.001***	1	2	0.88	0.926
			3	−1.19	0.753
			4	−2.01	0.897
		2	3	−2.07	0.000***
			4	−2.88	0.547
		3	4	−0.87	0.998
专业高原	0.000***	1	2	0.18	1.000
			3	−1.52	0.020*
			4	0.19	1.000
		2	3	−1.71	0.000***
			4	0.01	1.000
		3	4	1.78	0.564
层级高原	0.001**	1	2	0.87	0.388
			3	−0.30	0.992
			4	1.20	0.834
		2	3	−1.16	0.000***
			4	0.33	1.000
		3	4	1.49	0.585

注：1＝中专及以下，2＝大专，3＝本科，4＝硕士及以上，* $P<0.05$，** $P<0.01$，*** $P<0.001$。

5. 幼儿园教师职业发展高原的职称特点

本研究根据新的幼儿园教师职称评选办法，将幼儿园教师按照：未定职称一类、三级教师一类、二级教师一类、一级教师一类、高级教师或正高级教师一类，共分五类，采用单因素方差分析的方法对幼儿园教师职业发展高原在职称上的特点进行研究。为了进一步比较不同职称的教师是否在高原上具有差异,采用多重比较方法,根据方差齐性检验结果($sig < 0.05$),方差不齐性,选择 Tamhane's $T2$ 法进行多重比较,结果见表5.11。

表5.10 幼儿园教师职业发展高原在职称上的主效应分析

因子	职称	M	SD	F	P
情感高原	1	21.76	8.54	9.09	0.000***
	2	21.14	8.44		
	3	20.46	8.99		
	4	14.14	4.52		
	5	18.48	7.62		
	Total	19.63	8.20		
专业高原	1	15.36	4.32	9.39	0.000***
	2	15.93	4.62		
	3	15.65	4.75		
	4	14.29	3.47		
	5	14.13	4.35		
	Total	14.88	4.53		
层级高原	1	14.74	4.97	12.32	0.000***
	2	14.43	5.14		
	3	12.14	4.84		
	4	12.00	4.42		
	5	12.58	4.29		
	Total	13.13	4.73		
高原整体	1	51.85	15.58	11.36	0.000***
	2	51.50	15.84		
	3	48.25	16.28		
	4	40.43	10.20		
	5	45.18	13.88		
	Total	47.64	15.11		

注:1=高级教师或正高级教师,2=一级教师,3=二级教师,4=三级教师,5=未定职级教师,* $P < 0.05$,** $P < 0.01$,*** $P < 0.001$。

表 5.11　幼儿园教师职业发展高原在职称上的多重比较

因子	方差齐性检验（sig）	职称（I）	职称（J）	均值差（I−J）	显著性（sig）
高原整体	0.000***	1	2	0.35	1.000
			3	3.61	0.509
			4	11.42	0.014*
			5	6.67	0.001**
		2	3	3.257	0.352
			4	11.07	0.014*
			5	6.31	0.000***
		3	4	7.82	0.161
			5	3.06	0.244
		4	5	−4.76	0.687
情感高原	0.000***	1	2	0.62	0.999
			3	1.30	0.928
			4	7.62	0.000***
			5	3.28	0.003**
		2	3	0.68	0.997
			4	7.00	0.000***
			5	2.66	0.000***
		3	4	6.31	0.002**
			5	1.98	0.094
		4	5	−4.33	0.034*
专业高原	0.000***	1	2	−0.58	0.949
			3	−0.29	1.000
			4	1.07	0.974
			5	1.23	0.078
		2	3	0.29	1.000
			4	1.65	0.687
			5	1.81	0.000***
		3	4	1.36	0.877
			5	1.52	0.002**
		4	5	0.16	1.000

因子	方差齐性检验（sig）	职称（I）	职称（J）	均值差（I−J）	显著性（sig）
层级高原	0.000***	1	2	0.31	1.000
			3	2.60	0.000***
			4	2.74	0.377
			5	2.16	0.001**
		2	3	2.29	0.000***
			4	2.43	0.496
			5	1.84	0.000***
		3	4	0.14	1.000
			5	−0.44	0.965
		4	5	−0.58	1.000

注：1＝高级教师或正高级教师，2＝一级教师，3＝二级教师，4＝三级教师，5＝未定职级教师，* $P<0.05$，** $P<0.01$，*** $P<0.001$。

根据表 5.10、表 5.11 分析结果如下。

（1）从高原整体来看

高原整体 F 值为 11.36，P 值为 0.000＜0.001，表明幼儿园教师高原在职称上存在极其显著的差异。不同职称的幼儿园教师在情感高原上的 F 值为 9.09，$P=0.000$；在专业高原上的 F 值为 9.39，$P=0.000$；在层级高原上的 F 值为 12.32，$P=0.000$，表明幼儿园教师高原在情感高原、专业高原、层级高原维度上均存在极其显著差异。在高原整体上，一级教师显著高于三级教师（$sig=0.014$），极其显著高于未定职级教师（$sig=0.000$）。高级或正高级教师显著高于三级教师（$sig=0.014$），显著高于未定职级教师（$sig=0.001$）。其他职称的教师之间没有显著差异。三级教师分值最低，高级或正高级教师的分值最高。

（2）从高原各因子维度来看

情感高原中职称差异表现在：高级或正高级教师显著高于未定职级教师（$sig=0.003$），极其显著高于三级教师（$sig=0.002$）。一级教师极其显著高于未定职级教师（$sig=0.000$），极其显著高于三级教师（$sig=0.000$）。二级教师显著高于三级教师（$sig=0.002$）。未定职级教师显著高于三级教师（$sig=0.034$）。其他职称的教师之间差异不显著。高级或正高级教师的教师分值最高，三级教师的分值最低。

专业高原中职称差异表现在：一级教师极其显著高于未定职级教师（$sig=0.000$）。

二级教师显著高于未定职级教师($sig=0.002$)。其他职称的教师之间差异不显著。一级教师的教师分值最高,未定职级教师的分值最低。

层级高原中职称差异表现在:高级或正高级教师极其显著高于二级教师($sig=0.000$),显著高于未定职级教师($sig=0.001$)。一级教师极其显著高于二级教师($sig=0.000$),极其显著高于未定职级教师($sig=0.000$)。其他职称的教师之间差异不显著。高级或正高级教师的分值最高,三级的教师分值最低。

6. 幼儿园教师职业发展高原的编制特点

为了揭示幼儿园教师职业发展高原在编制上的发展特点,研究者对此进行了独立样本 T 检验。检验结果见表 5.12。

表 5.12　幼儿园教师职业发展高原的编制差异比较

因子	编制	M	SD	T	P
情感高原	有编制	21.56	9.14	5.43	0.000 ***
	无编制	18.80	7.53		
专业高原	有编制	15.90	4.79	4.89	0.000 ***
	无编制	14.51	4.38		
层级高原	有编制	13.92	5.44	3.69	0.000 ***
	无编制	12.83	4.32		
高原整体	有编制	51.38	16.98	5.57	0.000 ***
	无编制	46.13	13.87		

注:* $P<0.05$,** $P<0.01$,*** $P<0.001$。

根据表 5.12 分析结果如下。

(1)从高原整体来看

独立样本 T 检验值为 5.57,$P=0.000<0.001$,说明有编制教师与无编制教师之间的差异非常显著,有编制教师在高原整体上高于无编制教师,说明有编制教师对高原的感受更强烈。

(2)从高原各因子来看

情感高原上,独立样本 T 检验值为 5.43,$P=0.000<0.001$,说明情感高原上有编制教师与无编制教师之间的差异非常显著,有编制教师在情感高原上高于无编制教师。

专业高原上,独立样本 T 检验值为 4.89,$P=0.000<0.001$,说明专业高原上有编制教师与无编制教师之间的差异非常显著,有编制教师在专业高原上高于无编制教师,说明有编制教师对专业高原的感受更强烈。

层级高原,独立样本 T 检验值为 $3.69,P=0.000<0.001$,说明层级高原上有编制教师与无编制教师之间的差异非常显著,有编制教师在高原整体上高于无编制教师,说明有编制教师对层级高原的感受更强烈。

7. 幼儿园教师职业发展高原的园所性质特点

根据调查所了解的不同园所之间的情况以及查阅文献,本研究将幼儿园的性质分为教育部门办园、民办园、其他部门办园、集体办园四种。对四组数据采用单因素方差分析,运用多重比较方法,根据方差齐性检验结果($sig<0.05$),方差不齐性,选择 Tamhane's $T2$ 法进行多重比较,分析结果见表 5.13。

表 5.13　幼儿园教师职业发展高原在园所性质上的主效应分析

因子	园所性质	M	SD	F	P
情感高原	1	20.56	8.25	16.62	0.000***
	2	18.05	6.96		
	3	19.24	8.33		
	4	23.00	9.73		
	Total	19.69	8.22		
专业高原	1	15.81	4.56	14.17	0.000***
	2	13.91	4.13		
	3	14.94	4.92		
	4	15.98	4.53		
	Total	14.94	4.57		
层级高原	1	13.41	5.00	16.83	0.000***
	2	12.57	3.88		
	3	12.44	4.93		
	4	15.33	5.30		
	Total	13.16	4.74		
高原整体	1	49.78	15.80	19.91	0.000***
	2	44.53	12.27		
	3	46.63	15.85		
	4	54.31	17.18		
	Total	47.79	15.20		

注:1=教育部门办园,2=民办园,3=其他部门办园,4=集体办园,* $P<0.05$,** $P<0.01$,*** $P<0.001$。

表 5.14　幼儿园教师职业发展高原在园所性质上的多重比较

因子	方差齐性检验（sig）	园所性质（I）	园所性质（J）	均值差（I−J）	显著性（sig）
高原整体	0.000***	1	2	5.25	0.000***
			3	3.15	0.108
			4	−4.53	0.031*
		2	3	−2.10	0.343
			4	−9.78	0.000***
		3	4	−7.68	0.000** *
情感高原	0.000***	1	2	2.51	0.000***
			3	1.32	0.312
			4	−2.43	0.040*
		2	3	−1.19	0.282
			4	−4.94	0.000***
		3	4	−3.75	0.000***
专业高原	0.000***	1	2	1.90	0.000***
			3	0.86	0.182
			4	−0.18	0.999
		2	3	−1.04	0.027*
			4	−2.08	0.000***
		3	4	−1.04	0.146
层级高原	0.000***	1	2	0.84	0.086
			3	0.97	0.120
			4	−1.92	0.001**
		2	3	0.13	1.000
			4	−2.76	0.000***
		3	4	−2.89	0.000***

注:1=教育部门办园,2=民办园,3=其他部门办园,4=集体办园,* $P<0.05$,** $P<0.01$,*** $P<0.001$。

根据表 5.13、表 5.14 分析结果如下。

(1) 从高原整体来看

高原整体 F 值为 19.91,P 值为 0.000<0.001,表明幼儿园教师高原在园所性质上存在极其显著的差异。不同园所的幼儿园教师在情感高原上的 F 值为 16.62,$P=$ 0.000;在专业高原上的 F 值为 14.17,$P=0.000$;在层级高原上的 F 值为 16.83,$P=$

0.000,表明幼儿园教师高原在情感高原、专业高原、层级高原维度上均存在极其显著差异。在高原整体上,集体办园显著高于教育部门办园($sig=0.031$),极其显著高于民办园($sig=0.000$),集体办园极其显著高于其他部门办园($sig=0.000$)。教育部门办园极其显著高于民办园($sig=0.000$)。其他园所之间没有显著差异。民办园分值最低,集体办园分值最高。说明集体办园教师的高原感受更强烈。

（2）从高原各因子维度来看

情感高原中园所性质差异表现在:教育部门办园极其显著高于民办园($sig=0.000$)。集体办园显著高于教育部门办园($sig=0.040$),极其显著高于民办园($sig=0.000$),极其显著高于其他部门办园($sig=0.000$)。其他园所之间差异不显著。分值最高的是集体办园,分值最低的是民办园。

专业高原中园所性质差异表现在:教育部门办园极其显著高于民办园($sig=0.000$)。其他部门办园显著高于民办园($sig=0.027$)。集体办园极其显著高于民办园($sig=0.000$)。集体办园分值最高,民办园分值最低。

层级高原中园所性质差异表现在:集体办园显著高于教育部门办园($sig=0.001$),极其显著高于民办园($sig=0.000$),极其显著高于其他部门办园($sig=0.000$)。其他园所之间的差异不显著。集体办园的分值最高,民办园的分值最低,由高到低排序为集体办园、教育部门办园、其他部门办园、民办园。

8. 幼儿园教师职业发展高原的职位特点

根据调查的实际情况,本研究将幼儿园教师的职位现状分为普通教师、中层领导、园长或副园长三种类型,对三组数据采用单因素方差分析,进行多重比较,进一步比较不同职位的教师是否在高原上具有差异。根据方差齐性检验结果,见表5.15,方差不齐性($sig<0.05$)时,选择 Tamhane's $T2$ 法;方差齐性($sig>0.05$)时,选择 LSD 法。分析结果见表5.16。

表 5.15　幼儿园教师职业发展高原在职位上的主效应分析

因子	职位	M	SD	F	P
情感高原	1	19.61	8.20	2.32	0.099
	2	20.96	8.43		
	3	17.89	7.61		
	Total	19.69	8.22		

续 表

因子	职位	M	SD	F	P
专业高原	1	14.76	4.50	7.18	0.001**
	2	16.41	4.87		
	3	14.49	3.91		
	Total	14.92	4.55		
层级高原	1	13.09	4.72	1.87	0.155
	2	13.97	4.96		
	3	13.17	4.34		
	Total	13.18	4.74		
高原整体	1	47.45	15.15	3.91	0.020*
	2	51.37	15.31		
	3	45.55	13.27		
	Total	47.80	15.16		

注:1=普通教师,2=中层领导,3=园长或副园长, * $P<0.05$, ** $P<0.01$, *** $P<0.001$。

表5.16 幼儿园教师职业发展高原在职位上的多重比较

因子	方差齐性检验 (sig)	职位 (I)	职位 (J)	均值差 ($I-J$)	显著性(sig)
高原整体	0.020**	1	2	−3.88	0.008**
			3	1.91	0.463
		2	3	5.79	0.047*
情感高原	0.099	1	2	−1.35	0.090
			3	1.72	0.224
		2	3	3.07	0.052
专业高原	0.001**	1	2	−1.64	0.000***
			3	0.28	0.722
		2	3	1.92	0.027**
层级高原	0.155	1	2	−0.89	0.053
			3	−0.09	0.916
		2	3	0.80	0.379

注:1=普通教师,2=中层领导,3=园长或副园长, * $P<0.05$, ** $P<0.01$, *** $P<0.001$。

根据表 5.15、表 5.16 分析结果如下。

（1）从高原整体来看

高原整体 F 值为 3.91，P 值为 0.020＜0.05，表明幼儿园教师高原在职位上存在显著的差异。不同职位的幼儿园教师在情感高原上的 F 值为 2.32，$P=0.099$；在专业高原上的 F 值为 7.18，$P=0.001$；在层级高原上的 F 值为 1.87，$P=0.155$，表明幼儿园教师高原在专业高原上存在显著差异，在情感高原、层级高原上不存在显著差异。在高原整体上，中层领导显著高于园长或副园长（$sig=0.047$），中层领导显著高于普通教师（$sig=0.008$）。其他职位教师之间不存在显著差异。中层领导的职位分值最高，园长或副园长职位分值最低，由高到低排序为中层领导、普通教师、园长或副园长。

（2）从高原各因子维度来看

情感高原中职位差异表现在：三种职位在情感高原上的差异不显著，中层领导分值最高，园长或副园长分值最低，由高到低排序为中层领导、普通教师、园长或副园长。

专业高原中职位差异表现在：具有显著差异的职位为中层领导和园长或副园长（$sig=0.027$），具有极其显著差异的职位为中层领导和普通教师（$sig=0.000$），差异不显著的职位状况为园长或副园长和普通教师（$sig=0.722$），普通教师的分值最高，园长或副园长的分值最低，由高到低排序为中层领导、普通教师、园长或副园长。

层级高原中职位差异表现在：三种职位在层级高原上的差异不显著，中层领导的分值最高，普通教师分值最低，由高到低排序为中层领导、园长或副园长、普通教师。

二、幼儿园教师职业发展高原现状特点的推断分析

（一）幼儿园教师职业发展高原的综合特点分析

幼儿园教师职业发展高原总平均得分略高于中值，整体上居于中等水平，近一半的幼儿园教师对职业发展高原有所体验。这说明在我国当前社会文化背景之下，幼儿园教师职业发展高原现象较为广泛，现实环境中持续产生着催生高原的因素。在其他职业已纷纷关注的背景下，我们有必要关注幼儿园教师作为一门职业发展的科学性、规划性、长效性。

进一步分析，高原各维度因子的平均值从高到低分别是情感高原、专业高原、层级高原，这种顺序提示我们在幼儿园教师发展建设中最受忽视的问题是职业情感和发展

方向。幼儿园教师职业强度大、压力大、风险高,需要关怀、支持和引导。访谈中教师感慨道:"现在的幼儿园教师培养和培训注重专业认知、专业行为,但是不怎么关心专业情感。我们只觉得成天被布置任务,成绩不好就要出队。领导不习惯表扬老师,反而出点问题就一定要批评。发展好的老师有人关注,发展滞后的老师没有人去管。"因此,幼儿园教师队伍亟须促进发展的融合剂、催化剂。

专业高原的出现呼应了当前我国大力推动的幼儿园教师专业化进程。专业高原是我国幼儿园教师发展面临的重要问题。虽然教师法规定"教师是履行教育教学职责的专业人员",但是,由于幼儿教育的成果无法短期内以可量化的数据来表现和衡量,因此幼儿园教师的专业作用不容易被民众看到,幼儿园教师作为专业人员的身份得不到广泛认可,相应地,幼儿教育的规律性和科学性受轻视,幼儿园教师的专业化道路漫长而修远。近年出台的《幼儿园教师专业标准(试行)》为幼儿园教师的发展提供了帮扶依据,但是作为一个标准框架,尚没有具体的层次或水平指引,如何在当前社会文化情境下推动幼儿园教师专业发展是一个怎么重视都不过分的问题。另外,由于幼儿园教师大多数为女性,因此本研究结论也支持了已有研究中"女性更易经历专业高原和层级高原"[1]的结论。

层级高原是职业高原中最早被提及的基本维度。在本研究结论中,层级高原之所以位居最末,是因为相比较而言,层级高原对于大多数幼儿园教师而言不是一个困扰问题。在职位方面,由于女性以家庭为中心的社会安排,很多幼儿园女教师不会对职位提升抱太大期望,或者是有心而无力。这一情况反映了幼儿园教师对"官位"的追求最不强烈,在诸多职业发展中是难能可贵的,同时也说明幼儿园组织结构扁平化最为严重。幼儿园组织结构只分为普通教师、中层和园长三个层级,顶层的园长一般是教育局党委委派,不是从园内提拔,中间层职位有限,还需要按资排辈,因此普通教师晋升空间狭窄,以至于幼儿园教师对结构方面的发展最无期望也最不关心。在职称方面,幼儿园教师评上职称的人数远不如中小学教师,这是由多方面原因造成的。最主要的是职称特别是高级职称名额有限,且科研要求对于普通幼儿园教师来说较难达到,越往上竞争越激烈。民办园普遍不重视职称申报,甚至没有参评资格。因此大部分幼儿园教师到达一定级别后就不做层级发展的考虑了,采取顺其自然的态度。

① Allen T D, Poteet M L, Russell J E A. Attitudes of managers who are more or less career plateaued[J]. The Career Development Quarterly, 1998(2): 159-172.

（二）幼儿园教师职业发展高原的人口学变量特点分析

1. 幼儿园教师职业发展高原的婚姻现状分析

幼儿园教师职业高原整体在婚姻上不存在显著差异。进一步研究发现，情感高原、层级高原上的婚姻状况差异不显著。专业高原中具有显著差异的是已婚和未婚，已婚教师分值高于未婚教师分值。这与已有研究结果有一致的地方，如林长华发现婚姻对整体高原不存在显著差异，仅对其中一个高原因子的影响存在显著差异，未婚员工得分显著低于已婚员工。[①] 这一结果也与现实情况相符：大部分已婚教师较未婚教师年长，度过了未婚新手教师适应阶段，在专业上的追求也逐渐增强，专业胜任是他们新的任务和难题。而在其他两个维度方面，已婚与其他婚姻状态的教师面临的问题是一样的，没有本质差别。

2. 幼儿园教师职业发展高原的年龄现状分析

研究表明，幼儿园教师职业发展高原在年龄上存在极其显著的差异，不同年龄的教师在情感高原、专业高原、层级高原上均存在极其显著的差异。总体上看，年龄与高原有着显著的正相关，高原趋势随年龄的增长而上升。整体高原上，36 周岁以后的幼儿园教师易出现高原，46—50 周岁处于高峰期。这与文献中国内外已有研究结果保持一致。如薛恩(Schein)的职业发展九阶段理论中提到一个"职业中期危险阶段（35—45岁）"，个体会因"职业中期危险"造成发展的暂时停顿现象。在高原研究初期，年龄曾是预测职业高原的重要指标。尽管每项研究在具体的年龄分界上存在差异，但是，年龄是判断职业高原的重要衡量标准得到了普遍认可，如尼尔(Near)发现 40 岁以上的员工易出现职业高原[②]，伊文思和吉尔伯特(Evans & Gilbert)发现 45 岁的员工易处于职业高原期[③]，林长华发现国内 36 岁以上的员工易出现职业高原，谢宝国[④]、寇冬泉[⑤]等也通过研究发现年龄与高原的正相关。

进一步研究发现，在情感高原方面，41—50 周岁的教师分值最高，在 46—50 周岁达到高峰。这说明 40 岁以后的幼儿园教师亟须得到情感关怀和发展方向引导。这一

① 林长华.企业员工职业高原及其对工作绩效和离职倾向的影响研究[D].长沙:湖南大学,2009.

② Near J P. Work and nonwork correlates of the career plateau [J]. Academy of Management Proceedings，1981(1)：380 - 384.

③ Evans M G, Gilbert E. Plateaued managers：their need gratifications and their effort-performance expectations[J]. Journal of Management Studies，1984(4)：75 - 79.

④ 谢宝国.职业生涯高原的结构及其后果研究[D].武汉:华中师范大学,2005.

⑤ 寇冬泉.教师职业生涯高原结构特点及其与工作效果的关系[D].重庆:西南大学,2007.

年龄段的教师步入四十不惑的年纪,生理上已在幼儿园教师岗位上力不从心,如果组织忽视给予老教师相应的特别关怀,他们对情感高原的知觉就会越来越强烈。特别是一些地方对幼儿园教师的聘用条件加上了年龄规定,如《浙江省幼儿园准办标准(试行)》(2008)规定幼儿园教师必须在55周岁以下,这对高龄的教师必然产生一定的心理压力。专业高原上,31—50周岁之间的幼儿园教师易出现专业高原,46—50周岁的教师分值最高。这与女性研究结果完全吻合,如吉利根(Gilligan,1980)曾提出女性职业生涯分为成年早期转折期(17—28岁)、安定期(30—40岁)、中年期(40—45岁)、临近退休期(50岁及以后),其中30岁是职业发展的分水岭,前期以家庭为中心,后期才重视事业,46—50岁则是由中年期向退休过渡的下滑阶段。在层级高原方面,在36—50周岁之间易出现层级高原,其中46—50周岁的教师分值最高,26—30周岁教龄的教师分值最低。这一结果也可以用实际调查得到的信息解释:26—30岁正好是幼儿园教师的生育高峰期,这时的她们以孩子、家庭为中心,结构方面的发展需求退后。36岁以后,孩子长大脱手,职业担当的渴望与日俱增,因此层级高原体验感加深。36—50岁是职业发展的关键期,如果发展顺利,46—50岁会是幼儿园教师职业发展的巅峰,一般当上了园领导;如果发展不顺畅,这一年龄的教师则止步于前,甚至在各方面逐渐让位于年轻老师,开始走下坡路。如调查中得知,在幼儿园里年龄是提拔的"硬杠杠",有的地方规定园长52岁退休,教师45岁当不上副园长就不会再被提拔了。

3. 幼儿园教师职业发展高原的教龄现状分析

研究表明,幼儿园教师高原在教龄上的差异极其显著,在三个因子维度上也存在极其显著差异,这说明幼儿园教师高原整体随年龄增加而显著增加。在已有职业高原研究中,与教龄对应的入职年限经常被用作判断员工是否处于高原期的指标,入职年限与高原之间呈现由低到高正相关的变化趋势,与本研究中高原随教龄的增长而上升的结论一致。教龄21—25周年的幼儿园教师职业发展高原分值最高,教龄3—5周年的教师分值最低,教龄在11—25周年时处于高原现象的高峰期,即工作10年以上的幼儿园教师易出现高原现象。这与访谈内容及已有研究充分吻合——入职10年往往是幼儿园教师的转折点,如朱旭东、李琼(2011)的研究发现,10年教龄的教师易处于观望、迷茫的阶段,发展规划不清楚,失去教学热情,成就感减少,专业发展动力不足。从而呼吁未来的教师专业发展项目应着力研究这一阶段的教师。[①]

进一步研究发现,情感高原随教龄增加而显著增加。工作11年到25年的教师易

---

① 朱旭东,李琼.澳门教师专业发展与规划研究[M].北京:北京师范大学出版社,2011:68.

出现情感高原,其中教龄 21—25 周年的教师分值最高。专业高原随教龄增加而显著增加。工作 6 年到 25 年的教师易出现专业高原,其中教龄 21—25 周年的老师分值最高。层级高原随教龄增加而显著增加,工作 11 年到 25 年的教师易出现层级高原,其中教龄 21—25 周年的老师分值最高。即本研究得出教龄 10 年是步入情感高原和层级高原的临界点,5 年是步入专业高原的临界点,10 年是步入层级高原的临界点。在已有研究中,学者们均认为 5 年与 10 年是两个重要临界时间点,可以划分客观职业高原和非高原状态,提出 5 年临界点的如特雷布莱(Tremblay)[1]、斯娄科(Slocum)[2]、伊廷顿(Ettington)[3]、林长华,而昂鲁和特纳(Unruh & Turner)的研究提到了教龄 5 年后的教师会进入建构安全期,卡茨(Katz)则认为理想中入职 5 年的幼儿园教师处于成熟期;提出 10 年临界点的有格帕特和多莫斯(Gerpott & Domsch)、费斯勒(Fessler),而纽曼、伯顿、阿普尔盖特(Newman K,Burden P & Applegate J)的研究提到过教龄 10 年以上的教师对一成不变的状态会产生"不满足感",[4]姜勇提出入职 11—15 年的幼儿园教师处于职业生涯停滞阶段。[5] 本研究与已有研究成果进行了呼应和互相支撑。

4. 幼儿园教师职业发展高原的学历现状分析

研究表明,幼儿园教师高原在学历上存在极其显著的差异。学历差异在三个高原维度因子上的水平参差不齐,在专业高原维度上存在极其显著差异,在情感高原和层级高原方面达到边缘极其显著差异。在高原整体方面,本科学历的教师与大专学历的教师达到极其显著差异,其他学历的教师之间没有显著差异。大专学历的教师分值最低,本科学历的教师分值最高。这与幼教发展现状密切相关。学历关联的是受教育背景和专业积累,这在职业发展中明显影响着幼儿园教师的发展前景和发展心理。近年来幼儿园教师的培养模式发生了巨大的改变,中师、幼师毕业的中专学历培养模式逐步被淘汰,一些大专学校也面临被撤并或升级的趋势,本科生成为幼儿园教师的新兴力量。根据教育部教师工作司的数据,全国本科学历的幼儿园专任教师有 314 606 人,占教师总数的 17%,形成了一定的规模。但是其培养模式还不完善,曾有学者对高校学前教育

---

① Tremblay M, Roger A, Toulouse J. Career plateau and work attitudes: an empirical study of managers[J]. Human Relation, 1995,48(3): 221 - 237.

② Slocum J W, Cron W L, Hanson R, et al. Businesss trategy and the management of plateaued employees[J]. Academy of Management Journal, 1985(28): 113 - 154.

③ Ettington D R. Successful Career Plateauing[J]. Journal of Vocational Behavior. 1998,52(1):72 - 88.

④ Newman K, Burden P, Applegate J. Helping teachers examine their long-range development[J]. The Teacher Educator, 1980, 15(4): 7 - 14.

⑤ 姜勇,阎水金.教师发展阶段研究:从"教师关注"到"教师自主"[J].上海教育科研,2006(7).

专业本科人才培养课程进行了调查研究,发现了较多现实问题。[①] 总的来说,一方面,开设本科专业的院校不断增多,求量不求质,造成毕业生整体质量下滑;另一方面,本科学历培养的毕业生的专业技能不如以往的专科培养扎实,这直接影响到毕业生入职后的实际应用能力。如访谈中本科毕业的幼儿园教师倾诉道:"我们在大学里学习的幼教理论比较多,实践类的专业技能较为薄弱,但是幼儿园对老师说唱弹跳的技能要求还是挺高的,所以我几乎是淹没在人群中的,在幼儿园我感觉我没有任何优势,一些技能类的比赛我肯定是无法脱颖而出的,一直默默无闻地在工作岗位上。""本科生对比中专生的优势不明显,即使是大学里的好学生到工作岗位工作也不理想。""本来幼儿园艺术技能成分就大,现在还在加大艺术的考核、培训,要求更多了,我感觉在艺术上很吃力。"在发展期望、职业追求高过专科生的前提下,现实中无论是待遇和成就上,都有老的专科学历的教师压在他们前面,这种比较带来了心理上的不平衡感:"我的搭班教师只比我大四岁,大专毕业,但工资比我多,该享受的政策也享受到了,而我却没有!""我已经工作十几年了,但是在园里仍然属于'中不溜秋'的。虽然我的技能在本科班上是很好的,但是我们园里比我好的很多,都压在我前面。我在这里感觉看不到头。"因此,学历并未像在其他行业中一样成为拉开待遇层次的砝码,相反却成为造成心理不平衡的由头,这种不平衡极易影响发展动机。本科毕业教师易出现高原现象提醒我们需要审视本科生培养体制和课程设置,是否适合幼儿园实际应用,跟踪培养和培训,以实现长效发展。

　　进一步研究发现,情感高原在本科与大专学历教师之间达到极其显著的差异。说明本科和大专教师在情感高原上易出现区别。分值上硕士及以上学历教师＞本科学历教师＞中专及以下学历教师＞大专学历教师。硕士及以上学历教师在职业情感上易达到高原,需要加以关注。在按资排辈的发展氛围中,硕士学历教师容易期望高、失望大,从而产生情感高原。专业高原在本科与大专学历教师之间达到极其显著的差异,本科与中专及以下学历教师之间达到显著的差异。这说明本科与其他学历的教师在发展上易出现区别,而与硕士则区别不大。本科学历教师的分值最高,硕士及以上学历教师的分值最低。这说明硕士学历幼儿园教师在专业上感受到高原的人最少,在专业上最能够自我把控。本科学历幼儿园教师与大中专学历教师之间的专业差异主要是由所受教育模式和教育起点造成的,在技能技巧上与大中专学历教师相比不具有优势,在专业理论上与硕士及以上学历教师相比又不具有优势,因此感受到高原的人较多。层级高原

---

　　① 张世义.利益相关者理论视角下的高校学前教育专业本科人才培养研究[D].南京:南京师范大学,2014.

在本科与大专学历的教师之间达到极其显著的差异,说明本科学历和大专学历的教师在结构发展上易出现区别。本科学历教师的分值最高,硕士及以上学历教师的分值最低,这说明本科学历幼儿园教师更易在结构方面达到高原,而硕士及以上学历教师很少存在这个问题。现在本科学历在幼儿园已经不占优势,但是本科背景的教师在发展期望、职业追求上又比大中专背景的教师要高,因此易导致层级高原出现。硕士学历的教师具体分两种情况:一种是读完全日制硕士然后进幼儿园当老师,另一种是在职教师继续进修获得学历。高学历意味着高起点,前者在发表文章、做教科研上有优势,在能力相差不大时也会因学历优势得到提拔;后者往往本身就位居幼儿园高层职位,如研究者在调查中得知,一些地方的教育局只对幼儿园管理层开放考研名额,不给普通教师报考盖章。因此,硕士及以上学历教师较少有层级高原方面的困扰。

5. 幼儿园教师职业发展高原的职称现状分析

教师职称具有称号性质,又具有职务性质,是工资晋级的依据;经相应评定委员会评定,再由行政领导批准和任命;无限额,无岗位、职责要求,一旦拥有,终身享有。自1986年改革职称评定,实行"教师专业技术职务",职称作为一种标志学术水平、技术水平的称号,与工资标准和福利待遇挂钩。研究表明,幼儿园教师职业发展高原在职称方面存在极其显著的差异,在情感高原、专业高原、层级高原三个维度上均存在极其显著的差异。这与寇冬泉关于中小学教师高原的研究结论[①]一致,与林长华关于企业员工高原的研究结论[②]相悖,这说明职称与高原的关系存在行业区别。在高原整体上,三级教师分值最低,高级或正高级教师的分值最高,其原因在于高级或正高级教师易达到职称高原,面临着升无可升的状态,这提示我们在幼儿园教师职称制度逐渐完善的同时,如何保障幼儿园教师能享受与制度设定相匹配的理想的职业地位成为新的难题,需要进一步提供激励机制促进教师不断获得发展动力。

进一步研究表明,情感高原中职称差异表现在:高级或正高级教师显著高于未定职级教师,极其显著高于三级教师。一级教师极其显著高于未定职级教师,极其显著高于三级教师。二级教师显著高于三级教师。未定职级教师显著高于三级教师。其他职称的教师之间差异不显著。高级或正高级教师的教师分值最高,三级教师的分值最低。调查表明,获得高级或正高级职称的教师一般年龄已大,三级职称则是职称里最低职级,对应的获得者年龄也相应较年轻,更易获得重视培养,也对未来最有期望。这提示我们,需要在情感

---

① 寇冬泉.教师职业生涯高原结构特点及其与工作效果的关系[D].重庆:西南大学,2007.
② 林长华.企业员工职业高原及其对工作绩效和离职倾向的影响研究[D].长沙:湖南大学,2009.

和发展方向上关注年龄较长的幼儿园教师。专业高原中职称差异表现在：一级教师极其显著高于未定职级教师。二级教师显著高于未定职级教师。一级教师的教师分值最高，未定职级教师的分值最低。未定职级的教师一般为三种情况，一是刚工作的年轻教师，二是对专业追求不强烈的教师，三是不重视教师专业发展的民办园的教师，因此他们对专业高原的体验相应最轻。一级教师是职称里的较高等级，获得者都是幼儿园里的资深教师，他们的专业追求最强烈，对专业高原的体验也最深刻。层级高原中职称差异表现在：高级或正高级教师极其显著高于二级教师，显著高于未定职级教师。一级教师极其显著高于二级教师，极其显著高于未定职级教师（$sig = 0.000$）。高级或正高级教师的分值最高，三级的教师分值最低。高级或正高级教师一般都是园长或副园长才能获得，因此这一结论与实际情况完全吻合。三级教师处于职称等级里的末端，因此也是层级提拔时尚不受重视或已被"放弃"（调查中某园长语）的那些教师，与实际情况吻合。

6. 幼儿园教师职业发展高原的编制现状分析

研究表明，有编制教师与无编制教师之间的差异非常显著，在整体高原方面，有编制教师显著高于无编制教师。进一步研究表明，在情感高原方面，有编制教师显著高于无编制教师。专业高原上，有编制教师也是显著高于无编制教师。层级高原上，有编制教师显著高于无编制教师。总的来说，即有编制教师比无编制教师对高原的感受更强烈。编制问题是传统体制下的产物，幼儿园教师编制无独立系列，编制总量稀缺。编制是财政投入的主要衡量依据，编制直接影响着公办幼儿园所能获得的财政资源，有编制即意味着稳定、可靠的经费来源。在改革的大背景下，学校是人事制度改革的最后一个堡垒，同一个学校里两种身份、同一种职业两种身份，关涉的是不一样的利益收入、价值分配。当前，调查发现，有编制教师一般集中在城镇地区、公办性质幼儿园，有着比较好的专业背景，对幼教事业的投入、对自身发展的规划、对职业回报的期待也相应更高，因此在方方面面在意、感受到的高原体验更强烈。

7. 幼儿园教师职业发展高原的园所性质现状分析

研究表明，幼儿园教师高原在园所性质上存在极其显著的差异，在情感高原、专业高原、层级高原三个维度上均存在极其显著差异。在高原整体方面，集体办园显著高于教育部门办园、其他部门办园、民办园，分值最高，民办园分值最低。说明集体办园教师的高原感受最强烈。全国集体办园近年来数量逐年减少，根据教育部教育统计数据，集体办园的数量 2011 年为 13 162 所，2012 年为 12 683 所，2013 年为 12 943 所，2014 年为 12 863 所，所占幼儿园总数比例从 7.89％下降为 6.13％。这种下滑趋势背后有着深层的原因,并直接影响着身在其中的教师的心理感受。另外,各地政府在财政投入上采取"倾斜性"分配政策,教育部门办园和其他部门办园获得了绝大部分的财政性资金,相应的集体办园和民办园所获得的财政资金极其可怜,如 2010 年江苏省教育部门办园生均预算内投入为 1 669.21 元,其他部门办园为 1 015.73 元,而集体办园只有 685.43 元。又如教育部门办园教师的工资福利支出有 40% 来自政府拨款,而集体办园只有 20% 左右的比例。[①] 集体办园与其他部门办园、教育部门办园相比,能获得的拨款不多。调查中发现某市一个区每年按在编教师每人 3 万元拨款给幼儿园,集体办园因为在编人数少,所得就少。又如某区教育局幼托办下拨的装修费十几万,每年只分给几个幼儿园,集体办园往往靠后,主要靠自筹资金,而集体办园的自筹资金还受严格控制,这一点又不如民办园,支出教师工资、水电费、环境建设费等费用后,所剩无几。

深入研究发现在情感高原方面,集体办园显著高于教育部门办园,极其显著高于其他部门办园,极其显著高于民办园。教育部门办园极其显著高于民办园。分值最高的是集体办园,分值最低的是民办园。集体办园的工作强度很大,幼儿人数是所有类型幼儿园里最多的,往往一个班有 40 名左右的幼儿。在管理上,办园体制上没有民办园灵活,如以前发放五千元的费用可以由幼儿园自主决定,而现在发一千元就要各级审批。因此,易引发情感高原。专业高原上,集体办园、教育部门办园、其他部门办园均显著高于民办园。集体办园分值最高,民办园分值最低。调查中发现,集体园因为名气、地位不如其他公办园大,经费不如民办园多,因此很少能请到专家来园指导,想送教师出去培训又没有足够经费,条件稍好的有课题共建园或联盟园带动学习,条件差的能提供的学习机会较少,因此,易引发教师的专业高原。在层级高原方面,集体办园显著高于教育部门办园,极其显著高于其他部门办园,极其显著高于民办园。集体办园的分值最高,民办园的分值最低。从规模上来讲,集体办园一般规模都不大,这就意味着纵向内部流动和横向分园流动的机会都不大,容易带来层级高原的问题。

2010 年《国家中长期教育改革和发展规划纲要(2010—2020)》提出"建立政府主导、社会参与、公办民办并举的办园体制",其后《国务院关于当前发展学前教育的若干意见》明确规定要"多种形式扩大学前教育资源……制定优惠政策,支持街道、农村、集体举办幼儿园","鼓励社会力量以多种形式举办幼儿园",打破了传统公办民办的体制模式。本研究结果正是提供了不同的办园体制下幼儿园教师发展的现实状态图景。以

---

① 虞永平,等.现象·立场·视角:学前教育体制与机制现状研究[M].南京:南京师范大学出版社,2015:106-108.

教育部教师工作司 2014 年发布的数据来看,集体办园专任教师人数有 10.54 万,占全国幼儿园专任教师人数(184.41 万)的 5.72%,是四种类型幼儿园教师比例中最小的一块,可以说他们是幼儿园教师这个弱势群体中的弱势群体,关注他们的发展是幼教工作者义不容辞的任务。

8. 幼儿园教师职业发展高原的职位现状分析

研究发现,幼儿园教师高原在园所性质上存在显著的差异。在高原整体方面,中层领导显著高于园长或副园长,显著高于普通教师,由高到低排序为中层领导、普通教师、园长或副园长。访谈中得知,幼儿园中层领导面临诸多实际困扰,用调查中教师的话来说就是:"教研组长、年级组长等是整个园工作压力最大的,付出多,但晋升副园长的不确定因素多。幼儿园里的晋升呈塔尖状,工作十几年只能排到中间层,受到职位和年龄限制,很少有人能继续晋升。"幼儿园组织扁平化,高层领导职位少,而中层领导职位承担着最繁重的任务,整体上也很容易到达高原期。

进一步研究发现,三种职位在情感高原方面的差异不显著。在专业高原方面存在显著差异,专业高原上具有显著差异的职位为中层领导和园长或副园长,具有极其显著差异的职位为中层领导和普通教师,差异不显著的职位状况为园长或副园长和普通教师,由高到低排序为中层领导、普通教师、园长或副园长。三种职位在层级高原方面的差异不显著。

中层领导专业高原分值最高这一结果可以用实际调查结果解释。中层领导是各个幼儿园中坚力量,在专业上都是骨干教师,一方面他们因为专业能力强才被提拔为中层,另一方面他们也对自身的专业发展最为在意,因此在专业高原方面有着强烈的体验。这一研究结果提示我们要关注幼儿园中层骨干的发展,包括年级组长、课题组长、后勤组长、学科组长、保教主任、教研室主任、教务主任、部长、园长助理等人员,他们是幼儿园也是幼教事业发展的重要力量。

三、研究小结

在厘清幼儿园教师职业发展高原结构维度之后,本章进一步探究了幼儿园教师职业发展高原及其各维度的现状特点,根据全国范围的实证研究数据分析,得出如下结论。

在我国当前社会文化背景下,幼儿园教师职业发展高原整体上处于中等水平,在三个维度因子方面的表现水平参差不齐,幼儿园教师对情感高原的感知最强烈,对专业高原的感知其次,对层级高原的感知较低。

幼儿园教师职业高原在婚姻方面不存在显著差异。不同婚姻状况的幼儿园教师在情感高原、层级高原方面差异不显著,在专业高原中具有显著差异的是已婚和未婚,已婚教师分值高于未婚教师分值。

幼儿园教师高原在年龄方面存在极其显著的差异,不同年龄幼儿园教师在情感高原、专业高原、层级高原方面均存在极其显著的差异。在 36—50 周岁易出现整体高原现象,在 41—50 周岁易出现情感高原,在 31—50 周岁易出现专业高原,在 36—50 周岁易出现层级高原。

幼儿园教师高原在教龄方面存在极其显著差异,在三个因子维度上均存在极其显著差异。工作 10 年以上的教师易出现整体高原现象,工作 11 年到 25 年的教师易出现情感高原现象,工作 6 年到 25 年的教师易出现专业高原现象,工作 11 年到 25 年的教师易出现层级高原现象。

幼儿园教师高原在学历方面存在极其显著的差异。在专业高原维度上存在极其显著差异,在情感高原和层级高原上达到边缘极其显著差异。本科学历的教师易出现整体高原现象;硕士及以上学历教师在职业情感上易达到高原,即出现情感高原现象;本科学历幼儿园教师在专业上感受到高原的人最多,即出现专业高原现象,硕士学历幼儿园教师在专业上感受到高原的人最少;本科学历幼儿园教师更易在垂直晋升和水平流动方面感受到高原,即出现层级高原现象,而硕士及以上学历教师很少存在这个问题。

幼儿园教师高原在职称方面存在极其显著的差异,在情感高原、专业高原、层级高原维度上均存在极其显著差异。在高原整体上,三级教师分值最低,高级或正高级教师的分值最高。情感高原上,高级或正高级教师的教师分值最高,三级教师的分值最低。专业高原上,一级教师的教师分值最高,未定职级教师的分值最低。层级高原上,高级或正高级教师的分值最高,三级的教师分值最低。

有编制教师与无编制教师之间的差异非常显著,有编制教师在整体高原、情感高原、专业高原、层级高原上的感受均较无编制教师更强烈。

幼儿园教师高原在园所性质方面存在极其显著的差异,在情感高原、专业高原、层级高原维度方面均存在极其显著差异。集体办园教师的高原感受最强烈。

幼儿园教师高原在职位上存在显著的差异,在专业高原方面存在显著差异,在情感高原、层级高原方面不存在显著差异。在高原整体和专业高原方面均是中层领导的职位分值最高,由高到低排序为中层领导、普通教师、园长或副园长。

第六章　心灵的独白

——幼儿园教师职业发展高原的体验与性质

关于体验与性质研究的作用是与前述结构、特点的研究结论一起，进一步丰富幼儿园教师职业发展高原的内涵，同时也为本研究的后续部分提供依据。本章探究的是，高原体验对于幼儿园教师究竟意味着什么？幼儿园教师自己怎样看待这种体验？这种体验对幼儿园教师的发展产生了哪些影响？高原状态的性质是正向的还是负向的？

研究者希望在本章提供表达的平台，深入幼儿园教师群体进行在地倾听，让教师用自己的声音来反映他们的内心感受，并让教师卷入研究，进行自我反思、自我判断，从而改变我们常用的被批判的研究模式："就方法而言，绝大多数中国教育研究采取的都是一种'由上到下'的理论视野，而且常常是在研究者与管理者之间的内部交流中进行……让我们有机会能够听到中国数以亿计的平凡人物的声音，尤其是学生、家长以及普通教师的声音，让我们透过他们的眼光来观察这个世界。"①因此，研究者根据实际需要和研究的贴切度，选择了现象学研究模式。

一、现象学理论及方法的启示

（一）现象学理论基础

现象学（phenomenology）运动是欧洲大陆哲学发展中重要的里程碑。德国哲学家胡塞尔（Edmund Husserl）的《逻辑研究》是现象学的开山之作。现象学经历了三个发展阶段，第一阶段是"胡塞尔现象学时期"，以胡塞尔、Scheler M 等为代表；第二阶段是"存在论现象学时期"，以 Heidegger M，Jean-Palu Sartre，Merleau-Ponty 等为代表；第三阶段是"综合研究时期"，以 Schutz A，Spiegelberg H 等为代表。② 其中，第二阶段时海德格尔（Heidegger M）将关注自我转向关注本体，聚焦生活和经验，关于存在方式和

---

① 丁钢.中国教育：研究与评论（第 2 辑）[M].北京：教育科学出版社，2002.
② 中国大百科全书总编辑委员会.中国大百科全书　哲学 2[M].北京：中国大百科全书出版社，2002：997 -999.

131

生活体验的思想对本研究有一定的启发作用。

人类行为研究包括外显的可观察的身体行为和内隐的难以观察的个人体验(Valle 等,1989),①后者无法用传统的实证主义方法度量,而现象学是获得描述第一人称经验 的有效方法(Dale,1994)。② 现象学聚焦人们经历的事物和体验,通过发现和描述体 验,明晰这些体验对经历过它的人来说具有什么意义,从而获得对某种现象的深刻认 识。现象学认为有一个"无限开放的知觉过程"(Gurwitsch,1964),③强调体验的自 明性,不包含立场、前设、成见和方向,通过"回到实事本身",提供了从主体意识出发 解释客体的可能,让自然科学中隐蔽的东西得以去蔽,维系了经验与观念间的张 力。④ 因此,现象学在身体和心理健康有关的研究领域中被广为应用(Langdridge, 2007)。⑤

本研究关注的正是"体验"。体验(erlebnis)的词源是"leb",意指"生命"或"生活"。 在现象学中,"体验"这一概念的含义与"意识内容""意识活动""意识行为"等一致。胡 塞尔在《逻辑研究》中说:"感知、想象意识和图像意识、概念思维的行为、猜测与怀疑、快 乐与痛苦、希望与忧虑、愿望与要求等,只要它们在我们的意识中发生,便都是'体 验'。"⑥体验是现象学的核心,是现象学研究对象的必然出发点,是"最高的属",没有体 验就没有可供研究的现象。在现象学中,"体验"具有两个特点:一是原真性,体验即亲 身的经(体)历(验),强调对意识行为的自身感受,移情代替不了亲身体验。二是构造 性,它是主体通过对体验内容(感觉材料)的统摄或意指构造出体验对象(意识对象)的 活动。因此,在研究中需要尊重每个幼儿园教师的主体感受,认可个人体验对人类经验 普遍性的代表,尊重每个人对同一种体验对象的构造的不同。

① Valle R S, King M, Halling S. An introduction to existential phenomenological thought in psychology[M]// Valle R, Hallings S (Eds.). Existential-phenomenological perspectives in psychology: exploring the breath of human experience. New York: Plenum Press, 1989: 3 - 16.

② Dale G. Distractions and coping strategies of elite decathletes during their most memorable performances[D]. University of Tennessee, Knoxville, 1994.

③ [英]哈维·弗格森.现象学社会学[M].刘聪慧,郭之天,张琦,译.北京:北京大学出版社,2010:85.

④ 余慧元.一种"纯粹"的经验如何可能?——胡塞尔现象学经验问题的扩展研究[D].杭州:浙江大学,2004.

⑤ Langdridge D. Phenomenological psychology: theory, research and method[M]. London: Addison Wesley longman, 2007.

⑥ 倪梁康.现象学及其效应——胡塞尔与当代德国哲学[M].北京:生活·读书·新知三联书店,1994.

(二) 现象学研究方法

1. 方法论

现象学既是一种哲学理论,也是一种方法。胡塞尔对现象学的定义就是:"它既是一门科学——一种诸科学学科之间的联系,又是一种方法和思维态度——特殊的哲学思维态度和特殊的哲学方法。"[①]作为方法,现象学用于对嵌入情境中的典型意识节点的分析、阐释和说明,[②]可以呈现出在意识中的被经验的现象,抓住现象的本质结构,探究这些现象在我们意识中的构成,即在我们经验中成形的方式。[③] 现象学方法期待能"像事物显现的那样,严格而无偏见地研究事物,以便人们能理解人的意识和经验"(Vall Halling)。[④] "现象学特有的意蕴提供了新鲜的方法论含义","这种接近问题的态度和方法,跳出了传统哲学现象与本质、知性与理性的原则区别,打开了一条取消主体与客体分立的哲学传统道路"。[⑤] 作为哲学理论的现象学可以大致分为观念论现象学、解释学现象学、发生现象学,因此作为方法的现象学也相应分为先验研究、解释学研究、体验研究。本研究正是应用了着眼于体验研究的现象学方法。

体验研究的手段有悬置、还原、联想。悬置指不受以往的知识、经验、理解、认知的影响,秉持开放的观点和好奇的态度,不做预设,不贴标签,接受并发现研究对象的体验。还原指用研究对象原始的表达文字来描述现象的感觉和细节,提炼意义单元。联想指运用自由联想变动,对意义单元进行联想和反思,达到现象学本质还原。

体验研究的特征为倾听研究对象的体验并尊重研究对象独特的本土语言,用艺术语言描述研究对象的体验,研究者放弃研究的态度并与研究对象建立亲密关系。

体验研究的思路是倾听研究对象的心理体验;用艺术化的形象思维而不是用概念化的抽象思维去描述研究对象的体验,保持体验的真实性和完整性;研究者与研究对象是一种"和你在一起"的伙伴式关系,因此体验研究是一种主体间性研究,研究的重点是"体验"而不是"研究"。[⑥]

---

① [德]胡塞尔.现象学的观念[M].倪梁康,译.北京:人民出版社,2007:24.
② [加]马克斯·范梅南.生活体验研究——人文科学视野中的教育学[M].宋广文,等译.北京:教育科学出版社,2003:22.
③ 朱光明,陈向明.理解教育现象学的研究方法[J].外国教育研究,2006(11).
④ 徐辉富.教育研究的现象学视角[D].上海:华东师范大学,2006.
⑤ [加]马克斯·范梅南.教学机智——教育智慧的意蕴[M].李树英,译.北京:教育科学出版社,2001:47-55.
⑥ 刘良华.何谓"现象学的方法"[J].全球教育展望,2013(8).

2. 具体研究方法

诸多学者提出过现象学研究方法,如范卡姆(Adrian Van Kaam,1959)、科莱齐(Colaizzi P F,1973)、吉戈吉(Amedeo Giorgi,1985)、菲利佩(Filippo,1992)、施皮格伯格(Herbert Spiegelberg,1995)、博里奥(Pollio,1997)、范梅南(Max Van Manen,2001)、克雷斯韦尔(Creswell,2004)。穆斯塔卡斯(Clark Moustakas)在众多研究的基础上,著述了《现象学研究方法》一书,其提出的研究模式成为开展现象学研究的典范,被广为接受。[①] 本研究也以穆斯塔卡斯提出的模式为方法基础,对其进行详细介绍,并对照此模式展开研究。

(1) 现象学研究的流程

首先,准备工作,包括提出问题、确立研究属性、确定研究对象、搜集文献、签订研究协议。

其次,收集资料,包括考虑访谈的问题、开展访谈等。

再次,资料分析,进行体验的描述和意义提炼。

最后,总结本次研究的启示,为今后研究做准备。

(2) 现象学研究的资料收集

现象学研究收集的是同一经验的同质性样本(Reid,2005),[②]这是与其他质化研究不同的地方。选择的研究对象需要具有所要研究的体验,有参与研究的意愿,能够真实而准确地反映自己的思想,能够清楚地表述体验。另外,研究者可以与他们亲密接触、共同研究,而不是仅限于外在观察。研究关注对每个个体的描述和理解,充分尊重研究对象的叙述,从研究对象的视角和观点看待现象,不加以预设。收集方式包括访谈、观察、查找文学作品、对照理论文献、追溯词源。其中,访谈是主要的方式。现象学访谈需要进行心理交流,对本次研究的性质、目的、方法、流程等进行说明,明确开始的时间并告知访谈对象使用录音。现象学访谈的特点是灵活互动和反思性的(Munhall & Oiler Boyd,1993),研究对象的描述通过倾听、提问细节、反思、澄清的方式被探寻、突现和深究(Jasper,1994;Kvale,1996)。[③]

(3) 现象学研究的资料分析

第一,提炼出访谈记录文本中相关的有意义陈述,进行初步分组。

第二,进行还原和删除,筛选出必需的且可以单独命名的要素,删除、合并重复的要

① 徐辉富.教育研究的现象学视角[D].上海:华东师范大学,2006.

② Reid K, Flowers P, Larkin M. Exploring lived experience: an introduction to interpretative phenomenological analysis[J]. The Psychologist, 2005,18(1): 20-23.

③ 黄广芳.现象学视角下高校英语新教师教学生活研究[D].武汉:华中师范大学,2011:13.

素。筛选后的要素即为关于该体验的基本要素。

第三，将要素串联起来成为主题，主题即经验的焦点、要点，是经验中具有"揭示性"或"有意义"的东西，是理解经验的方式、还原现象的手段。提炼主题的方法有整体概括法、细节详述法或摘录文中最能揭示经验本质的语句。①

第四，再次确定基本要素和主题：与原始记录对照，删除有矛盾的地方和不一致的地方，"自由想象的变更"（free imaginative variation）和反思可以用来补充和确定主题。

第五，文本—结构描述：文本描述根据访谈记录进行，使用研究对象的语言，重点关注个人在经历现象过程中的体验是什么；结构描述根据个人文本描述和现象学联想进行，说明现象是如何发生的，重点关注体验发生的背景、过程、情景、状态及其他关系。复杂的描述可以分为个人文本—结构和小组文本—结构描述。

第六，意义提炼：从文本—结构的综合描述中得出该体验的意义和本质。

第七，研究小结：包括对整个研究过程的概括、体验描述的概括、提炼的主题、揭示的体验本质、对实践的建议和对以后研究的启发。

（4）现象学研究的写作要求

第一，真实记录体验，关注身体感受，运用研究对象表述的语言直截了当地描述体验，研究者避免概括、抽象或解释，避免使用华丽的词汇美化描述。

第二，需要一些具体的故事、例子对体验进行详细描述。

第三，尊重研究对象对自己生活体验的描述，记录所得与研究者的预设是否一致不重要。

第四，以深度描述和阐释为目的，研究者通过写作能被文本感动，并引导读者关注到文本中的体验，以达到研究的目的，而不是为了归纳、提炼出理论。

二、幼儿园教师职业发展高原体验与性质的现象学研究

本章研究内容以海德格尔存在论现象学为理论基础，遵循现象学体验研究的模式，根据穆斯塔卡斯的研究流程，对幼儿园教师职业发展高原体验进行了研究。

对有过高原体验的幼儿园教师进行访谈，请他们围绕两个问题进行叙述："您作为幼儿园教师，处于职业发展高原时是什么样的体验？""您觉得幼儿园教师职业发展高原

① ［加］马克斯·范梅南.生活体验研究——人文科学视野中的教育学［M］.宋广文，等译.北京：教育科学出版社，2003：122.

的性质是正面的还是负面的?"

研究结果以主题的形式呈现,研究者做文本描述和结构分析,最后进行意义提炼和性质确立。

(一)主题一:"黑暗中的舞蹈"——情感高原体验

1. 职业情感投入停止

文本描述:以前我们园的年级组是三轨制(研究者注:每年级三个班),我到别人班上去,看到好的做法就回来琢磨、学习,从来没感觉到自己班搞得好会对别人有影响。现在变成五轨制,规模扩大了,人多了,老师们的想法不一样,价值观也变了。我还这样做,就多了些负面的东西——是非多、被孤立。我听到对我的一些议论,如:"她把自己班上工作做那么好干吗? 她为什么这么做,是想出人头地、出风头吗?"再比如我作为年级组长,要收全年级老师的备课单子,有一次备课内容是"主题活动班本化",别的年级组都是所有班级统一打一份交上去就行了;但是我觉得既然研讨的是"班本化",备课内容就应该是个别化、特色化的,于是要求我所在的年级组每个班写一份交过来,每个班要写得不一样。我觉得"班本"就应该这样做啊! 但是其他同事不同意了,我年级组里的老师和其他年级组的老师都有意见,感觉被我牵着鼻子走,她们觉得:"你为何顶真?让我们怎么办?"在我们园里,大家要"抬着混",就得她们不做我也不能做,否则就会受孤立,在这种氛围下,我不得不低头,觉得做什么事都没意思,对工作没以前认真了。

结构描述:这位教师是公办园里一位年龄较大的老师,工作一贯认真负责,因为现在园所氛围变化,自己的认真反衬了别人的马虎,从而对别人的工作造成了压力,得不到同事的认可,甚至被讥讽、被排挤,在集体中落单了。法兰克福学派曾经专门批判了"大众文化"(mass culture),认为同质化的大众文化会造成独立主体、自我意识的丧失,个体为了和大众保持一致,而被迫选择安于现状,在"大众意义"下屈服和皈依。这位教师对于"大众行为"的盲目,既无法反驳也无法对抗,甚至被误导以为这是幼儿园教师职业发展的必然归宿,随波逐流,减少了对职业的投入。实际上,由于幼儿园工作性质的特点,教师之间的关系较为疏离,而集体项目往往以比赛、评比的形式而非合作的形式开展,这种隐性的竞争文化的长期涌动,也最终投射到职业情感上。

文本描述二:大家都说孩子是弱势群体,其实老师也是。有段时间我觉得特别委屈,不想干了,经常找园长哭诉。比如我们班有个孩子回去跟家长说班上某老师用针扎他。家长深信不疑,说:"我相信三岁孩子不会说谎!"碰巧那天某老师请假,是不在班的,我和另一位老师可以作证。如果那位老师在班上,真是有理也说不清了!还有个孩子把裤子尿湿了,我们检查时没有湿,后来才尿的,所以老师们都不知道。但她姥姥没跟我们说,直接反映到集团办公室去了,我们就被狠狠批评了。再有一次,一天晚上我的孩子发热,我也在发热。这时有个家长打电话来,让我立刻去她家,因为她的孩子说今天在园被别的小朋友抓了。我先生叫我不要去,我还是坚持去了。我还特地去买了点水果,我老公扶着我,歪歪倒倒地摸到她家。到了一看,孩子既没有被抓伤,身上也没有抓痕,但是那个妈妈特别凶,对我发了很大脾气,我一直听她训完话,回到家已经夜里十点多了。如果那天晚上我被气走了,也许就不干了,我的幼师职业生涯就结束了。工作累就算了,再遇到这种"搅毛"的家长,就想走了。说实话,如果当时有更好的去处,有更好的工作岗位,我想我是会离开幼儿园教师这个工作岗位的。我是凡人一个,我没有那么高尚。

　　结构描述二:这是一位民办园教师,她觉得自己在家长面前不被理解,没有话语权。随着时代的变化,家长与幼儿园教师的关系发生了与往日不同的微妙变化,影响了教师对职业感情的投入。在沉重的工作压力下,再遇到层出不穷、难以忍受的家园矛盾,幼儿园教师觉得异常"委屈"。对于这种感受,幼儿园和社会的主导态度倾向于让幼儿园教师采取无条件接受、默认与忍耐,认为家园矛盾也好、家庭矛盾也好,这是作为一名幼儿园教师正常面临的事件,是"应该"克服的。没有人意识到这些心理冲突对于幼儿园教师职业发展的影响,没有人关心这会带来高原体验,更没有人重视对幼儿园教师心理感受的疏导。在这种情况下,部分幼儿园教师对职业的感情投入停滞,甚至产生了离职的想法。

　　2. 职业情感基础薄弱并不断消减

　　文本描述一:在幼儿园里我一直处于默默无闻的状态。我当年是本科毕业去幼儿园的,技能是本科生的软肋,比如舞蹈,是比不过中专生的。而且,我也无法像其他同事那样说话、行事,连园长都对我说:"你太理性!你不会跟小朋友发嗲。"在幼儿园,我觉得挺自卑的,没有成就感,找不到自己的价值,就像一直在黑暗中独自舞蹈,感觉很不好。那几年对我来说就是个"坎"。

　　结构描述一:这位教师在公办园工作了两年,后转到外资园又工作了四年,最终还是放弃了幼儿园教师职业,转行做了外资学校的中文教师。她从事幼儿园教师职业时自我效能感低,在工作中寻找不到自身的价值,对自己的工作能力不自信,自认为专业结构、性格特质等不适合幼儿园工作,组织和领导又没有给她支持和引导,自卑成为她在高原阶段的主要感受。

文本描述二：上学时这份工作是我的理想，现在觉得不是。我对幼儿园的工作是满怀憧憬的，但是现实和理想有很大差距，这种差距是多方面的，也无法说得很清楚。比如现在的教科研没有实在意义，写出来的与做出来的是"两张皮"。我常常觉得自己当初选错了职业。现在就是普通带带班，把儿子带好。

结构描述二：这位教师是学前教育专业研究生毕业，曾经怀着对这份工作的理想化想象入职，想"大干一番"，但是现实与理想的反差让她产生了失落感，特别是对她拿手的教科研也有所失望。工作不出彩、特长不受重视，发展的停滞使她心理产生了强烈落差。在教育现实的舞台上，她发现幼师职业的真实一面与理想不一致，就放弃了对理想的认同和追随，导致了自我价值的失落，迷失在个人发展意义追寻的途中。

文本描述三：感到迷茫，工作上遇到事情也不知道找谁去问、找谁去说。不是名为年级组长、教研组长，实际上就可以帮你解决问题的。看同学挣钱多，自己的工作累还经常不落好。幼儿园当初给我的一些承诺没有兑现，比如当初答应交五险一金，但是实际上没有交全。这份工作上升空间小，我就会想：几年后会不会还是这样？后半辈子会不会永远这样？

结构描述三：这是一位民办园的教师，她在主观上认为自己达到了高原期，最大的感受是迷茫，对身边的权威不认可。与其他职业相比，幼儿园教师职业的短板在她眼中被突出了。而幼儿园又缺乏规避这些短板的制度设计，造成她在工作过程中不断积累同质因素，又无法排解，从而对自己未来的发展茫然若失。

（二）主题二："行走在理想与现实之间"——专业高原体验

1. 专业进步停滞

文本描述一：感觉行走在理想与现实之间。有理想但不知道怎么做，或有理想又知道怎么做，但是也无法实现。一个老师再怎么有教育理想，面对教育现实，也不得不妥协，不得不陷入世俗，这一点真的是无能为力。比如专家提倡在日常教育活动中尊重每个孩子，但是我们实行起来有困难，因为面向全班孩子跟面向一个孩子是不同的，孩子在群体中的状态和一个人时的状态也是不同的。我内心认可主流理念，但是往往在现实中没有机会去发挥我的专业能力。比如有位专家描述了他观察到一个幼儿起床后在床下找东西，用了各种方法尝试。可是现实中呢，幼儿园里给幼儿的起床时间只有20分钟，如果时间太长，点心就会被吃完并收拾好送去食堂了。所以我一定要打断找东西的孩子,这涉及群体合作的问题,因为不这样后勤人员就不能下班了。所以即使专业水平很好,也不会像专家那样做。如果把同事都得罪了,自己在幼儿园也无生存立足之地。理想不能当饭吃,但教育什么时候才能回归本质,实现理想,这看似遥遥无期。

结构描述一:这位教师对幼教有着自己的独特见解,对教育现场的每件事都能多方考虑,但正是这种多方之间的矛盾,使得她深深陷入了困扰,觉得现实牵制了她的专业能力,她的想法不能实施,理想不能实现,理论与实践脱节,让她在专业发展上感到无能为力。

文本描述二:我现在就有这个(高原)感受。我与原来班上的师傅在理念上很相投,工作很愉快。但是换到现在的班上就不同,这个班的老师与我的想法相差很多!我不知道该怎么说,她们总是驳斥我,活动开展不下去!志不同道不合吧!我是后来调来的,我的做法她们不认同,她们认为不应该这么对孩子,但我认为我做的没有错,教师应在可能范围内尽力去做而不是得过且过。以前认为即使和同事不熟,但至少别人是认同我的。但是我发现现在这个班的老师对孩子行为的解释与我不一样,所以我想做的事做不了,想说的话没法说,担心被这个新的班级排斥。这个班先来的三个老师互相都很认同,只有我一个人与她们想法不一样。举个例子吧:比如下午要不要玩游戏。我觉得玩建构、玩插塑玩具对孩子有好处。但是有一次我让孩子玩了,就听到班上的老师说:"我绝对不会让孩子玩这个,否则孩子放学后就不走了。"我不知道她是有意对我说的还是无意让我听见。我以前以为是时间不够才不让孩子玩的,现在才知道原来是有意不让孩子玩的。我认为做不做一件事,根据是对孩子好不好,而不是教师图方便。我认为孩子应该有自发、低控的时间。但班上的老师仍坚持自己观点。我争辩说:"老师应是引导而不是避免。我们可以让孩子到点就放学。"最后她强调在家长来前收好玩具才让玩,于是我们才达成妥协。这时保育老师又来要求孩子走时把每个玩具都拆分开,否则每周四保育老师就得自己拆洗。这样一来,孩子玩的时间又少了!因此,我觉得很苦闷,想逃离,不想干了。好几次我都哭了,比如有一次,小朋友排队时,有个男孩唱歌,保育老师把他留在最后面,还罚他对着墙唱。孩子回来时眼睛哭得红红的,我问他怎么了。孩子说完原因就又哭了,我不知道该怎么安慰他,当场也哭了。我觉得在排队时唱歌又不是在别的时候唱,有什么不可以的呢?我只好对他说:"那我们抱一抱吧!"他就和我抱了抱。我既想逃离,又想帮孩子不受这种教育理念的影响。有些事情听不下去,觉得不是教育者甚至人和人之间相处的方式。怕自己听多了就习惯了,所以想离开。以前我是能不在幼儿园里做的事就不做,而是带回家做,有空就坐在孩子身边听他们聊天。但现在,我愿意离开他们去做事。孩子对我很依恋,他们能感觉到老师之间是有区别的。有次外教课后，孩子们一直站在那儿不动。我很奇怪，因为那次课的内容不应该让孩子站着。我就问为什么。之前那个唱歌的孩子对我说："老师让我们罚站，因为我们表现得不好。现在只有你能救我们了！"还有一次，有个孩子带着求救的眼神过来找我："某老师把我的画给扔了！"我去了解情况，原来他的画确实被老师扔了，因为那个老师觉得那张画画得不好，还以为是垫纸。我知道后不好告诉他实情，就带着他找，最后在垃圾篓里找到了。我觉得自己格格不入，只能尽自己所能做些事。我对教育现实挺心寒的，但是只能跟家人说，家里人被我说遍了。

结构描述二：这位老师是研究生毕业，经过本科和研究生阶段七年的学前教育专业学习，她对幼儿教育有着坚定的信念和专业的认识。她刚到幼儿园工作时，与带她的老教师在理念和方法上十分默契，工作很顺畅；但是被调到新的班级后，观念的激烈碰撞对她的影响相当大，使她感觉前所未有的苦闷，"志不同道不合"，不满意、不如意只能放在心里憋着。不接受也不被接纳，不被说服也无法说动，不认可也不被赞同，在对立、被动的状态下，心理上产生了职业发展高原方面的"专业高原"体验。

2. 工作缺乏挑战性

文本描述一：我现在的状态只有自己才知道——应付。不断想做事，想让孩子好，但很糟糕。上面有多条线管着幼儿园，所以我们老师除了本职的教育工作之外，被一大堆杂事所困扰，又不能不做。感到焦虑，忙忙碌碌非己所愿、非己所爱。更悲哀的是，既做不到跟这些没有意义的事情说再见，又学不会敷衍和迎合。就这么纠结着，痛苦也怪不得别人。你有没有跟踪观察过一个老师，从早到晚看她在做什么？像我们幼儿园，中午孩子吃饭后没有时间做饭后游戏，老师在干吗呢？在抬床！把小床一张一张抬出来，哪有时间指导孩子游戏？等孩子起床后再一张一张抬回去，哪有时间帮孩子整理衣服？带班以外还有很多事情：写微信平台的微信，写园里网站新闻，收钱，拍照片……拍照片是因为做成长日记要画画、装饰、贴作品和照片，这些事情要花很多时间，光是照片就要拍、洗、贴、美化，要给全班每个孩子做。后来又被要求改做电子相册，要在电脑上建文件夹，分个人照、同伴照、成长进步照、区域活动照等，还要在每张照片下注释，解读童心。花费的时间翻了一倍。于是我们就发到 QQ 里，让家长自己分。家长反感："为什么让我做？"对老师不满。但是如果我们自己分，就没法睡觉了。当我们听到不停变换的要求时，感觉是焦虑甚至愤怒，这些事情超出了我们老师的能力和时间。不是忙在点子上，忙得没意义。专家提出把教育还给孩子，而我们大部分时间不是在做教育，累得像狗一样，领导、专家还不满意。我现在就是把手头的工作做好，什么都不想了。

结构描述一：这是一位工作十多年的区骨干教师，其所在地区是江苏南部较富裕的城市，所在幼儿园是当地最好的教办园，该园作为幼教实验基地，承接了繁重的保教、培训、改革试点、接待参观等任务。她是一个很有想法的老师，向我叙述了许多自己的设想，但是最后的总结都是一句"只能先应付手边的工作"，她觉得是这种工作状态让她在高原上止步不前。杂事多，是很多幼儿园教师的感受，不断增派的责任叠加、突然袭击的临时任务、朝令夕改的领导方式，使得幼儿园教师的心理处于烦躁、焦虑的状态，影响了他们对职业发展的关注。杂事占用了教师大量的时间和精力，领导、家长、社会的要求不停变化，甚至相互矛盾，让教师无所适从。挥之不去的教育理念，无法摆脱的实存状态，这是每一个有职业理想的教师倍感矛盾和痛苦的缘由。

文本描述二：现在感觉很"虚"。一些培训的安排是从领导出发，为了业绩，不是从我们出发、为了我们好。领导拿来给我们做的课题，能实实在在做的不多，都是蜻蜓点水。引领的老师也无实际水平，只是看头衔。现实中的教育不扎实，我们想把事情做好，但是一个课题一两年搞一下就好了、完了？大事都这样，班上小事更是这样。年纪大的老师还好，还能坚持做些事；年轻老师还没真正进入一个课题，又被拉着到下一个课题去了，每每快餐式地做事，个人怎么有发展？

结构描述二：这是一位公办园的教师，教龄13年，个人上进心强，是园里同龄人中为数不多的已获得高级职称的教师。她一直坚持在一线带班，不当领导，对专业有着自己的执着。她觉得幼儿园里围绕教师的各种工作，大到培训、课题研究，小到日常教育活动，频频走过场，没有扎实地开展，幼儿园对教师专业发展缺乏引领，每一个可能的发展机遇都被错过了、浪费了，无法从中获得切实的发展。因为专业上比同龄人领先，已经熟练的工作对她不再具有挑战性，加上没有有效的专业培训推动，做课题等本来的发展机会沦为完成单调、乏味的操作工序。

（三）主题三："一味追求也没有东西给你"——层级高原体验

1. 职称提升停滞

文本描述：刚工作时有激情，后来就淡了。全园五十多名老师，只有十分之一上进，大部分人自己在平原上走走，不想再往上了。我这样（学历背景）的，一般工作一年后就能拿到二级职称，考核后拿一级职称，到了高级后就觉得大事完成，只有少数老师、领导才继续往上评。我现在公开课、论文、课题都不想了：公开课不是你想去就能去的，都是集体备课，然后选一个有"明星"气质的老师上场，才能出效果；发论文对我们来说很难，职称评选时,论文那关也很难通过;课题嘛,一般都是园长挂名,我们只能作为编写人员。我现在是一级(职称),觉得是否再往上评无所谓,没意思,太麻烦。职称就是退休后在退休金上有差别,平时差不多。一味追求也没有东西给你,担的压力大,与付出不成比例,做太多工作犯不着。

结构描述:这位教师的发展和感受具有典型性,幼儿园职称制度的规限导致了很多一线教师在到达一定级别后就丧失了进一步前进的动力,职称提升对他们不再具有吸引力。

2. 职位提升停滞

文本描述:我在26岁开始有高原的感觉。本来我是带班的,突然被提为了年级组长。当时,我在我们幼儿园还是属于比较年轻的,比我年长的教师还是很多的。于是压力大,底下人不服,看你笑话,看你受气,有事我只能自己传达传达(指令),大家不执行。比如要评优秀班主任、优秀班级,以前都是老师自己推荐,我也就让他们自荐。然后A老师自荐了,B老师心里不爽但不说。当时我作为组长就在会议上这么定了人选。但会议结束后,B老师在背后说我做领导没主见,尽会被别人牵鼻子走。我当时年轻,不知道怎么处理,就冲去B老师教室把她拉到我班上,让她当面说清楚!她当时就哭了。这种会搞事的人,会闹会扯,园长都会怕她三分,没有办法对付的。所以虽然我被提升当了年级组长,但是工作不顺利,而且在职位晋升上也没有奔头了,提副园长很难的,是教育局从上面定的,再干十年又有几个能当副园长呢?

结构描述:这位教师是一名幼儿园男教师,也是研究者的同学。幼儿园工作环境有着四种社会特征:同质化的性别空间、竞争化的社会生存、分群化的社会生态、悬殊化的社会分层。[①] 在幼儿园女性氛围营造的文化里,男教师成为一个闯入者,由于女性经验的缺失,不能适应女同事间相处的独特模式与技巧,这成了影响男教师在幼儿园里提升发展的因素之一。但是作为男性,在职位提升方面,又比女性多一份企图心,当这份企图心遭遇幼儿园教师扁平化、科层制的职位结构限制时,不甘、无奈、失望的感受更为强烈。因此,这位老师在很长一段时间都处于低迷期,徘徊于发展高原上,把重心转向做兼职,甚至找出路改行。直到一个偶然的机会,用他的话来说就是:"竞选副园长的两个老师中,一个跟园长关系不好,一个投票没通过,我就'意外'当了副园长。"职位的继续提升对他的影响是显而易见的,他立马像换了一个人,精神状态有了很大改观,工作的主动性增加,还积极出差联络老师和同学,为幼儿园的未来发展规划做筹备,职业发展

---

① 王海英.解读幼儿园中的教师社会——基于社会学的分析视角[J].学前教育研究,2009(3).

有了目标和规划。

(四) 意义提炼和性质确立

由调查可知,高原在幼儿园教师中是不容忽视的实存现象。通过文本—结构分析,我们已对幼儿园教师职业发展高原的体验有了一个直观的认识。下面在主题归纳和结构分析的基础上,我们将进一步讨论幼儿园教师职业发展高原体验的意义,并进行性质判定。

1. 对于教师印象深刻,影响深远

亚里士多德曾提出一个重要的命题"人是会说话的动物"。然而,我们在很多时候忘记了这一点。久而久之,被剥夺的不仅是说话的能力,还有可能的生活方式和发展希望。在研究过程中,研究者本着充分聆听和深刻共情的心态,记录了幼儿园教师的"高原体验"。在幼儿园教师向研究者敞开倾诉时,往往伴有强烈的情绪起伏,这些情绪不仅通过词语表达,而且通过表情、语气、语音语调、肢体动作得以表现。如表情激动、声音高扬、脸部抽动、眼睛泛红、语速加快、语气加重、叹气、声音哽咽、捂住胸口,甚至陷入恍惚,中间突然中断叙述,从回忆中抽离出来,嘱咐研究者"不要让园长知道"。通过这些细节的传达,研究者也体会到了他们当时的感受。这种强烈的情绪带入反映了高原体验对于幼儿园教师来说意义重大,不只是一段轻描淡写的感受,身处高原状态也不是一个轻松畅快的经历,给他们普遍留下了深刻的印象和深远的影响。

2. 来自日常,伴随日常,是易发的正常现象

体验研究揭示了幼儿园教师日常教育生活的真切感受,拂去了职业发展高原的神秘面纱——它来自日常,伴随日常,并不是非正常现象,而是一件羞于承认的事实。正如教育学家博尔诺夫所说:"人不可能一直保持在一个发展高度持续地向前发展,人的生活更多由于习性和疲乏而被'损耗',由此而陷入非存在本意的退化状态。"[①]而且女性特质使得幼儿园教师对情感关怀、方向引导、人际关系、组织氛围等有着更为强烈的渴望和诉求。3—6岁幼儿的特点也使得幼儿园教师需要付出比别的教师更多的耐心与心血,自身也需要更多的慰藉和支持。因此,我们对幼儿园教师职业发展要有正确的认识。

3. 教师居于"客体"位置,被动发展,诉求低落

幼儿园教师职业发展高原体验的本质在于教师主体性泯灭,精神诉求低落,因而造

---

① ［俄］博尔诺夫.教育人类学［M］.李其龙,等译.上海:华东师范大学出版社,1999:11-12.

成长此以往的停滞、沉默、缺席。教育现实只把幼儿园教师当作静默不语的机械执行者。"沉默的文化"与"被宰制的文化"会产生恶性循环,正如席勒形容的:"永远被束缚在整体中的一个孤零零的断片上,人也就把自己变成一个断片了;耳朵里听到的永远是由他推动的机器轮盘的那种单调无味的嘈杂声音,人就无法发展他的生存的和谐;他不是把人性印刻到他的自然上去,而是变成他的职业和专门知识的一种标志。就连把个体联系到整体上去的那个微末的断片所依靠的形式也不是自发自觉的……而是由一个公式无情地严格地规定出来的。这种公式就把人的自由智力捆得死死的。"①在外力的强制施压下,幼儿园教师被物化奴役,淹没在忙忙碌碌中,内心却茫然不知所措,除了疲于应付和穷于招架之外,无法体会到职业魅力和职业价值,导致产生高原体验。

4. 教师需要关注、理解自己的职业发展近况

这里反映的高原体验提醒教师关注、理解自己的发展近况和职业使命,马克斯·韦伯说:"人是悬在他自己所编织的意义之网中的动物",教师需要争取自身发展的话语权,主动编织"意义之网",主动争取发展话语权,向着主体能动、生命希望的方向发展。

5. 双面性质,负面倾向偏多

根据研究过程中幼儿园教师的自我反思和自我判断发现,幼儿园教师职业发展高原的性质有正面的也有负面的。正面的判断,比如认为高原状态可以促进自己反思与更新:"我觉得高原状态是件好事,我会因此思考:现实不光鲜,我能做些什么? 幼儿园中这种理念跟不上的老师有且大量存在,怎样在差异共存的基础上影响她们,对一个人的能力提升很有帮助。比如我做一件事的方法、运用沟通的方法等对她们都有影响,这对我是种锻炼。"比如认为可以让自己在驾轻就熟中获得满足感,提供新的挑战性和成就可能:"我觉得高原状态没什么不好,驾轻就熟啊! 这份工作每天事情不一样,孩子不一样,即使当了十几年教师,还是具有挑战性和创造性的。我妹妹在银行柜台上当出纳,那种工作每天都一样,我受不了。"负面的判断,比如认为高原状态给自己带来了自卑、焦虑、孤立、无奈等感受,对自我认同和职业前景产生怀疑,引发了对当前工作的不满,甚至导致离职行为。总之,幼儿园教师职业发展高原的性质具有双面性,不同的人有不同的体验,对职业发展也有着阻碍与促进两种不同的影响,根据调查,总体来看,负面倾向较多,偏向产生不良后果。

---

① [德]席勒.美育书简[M].徐恒醇,译.北京:中国文联出版公司,1984:51.

三、研究小结

上述研究对自陈有过高原经历的幼儿园教师进行了访谈,请他们描述自己的高原体验。研究的目的是想获得当事人对高原体验的体认。根据现象学观点,本研究尊重研究对象自己生活体验的独特性,也认可不同的人阅读这些体验描述后产生的与分析不同的看法,但并不妨碍本研究解读的有效性。

根据现象学式提问、描述和分析,本研究将幼儿园教师职业发展高原的体验归纳为三个大主题、六个小主题,分别是主题一"黑暗中跳舞"——情感高原体验,包含职业情感投入停止、职业情感基础薄弱并不断消减两个小主题;主题二"行走在理想与现实之间"——专业高原体验,包含专业进步停滞、工作缺乏挑战性两个小主题;主题三"一味追求也没有东西给你"——层级高原体验,包含职称提升停滞、职位提升停滞两个小主题。

在此基础上,通过现象学想象和反思,探寻了这些主题单元反映出的高原体验的意义本质,并根据幼儿园教师自己对高原性质的判断反思,确立了高原性质结论。在意义方面:一是"印象深刻,影响深远";二是"来自日常,伴随日常,是正常现象";三是"教师居于'客体'位置,被动发展,诉求低落";四是"教师需要关注、理解自己的职业发展近况,主动争取发展话语权"。在性质方面:幼儿园教师职业发展高原的体验呈现多样化的特点,正向和负向性质均有,属于双面性质,总体偏负面情绪较多,这与已有研究中的结论有一致性。文献中高原性质一般有三种:正面性质、负面性质、双面性质,其中大多数学者认为职业高原与负面结果相关,会带来暂时或永久性的发展停滞。

本研究的发现一方面丰富了幼儿园教师职业发展高原的内涵,为前述研究提供了经验支持;另一方面这一结论影响着后续研究,可以据此思考改善路径,以降低和避免幼儿园教师职业发展高原带来的负面影响。

第七章　困惑的渊薮
——幼儿园教师职业发展高原的影响因素

本章的写作思路遵循三点：其一，第五章有关幼儿园教师职业发展高原现状的特点分析，已从高原的结构维度对人口学变量的影响作用予以部分、单维、点状呈现，但是，尚缺乏高原影响因素的整体性、深入性探究，这正是本章要进行的研究。其二，根据文献研究，学界对于职业发展高原的认识已从静态观拓展为动态观，认识到职业发展高原是一个连续变化的过程，具有深浅不一的程度。[①] 本研究通过前期问卷调查和持续访谈也发现，幼儿园教师职业发展高原的形成是一个层层堆积、缓缓渐变的过程，因此需要对影响因素进行动态性探查。其三，如果继续用量化统计的方法对影响因素与高原之间的关系做相关分析，既不能囊括较广泛的内容，又忽略了个体性，不利于发现隐藏的原因和细节，影响深层次探究。因此，需要运用访谈法、实地观察法、实物调查法等多种具体方法，深入幼儿园教师职业场域，与相关人员深入交流，收集丰富的信息资料。

本章根据对收集资料的编码和分析，本章围绕幼儿园教师的生活场景，将结果归为个人、组织、社会三个部分，进行详细阐述。论述中努力做到理论分析与事实叙述相结合，关注影响因素的过程性作用，重视幼儿园教师内心想法和真实事例的记录。

一、浮动的碎片——个人因素的影响

（一）主观意识

1. 成就动机

成就动机的缺失或减弱极易导致幼儿园教师进入职业发展高原。有位教师描述了她身边一位处于高原期的同事的状态，反映了成就动机缺失的影响："她工作十几年后

---

① Feldman D C, Weitz B A, et al. Career plateauing in a decling engineering organization[J]. Human Resource Management，1988，24(3)：255 - 312.

跟我搭班,但是整个人不在状态,教学行为仍很幼稚,也没有发展的可能了。我就思考,一个工作十几年的人怎么会这样?之前和她搭班的老师都很好,所以问题不在别人,应该在她自己身上。我注意她的状况,发现她不愿积累,如同'小熊掰玉米',学了就丢,因此工作上始终没有提高。我就跟她指出来,帮她详细分析,还逼着她做班组长,这样一学期下来,她的进步很大。她的问题不是不能学、不能做,而是缺乏学和做的动机。后来我调出她的班后,她就又不做班组长了,她觉得这样做也没有用。可是,你自己都不努力,怎么让别人重视和关注你呢?"

"理想"与"现实"是很多幼儿园教师在访谈中提到的词汇,当心目中的"理想"不能实现时,教师就会感到气馁。有位处于高原期的教师对比分析给研究者听:"我同事跳槽去了培训机构,现在为梦想做事,他的内心有发展价值感;而我的梦想离我越来越远,我想做的事情做不了,缺少梦想和学习的渴望。"在这种处境下,成就动机逐渐减弱,以至于步入高原状态,并久久徘徊不前:"职业发展不是不想,而是看透了,没有实现的可能,被逼得只能求生存。"自己不想发展,或在众多失望后觉得无奈,成就动机进一步减弱,严重影响了发展前景。

2. 职业认同

幼儿园教师的职业认同与实际工作的差异会导致教师对工作的不满,继而引发高原现象。调查中,一些已跳槽的教师回忆道:"我以前就职的幼儿园以盈利为目的,教师只是赚钱的工具。园长听老板的,老板在商业化道路上越走越远。我觉得这条路不是我想走的。形象点说,公办园忙着提升教育质量,而我们忙着赚钱。在那样的环境里,我对职业的认同就没有了。"另一位教师也有同感:"我去的幼儿园扩张快,但专业性不够,而且抠门,连孩子画画的纸都不给买,玩具柜是空的,环境布置也差,但是却舍得花几万元买一盏灯,所以外行管内行是不行的。园长虽是专业出身,但是由于老板干涉多,没有办法,他在我离职后也跳槽了。"

一些教师虽然仍在岗位上,但不认可自己的工作状态:"我太想离开幼儿园了,理念不适合我。我需要时间思考、沉淀,但是实际上成天忙于交各种计划、表格。以前的园长安排我去开会、培训,我可以去学习,去思考,但是换了现在的园长就换了风格,所以我就想换工作。"

个人观念上的纠结让教师觉得当前工作没有意义:"我现在的工作有很多事情没有价值,比如要填一堆表格,但是老师的工作重心不应该放在填表格上,而应关注孩子的发展,比如:孩子会拿剪刀吗?能搓圆了吗?这才是老师要关注的,这样实实在在累积三年的教育才是家长最想要的，不是吗？""专家要求老师用自然物做课程，我们园做不到，为了迎合专家，就做面子工程，变相迎合，虚假表演。类似这样的做法有什么意义？"

这种纠结以至于让教师觉得很痛苦："幼儿园里跟孩子无关的东西太多。我们上学期忙各种接待，一批又一批。还有各种评比，以至于教师想到的不再是孩子而是评比结果。忙完回教室后，觉得太对不起孩子了。我只想好好带班！""我觉得不尊重孩子就会纠结，有理念冲击。越是我们这样有教育理想的人，就越痛苦！"

3. 职业规划

职业规划在一些行业已被重视和应用[①]，但是对于很多幼儿园教师来说，还是一个比较陌生的概念。在调查中研究者发现，幼儿园老师对待职业规划的态度主要分为三种。第一种，没有考虑过职业规划，有老师说："我就把这个职业当一份养家的工作而已，没有什么规划。"第二种，认为自己条件不够而不能做职业规划："我觉得我的发展到头了，我觉得自己当不了领导，我不擅长做管理，能力不够，想也没有用。"第三种，做了个人规划，但与工作状态产生冲突，无法付诸实施："我渴望学习和思考，但是很少有时间可以让自己静下心来，看一看专业的杂志和书籍，也没法按自己规划的想法做事，这样下去我的工作就缺少了创新与活力。"

(二) 自身条件

1. 身体素质

身体素质既是职业发展的基本条件，也是影响工作成效的要素之一。没有较好的身体素质，很难跟上幼儿园高强度的工作，各种发展机会也随之减少，导致发展上出现力不从心的状态。一方面，幼儿园教师职业有其特殊性，需要健康的状态才能胜任。如教师提及："比如感冒后期咳嗽这种情况，若是坐办公室工作的，可以正常上班；可是幼儿园老师要不停地说话，就会喉咙疼，最后嗓子就哑了。"幼儿园特殊的工作时间也使得健康问题变得突出，有老师说："我血糖低，有时候会犯晕，可是我的工作不是站就是走，不像中小学教师有下课时间、午休时间，犯晕时我都没有时间趴一趴的。"另一方面，幼儿园教师的工作安排是"一个萝卜一个坑"，而且很多教师身兼数职，如果生病，"请假条都不好开，多是硬扛着"。在实际调查中因为身体素质影响发展的例子也不在少数，举

---

① 陆露.中小学教师职业规划的实践研究[D].武汉：华中师范大学,2008:10.

一个典型的例子:有一位很有能力的教师,名牌大学学前教育专业毕业后,去了一个小城市幼儿园工作,她是去那家幼儿园的第一个本科生,因此领导对她很重视,各方面的机会均优先考虑她。她工作第二年就考上了在职研究生,园里也很支持她去读研。但是她在研究生入学前不小心摔了一跤,摔到了脑部,而且很严重,做了手术,一次手术未成功,做了多次,这一拖就是两年。后来大学要求她退了学籍,她只好放弃研究生资格。后来区教育局规定只对管理层开放考研机会,作为普通教师的她也考不了研究生。加上身体不好,她也就放弃了进一步发展的机会,职业发展早早进入高原状态。她感慨道:"感觉现在被遗忘了,园里各方面活动都不再考虑我。"

2. 年龄条件

由于幼儿园工作的特殊性,年龄对这个行业的影响显得尤为突出。幼儿园带班教师需要充沛的体力和精力,这一点往往年轻教师占优势。访谈中许多老教师提到产生高原的原因是:"年龄大了,精力跟不上""工作强度大,做不动了""劳心劳力,要倒下的"。还有一些教师提到延迟退休的政策可能不适合幼儿园教师:"现在要延迟退休,一大把年纪还要在班里带着孩子唱唱跳跳,想想都觉得很困难。"发展机会上也有年龄限制,如一些地方规定40岁以后就没有竞聘副园长的资格了,45岁当不上园长就不会再被提拔了。一些教师会因为年龄原因被转到后勤岗位,结束教师生涯,如访谈中一位被转到后勤岗的教师叙述道:"我现在每天的工作是负责全园的餐饮、供货,要询价、比价、记账,提供班级里生活区的东西、保育老师的生活用品、孩子的生活物品、办公室的用具……这是我以前从来没有接触过的。我以前专业技能很好,但是年龄大了,也派不上用场了。"

3. 性格特质

性格特质在平时的为人处世中得以反映,它往往决定了一个人在别人眼中的印象,在面临选拔或培养的时候起到作用,是导致高原现象的原因之一。有些幼儿园教师在自我陈述中提到:"我性格比较被动,要领导给平台。一线老师到了小高职称就很难上去,如果个性又被动,对自己的要求就会放低,就停止发展了。"而园长在评价有些教师的高原状态时认为:"有的人,你给他安排工作,他也会做,但从不自己主动冒出头,如公开课比赛、工会乒乓球赛等各项活动,不报名,不提意见,也不反对园长意见,就是不突出表现自己,最好什么事情也不要做。这样的人,发展肯定不如主动冒头的好。"在发展机会上,性格特质往往成为起决定作用的因素,如一位园长谈及她对园里教师的培养时认为:"往上走要得到大家的首肯,需要人格修养高,有胸襟。有的老师要强,业务上其实很好，但是观点过于鲜明，走极端，说话、行事当场堵得你很难受。人是微妙的情感动物。这样的人，我会让她参加跟课程有关的活动，在业务上发展她，如当教材主写人等。但是在晋升上，她就被放弃了。"过于极端的性格甚至可以埋没掉突出的专业能力。如一位教师在师范学校上学时专业能力就被公认为最好，工作后获得了全市第一届技能大赛第一名，得到业内同行的交口称赞。有一次，幼儿园选拔人才到大学读书，凭能力她是热门人选，但是最后没被选上。在她看来，是"领导让平时不吭声但会搞关系的人去了"。从此，她就再也不理会领导，还经常跟领导作对。发展到后来，对来园的每一任领导都采取不配合的态度，成了有名的"刺头"。跟她一届毕业的当时专业能力不如她的同学，现已发展为名园长、特级教师，而她现在却在看库房，性格特质严重影响到她工作的主动性和积极性，再也振作不起来了。

（三）近身效应

作为"常人"，教师无法摆脱家庭的束缚，家庭角色和职业角色既区别明显又联系紧密，家庭对教师的职业发展起着深刻的近身影响。

首先，职业角色之外的家庭角色增加了教师的责任义务。古德（Williams Goode，1960）的"不足假说"（scarcity hypothesis）指出，角色责任间的冲突会导致个体体验到疲劳、挫败或其他形式的应激反应。[①] 有研究显示，女性的职业发展同丈夫参与家务和子女教育的程度呈正相关，与家庭的支持与理解联系密切。[②] 访谈发现，成家对幼儿园教师的职业发展或多或少都存在影响，这也回应了量化研究中已婚教师和未婚教师之间有显著性差异的结论："开始来的时候有宏图大志，但是结婚有孩子后就不想了，要照顾家庭，现在就是正常带带班。""以前没女儿时，我回家会自觉加班，现在不愿意加班了，要陪孩子。""现在最大的需求就是有时间照顾自己的家庭。"调查中得知，一位教师当上副园长没多久，因为丈夫反对，只好回去当普通老师了，丈夫的理由是"当领导太忙，不着家，孩子管不到"。现实中很多老师都有类似情况的反映："当时我老公在部队，孩子上中学要照顾，我的事业就没有起色。""我园一个骨干教师业务能力强，但受家庭限制，事业上没法发展。"

其次，家人的身体状态会分散教师的精力和时间，影响教师的工作投入。如果幼儿园教师要在家人和工作之间做出选择，往往是后者妥协让位于前者，这与幼儿园教师大

---

① ［美］埃托奥，［美］布里奇斯.女性心理学[M].苏彦捷，等译.北京：北京大学出版社，2003：272.
② ［美］埃托奥，［美］布里奇斯.女性心理学[M].苏彦捷，等译.北京：北京大学出版社，2003：277.

多数都是女性有关。女性主义指出,"生理性别"本身不是导致男女发展不平衡的原因,"社会性别"才是其根源。女性的劳动和精力在职业和家庭的双重重压下被变相占有和剥削,这一点在20世纪的欧美性别研究中曾被喻为"资本与男权合谋的双头兽"。母性天职以及中国妇女传统的奉献精神让幼儿园女教师觉得照顾家人是她们义不容辞的义务,如果要同时在职业上有所发展,就得付出比男教师更多的精力,承担更大的心理压力。访谈中一位教师回忆了她当年面临的家庭重担:"我姐姐得白血病后,她的孩子是我带大的,因此当时我家里有两个孩子,一个孩子四岁,一个九岁,都要我照顾。"一位教师叙述了她自己遭遇的工作、家庭两难境遇:"我遇到的最大问题就是身体和小孩方面,都是一个人硬扛过来的。我孩子刚上小班时,园里安排我到另一个园支教一年。孩子只知道我在这个园上班,但是他来时妈妈却忽然不在了,他不能理解,就天天哭啊! 我心里那个难受啊!"还有一位教师叙述了她的同事面临的家人健康问题考验:"她爸爸得了癌症,还有个小弟弟要照顾,而且自己又在自考过程中,真心不容易!"这些事例让作为研究者的我闻之动容。

最后,家庭期望全面而无限度,影响着幼儿园教师在职场上的定位。对于幼儿园教师来说,最常见的家庭期望是当好一个妈妈。但是在职业角色上增加母亲角色会令女性产生角色压力(Barnett & Baruch,1985;Ray & Miller,1994)。生育和抚养下一代是幼儿园教师面临的关键事件,由于它被社会强化为女性的天职,需要耗费女性大量的时间和精力,但在政策上并没有因此降低女性的工作量。如果跟男性一样以工作为重,又会不被家庭理解,加上社会支持系统不够完善,身为女性的幼儿园教师必然以牺牲自己的发展作为代价满足家庭期望,放弃对职业成就的追求。如一位年轻教师倾诉道:"我想在工作上好好发展,但是我还有别的角色,我是女儿,父母希望我保重身体,不能把身体累坏了。"而且大部分教师认为家庭的期望和认可更重要:"退休后,我什么都不是,要回归,回归的地方是家庭。家庭顾不上,得不偿失。"由于个体会根据期望,借助自己的主观能力适应社会环境所表现出一定的行为模式[1],在家庭期望下,幼儿园教师的行为天平自然偏离了职业一端。

---

①　周晓虹.现代社会心理学——多维视野中的社会行为研究[M].上海:上海人民出版社,1997:361.

二、负重中的重复——组织因素的影响

(一) 组织结构

1. 部门结构

幼儿园的部门结构整体呈塔尖状,晋升阶梯狭窄,而且在层级提升上隐含诸多限制条件,如在调查中了解到,教办园园长是由教育局党委委派,不是从园内提拔的,而且职位空缺很少。有教师反映:"近几年我们区里七八家公办园只有两个园长退休,其他园都没有空位。"民办园的结构更受所有权的限制,对于幼儿园教师来说始终存在看得见的"玻璃天花板"。有教师反映:"我在国际幼儿园,不可能当园长的,因为园长肯定是外国人当。我们不设副园长,每个年级有个 head of grade,幼儿部的头儿叫 principle of early years,由小学的副主任负责幼儿园。所以我只能干到中层位置,相当于公办园的年级组组长。"

2. 职能结构

除了部门结构造成的层级发展障碍重重外,幼儿园的组织还在职能结构上存在缺陷。如一些教师反映:"幼儿园极缺一些协助教师工作的部门设置。比如需要设立一个专门的'培训部',因为现在幼儿园接待、推广的事情很多,都是由业务园长一个人负责,特别像我们园是科研基地,上级给的任务之一就是宣传推广,每年有大量的接待任务,业务园长一个人根本忙不过来,而且影响到她的本职工作。再比如'家长心理咨询部',这对家长工作是非常重要的,等于多了一个家长咨询、交流甚至投诉的缓冲带,可以免去许多可能的家园矛盾。再比如'教师工作咨询部',很多时候,老师遇到问题、事情时,对一些人说了没用,也没有地方说,又不能事事都去直接找园长!"

3. 权责结构

幼儿园组织中的责权结构不明朗,特别体现在幼儿园安排多个职能于教师一身,但只下放责任,不关心权利。有位当了中层的教师反映:"我园每学期有家长测评,这么多年来我收到的家长测评等级最低也是'较满意',满意率是全园最高的。但是我当了园教科室主任后,被家长在测评表上打了'不满意'。而且我发现,有中层领导在的班级,班里两个老师的测评等级都是当中层的那个教师较低。我因为当了中层,多了很多事,很影响我带班,但是园里只安排一个老师每天来顶我一个小时,每周来半天,忙不过来,

对家长工作、班级管理都有影响。而我原来工作的那家幼儿园里,中层是脱岗的,工作责任明晰。这里老师少,人手紧缺,当了中层后,一个人干的分量是原来园两个人的,权责不明,又累又不落好,所以大家都不想当中层。"

(二)组织氛围

1. 组织文化

园所文化会对教师心理产生影响。有老师说:"以前还有老园长讲成长史,组织春游、联欢会等活动,后来实行绩效后,活动少了,福利也没有了。现在感觉就只有工作,没有那种一家人其乐融融的氛围了。只觉得教育局、教研办、园长成天布置任务,成绩不好就要出队。无呵护,无传递,没有将心比心。发展好的老师有人关怀,发展滞后的老师就没人管了。""以前的领导专业性强,天天在幼儿园待着,现在的领导天天跑政协。园里整个氛围都变了。"

同伴行为起着潜移默化的影响。有老师说:"幼儿园看似单纯,其实和社会一样,发展机会存在不公平的现象。有的人擅长人际关系,发展机会就多些,比如出去上课、比赛什么的,职位也提升得快些。""我们平时就待在班上,同事之间没有什么交流,今天谁来了谁没来我都不知道。""同事改行对我影响大,觉得她们都走了,只剩我一个。后面都是不认识的新老师,心里觉得孤落落的。"

还有幼儿园女教师过多造成的特殊的文化氛围:"我们园里无男老师,阴阳失调,导致有些老师性格失调。"

2. 领导风格

领导,特别是园长对幼儿园教师的发展起着重要的作用。

第一,领导的水平对幼儿园教师的发展起着引领的作用。教师们普遍认为:"老师的发展与幼儿园的状态、团队、核心人物有关,如果引领的人没水平,老师就会丧失信心,没有发展的劲头,工作也没效益。领导人既要能看到差异性又要有包容性。"

第二,领导的工作作风会改变教师的做法。有老师说:"我们领导喜欢凡事内定,玩政治,实行闭塞的沟通方式,让大家猜她的心思。如果大家意见与她不一致,就不拍板,再议议,吹吹风。这样下次选举,我们就都不吱声了。""有的领导透过事看为人,但有的领导看表面,导致有的老师就会当面表现、争宠。"

第三,领导的管理风格会左右教师的心理。有老师说:"从去年到今年,我心生厌恶,因为领导处于更年期,大方向上不抓,天天盯着小事,如显示器没关啦,插头没拔啦,开会晚到一秒啦。其实我们老师加班、用自己的钱为班级买东西……这些我们都不计较,但是领导看不到,却在小事上斤斤计较。"

第四,领导的个人喜好决定了他对教师的态度。有老师说:"我们园长喜欢专科生,对本科生不满。我以前挺有干劲的,会主动写论文,但不被园长认可,还批评、讽刺我是本科毕业的,写的还不如专科生。其实是她自己不懂,我很生气,现在就不写了。"

第五,领导的性格甚至让教师敬而远之。有老师说:"我不想待在园长身边,她老说你。本来老师做的是对的,按她的想法做反而出错了,但她是园长,就是这样的人,怎么办呢。""我们领导高控,不近人情。有次放学后,我班上的孩子都走了,但还没到下班时间,我儿子没人接,我就想去把儿子接来我班上等一下,而我不下班。我跟领导说了,领导就是不同意!我平时自觉加班加点,但是遇到困难就不受照顾,我感到很寒心。"

3. 幼儿影响

幼儿园教师职业的服务对象是3—6岁幼儿,这是不同于任一年龄段的特殊群体。一位有经验的教师描述道:"在幼儿园里,我们面对三十几个孩子,要眼观六路、耳听八方。小学生、中学生可以自理、自律,但是幼儿园孩子不是这样。特别是面对刚入园、对集体生活经验为零的孩子的班级管理,就是一门技术加艺术。"幼儿身心的娇嫩和心智不成熟给幼儿园教师带来了普遍的压力:"其他阶段的教师可以只管教育,而我们要保教结合,而且保育在前。幼儿园的孩子不像流水线上的产品,流水线上出了次品可重做,但是孩子的安全有突发性,防不胜防,而且伤害度大,没法逆转。"

另外,大部分幼儿园班级的幼儿人数过多,严重影响着教师的教育状态和职业感受。有老师说:"不带班的领导以为教育理念很容易实行,但现实中我们面对那么多孩子,就实现不了,上层还以为是老师不愿意去做。比如游戏化学单词,师幼比低的情况下,老师在地上放几张单词卡片,让班上孩子排成两队,通过游戏进行,没有问题。而我的班上有38个孩子,也排两队,只玩一轮20分钟就过去了,意味着一个活动课时就结束了。一个活动就玩一个游戏且只能玩一次,孩子有什么收获?"

4. 家长影响

因为幼儿园阶段的教育对象年龄小,所以在这个年龄段的教育里,家长介入较多。家长的观念和行为直接影响到幼儿园教师的工作。良好的家园互动对幼儿园教师的发展起着支持、推动的作用,而消极的影响因素也同时存在。

首先,表现在家长与教师的观念不一致。有老师说:"我刚工作那会儿,家长都是自己亲自接送,而现在的家长都是把孩子丢给别人接送,所以老师接触的更多的不是父母,而是爷爷奶奶或者保姆阿姨。90后家长自己都没长大,亲自带孩子的少。教师要用理念扭转他们很难。""现在的家长人群和以前不一样,以前自己奋斗得多,孩子也要靠他自己发展;现在'富二代'多,孩子以后的路家长都给铺好了,所以不把老师的话当回事。感觉与家长有代沟,他们不听你的。"

其次,家长对教师不信任。有老师说:"现在家长上网能看到很多知识,且盲目跟从,对幼儿园老师各种不信任。即使教师百分之百付出,家长也不认可。很多独生子女家长自己的思维模式决定了他们对待孩子的方式,年轻家长觉得自己比老师懂,老师说的话根本不信。"

在这种情况下,家长工作越来越难做。有老师说:"与家长在教育上无法达成一致,对同一件事的看法也不一样。如孩子之间发生矛盾,专家觉得这是孩子的经历,应给予他自己解决问题的机会。但是家长的想法是:'怎么回事?我孩子怎么被欺负了?你在干什么?'那么,这种情况让老师何去何从?""你觉得孩子问题多,想提建议,但对家长来说没有必要。比如我们班上有个孩子弄伤了人家孩子,还把人家孩子关在外面吓唬。我们找来家长,那个家长轻描淡写地表示知道了,也不道歉。又比如老师鼓励孩子早上早点到园,但是家长不配合,不把你这儿当教育机构,不把老师的话当回事。还有现在的孩子批评不得,如不肯吃饭,老师想教育,但是家长说'我们家的不吃就不吃呗',你能怎么办?"

家长甚至直接插手教师的职业发展:如果教师在业务上很拼,比如发表文章,去参加公开课、课题之类的,家长不支持,认为老师是在忙自己的事,必然不会对孩子好,年底的测评分数会打得很低。由于家长问卷会决定幼儿园的名声,于是一些幼儿园要老师想一切办法保证满意率百分百,否则就扣钱,以至于家长往往成为教师职业生涯中"压倒骆驼的最后一根稻草":"工作累的时候,又遇到家长来刁难,就想辞职不干了。"

(三)组织管理

1. 管理模式

管理的中心任务是对人的管理,管理上出问题必然会对教师的发展起到直接影响。在调查中我们发现,幼儿园管理模式上存在多方面的问题。

第一,管理思想上忽视教师的权利,经常出现"心理契约违背"现象(Robinson & Rousseau,1994):"进来时,园里有承诺给交五险一金,但是我发现没有全部兑现时,心就凉了。""幼儿园每工作2—3年就换搭班老师,每次换搭档说起来是双向选择,实际上只能被安排,教师没有选择权。""我们开会多,如教研活动、政治学习、科研学习、年级组会议、党员会议、临时会议……都是利用中午时间开,没有考虑过我们的休息权利。"

第二,管理程序上随意变更,让教师无所适从:"换一个领导,一些决定、规则就变了。我觉得幼儿园的领导应该加强管理培训,领导对管理不懂的话,下面的老师就受罪。"

第三,管理制度过于教条,忽视教育本质:"我们现在实行刻板的作息时间,比如原来老师可以根据自己班上的突发事件,跟孩子说说话,迟几分钟出去锻炼也没事,但是现在如果一个孩子迟出去,老师就会遭批评。又如吃饭时倒饭很多,以前没有这种情况,孩子剩下的老师吃,但是现在规定孩子的东西老师不能碰。这样其实就是一边讲节约,一边浪费。"

第四,管理工具上过于追求现代化:"我们的通知都改在校讯通上发,比如培训通知,让大家报名,先看到的人先报。但我们要带班,不可能天天抱着手机看。好几次等中午小朋友上床再看到通知时,报名人数已满了,报不上了。"

第五,管理形式上整齐划一,没有考虑到特殊性:"我们集团下属很多园,规定每个园使用一个图书馆。有的幼儿园有九个班,使用一个图书馆,很宽裕;而有的幼儿园有二十几个班,也使用一个图书馆,班级怎么轮流?那么多孩子多久才能轮一次?"

第六,管理程序上就繁不就简:"幼儿园越大,设置的副园长越多。但是人越多,分歧越大,一件事情不同园长有不同意见,这让下面的老师无所适从。"

第七,管理技法上僵硬生疏,不能为老师排忧解难:"我们班有个多动症孩子,你知道有特殊儿童的班级与无特殊班级儿童的班级比,老师的痛苦程度吗?因为班上孩子人数多,老师无法照顾,但是多动症儿童又有破坏性,老师只能把时间都花在维持常规上。我们去美国学习,发现有多动症儿童的班级会配一个老师专门陪他在集体里学习、生活。我向园长提出,园长竟然让我上班解决不了就周末到她家去单独指导!"

这样的管理模式下,幼儿园教师有问题不敢提:"越提越倒霉,最后解决的不是领导而是老师自己。"沉重的负担加身,极易引发高原状态。

2. 工作特点

总的来说,幼儿园教师的工作环境相对封闭,需要处理的事情多、花费的时间长。

首先是事情多。研究者通过实地观察,记录了幼儿园教师每天要做的事情,内容异常琐碎。除了正常的带班,教师们要写半日计划、周计划、月计划、观察记录、教学笔记、每月案例、每学期新闻、每年论文、各种总结,参与课题研究以及申报课题,制作墙饰、教学具,创编班级特色活动,带徒弟,安排家长工作,接受园长临时安排下来的任务,接待工会或专家团的检查,应对各项评估,接受姐妹园交流参观,实行对外开放,等等。而且每一项工作的要求都不简单,比如投放区域游戏材料,不是简单地摆放一下就过关了,而要考虑是否与孩子的已有经验相联系,是否与正在实施的课程相联系,是否传达了专家理念,是否展现了园本文化,是否符合整体性美观等。还有个实际困扰是各行业插手培训,有教育部门安排的,也有出版社、培训机构安排的,这对幼儿园教师来说就意味着要增加很多的接待任务。而且以往的培训接待由幼儿园自主安排,但现在要按对方的时间随时开放,提供"菜单式服务"。在调查的园所里,有一家幼儿园一周三天都有各种培训班来参观,教师原有计划被彻底打乱。园长也面临同样多的事情:对内,园长要层层布置,谋篇布局,安排别人做的事都要事先在自己脑子里过一遍;对外,园长要代表幼儿园跟各个层面搞好关系,从各级领导到瓦匠小工都得打交道。有教师笑谈:"领导指派园长,园长指派老师,老师只能指派小朋友,但是小朋友又不听我们的!"

其次是时间长。因为带班已把一天时间填满,教师要准备这些事情,只能在工作时间之外,占用自己的私人时间。《中华人民共和国劳动法》第36条规定:"国家实行劳动者每日工作时间不超过八小时,平均每周工作时间不超过四十四小时的工时制度。"但是幼儿园教师的实际工作时间远远超出这些标准。特别是在民办园里工作的教师,往往早上7:30前就得到岗,晚上5:30下班。如果班上有一个孩子没走,教师就不能走。中午时间被用来开会学习,寒暑假被用来正常开班,因为民办园出于盈利考虑不能让房舍空下来。在调查过程中,研究者有一次走进一家幼儿园时,园长正在指挥教师们搬运东西,这些东西要运到展览场地,参加某幼教培训机构牵头举办的幼儿创意美术作品展。说起来是幼儿作品,实际上花费了教师大量的时间,全园近两个月来都在忙这件事。而到了双休日的时间,教师还要组织亲子活动,需要联系车子、饭店、游乐项目等,负责全班家长和孩子的安全,而这样的加班是没有加班费的。

有教师感慨:"做幼儿园教师真的很累,只有做了才知道,外人无法体会。各种各样的杂事琐事,一件也马虎不得。不但身体累,还心累。"怎样让教师们减负,哪些事是必须做的,哪些时间是可以省的,这既是一个管理问题,更是一个值得全行业关注的问题。

三、透明玻璃罩——社会因素的影响

(一) 制度体系

1. 社会变迁

布迪厄指出,社会是人存在的依托。社会学家孙立平认为,幼儿园教师群体生存困境面临的是结构性困境,与经济增长和社会发展之间出现断裂有关。[①] 幼儿园教师面临的一个发展悖论是:幼儿的主体地位不断攀升,教师的社会地位却日渐低迷;国家的培养规模不断扩大,教师的整体素质却日益滑落。这跟社会变迁有着密切关联。

幼儿园教师的培养和发展在近十几年间发生了巨大的变化。以往的幼儿园教师主要由专科学校的毕业生充任,他们都曾以优秀成绩考上师范学校,对做教师怀有一腔热忱,素质高,能力强。这群人现在大多已在幼儿园起到中流砥柱的作用,成为幼儿园的中坚力量:"我们考幼师时都是好学生,当年幼师不好考。现在幼儿园教师社会地位低,家长不让孩子学。学校招不到人,考试就更不严格,以前笔试前要面试,专业不合格不让报,文化课不合格不让毕业,现在不需要。'不行就去考幼师'成了家长的口头禅。"对于新招的教师,一些园长评价道:"当中专分数比高中高时,培养出来的幼儿园教师职业道德都很好;中师和幼师取消后,分数低的学生进入幼教行业,以至于我们招来的小老师还写错别字,专业性不高,秉性也很难改。有些小老师 17 岁从技工学校毕业就来幼儿园上班了,基本素质达不到要求。她进来不是想着好好干,而是问'给我多少钱'。"随着高校扩招和学历提升,专科学校纷纷撤并或升级,本科学历的教师成为应聘的主力军,但是教育质量并未随之提升。园长们纷纷反映:"现在幼师招生太滥了,什么学校都设学前教育专业,但是教育质量上不去。""我们有四个分园,都感觉对新老师的指导费劲。以前院校实习时,大学老师会跟着学生评课、看课,现在学生太多,老师不管,也管不过来。""院校教给学生的是知识,与实践需求脱节,或者该教的都教了,但不达标,专业技能培养不到位,要求放松了,导致学生基本素质差,也不重视专业情感的培养,学生不爱学这个专业,培养出来也容易辞职。"

2. 评价标准

首先,幼儿园教师的评价者是谁,这是一个在实际中困扰教师的问题:"往往出现家

---

① 王海英."幼儿园教师现象"的社会学分析[J].幼儿教育(教育科学版),2009(3).

长、专家、领导的诉求不同甚至相反,但他们都有权力评价、考核老师。遇到矛盾的时候,一线老师被夹在中间,疲于奔命。""专家是站在学术层面的,而老师遇到的问题是全方位的,真正制约现实教育行为的不是理想层面的专家,而是有最终评价权的官员,所以老师不得不把学术要求排在最后一位,这就是让专家困惑的——为什么培训没有用、为什么老师该怎么做还怎么做的——真实原因!"

其次,评价以技能、教科研为导向,出现了一些误区:现实中大量的园长在招聘教师时仍然以考核技能为主,甚至一些具有引导作用的"省师范生技能大赛"的项目也着眼于纯粹的画画、弹琴等技巧比赛。搞教科研也不是以实际效用为基准,而是关注名头、名衔:"我们园长不理会民间团体,只认可省规划办的课题。虽然省陈研会对教师的指导很专业、很实用,但是整个区没有幼儿园报省陈研会的课题,因为对评职称无用呀,省规划办的课题才有用。""我们园有一位老师,专业能力非常好,但是因为不擅长写论文,所以一直评不上职称,只能当配班老师,虽然全园的老师都抢着跟她配班。"

再次,评价的指标选择上,幼儿园的工作业绩具有模糊性:"中小学的考核看分数,但是幼儿园看什么呢? 幼儿园教师情况与其他专业技术人员不同,比如医生,不能做手术就不能,评价指标很明确,但是幼儿园教师的专业技能外显差别不大。而且教育行业还有个特点——积累的经验不是永远有用的,即使把这届孩子摸得再透,下一届孩子又不一样了,教育要求也不停在变。"

最后,评价的要求不一、标准多变,给教师们带来很多烦恼。比如:"做玩教具时希望老师多做多创新,年终评节约型单位没评到,又怪老师材料用得太多;检查环境时希望环境越丰富越好,检查卫生时又希望东西越少越好;开展运动时要求向安吉学习,要花样多、敢放手,一旦发生安全事故又怪老师照顾不周,没有预见性;一日环节中要求老师按部就班,不得随意更改、拖延时间,如果晚一会儿出去户外活动,就会说老师没有遵守作息,但是家长在问卷里反映孩子没有获得等待的机会,又怪老师没有照顾能力弱的孩子,缺失个性化教育。你说让我们怎么做?"

3. 职称制度

在职称制度方面,幼儿园教师的考核标准高而且高职指标少。幼教职称评选本身具有一定特殊性:学生的成绩、升学率可以成为中小学教师教育成果的证明,但是幼儿园孩子不具有这些成果,使得幼儿园教育成效没有立竿见影的表现。因此,评选标准的选择就是个难题。

在现实中,幼教中级职称以上的评选是以发表的论文、参与的课题、开过的公开课、参加的比赛获奖等作为标准,这对普通幼儿园教师来说有很多困难:"我平时整天带班,下班还要做教具,哪有时间写论文?""职称论文要经论文评审小组审核,特别是我们这种大学附属幼儿园,要跟大学教师一起参加学校高评委的审核,因此我们写的文章很难通过。"

除了能力之外,还存在机会不公平的现实问题:"评职称需要主持课题,但是一个普通老师怎么组织一帮人搞课题呢? 高级别的课题都会找园领导参加,不会找普通老师参加。""公开课是大家研究出来的,都是群策群力磨出来的。原课可能是一个老师编的,但是这个老师要是教态、形象不行,就得让别人上,因为这是代表全园甚至全区的形象。平时即使苦干,也不一定有机会展示。""正高职称只有领导才能评,以前中高这一级别实际上对教师是不开放的,只对园长倾斜,因为只有园长才能在省级及以上课题项目书上署名。"

而名额方面,与中小学教师相比,幼儿园教师明显不占优势:"小高名额以正式编制教师人数来给配额,因此我们园出现过同时三个人够到标准,但只能投票让一个人评的情况。""现在评职称竞争越来越激烈。我们园有一个老师退休,空出一个高级职称,但有十个人想评。""我目前追求的下一个职称是中学高级教师,但是这个职称是非常难评到的,目前我们幼儿园只有两个老师评上(园长和副园长),所以现在的我对待职称只能说是顺其自然吧。"

另外,对于民办教师而言,评职称更是难上加难:"公办有职称名额,我们外资园没有。评职称首先需要教师资格证,我从公办园带来的教师资格证要重新审核才有效,但是外资园不被纳入审核范围,所以我的职称证书就失效了。""评优评先、教学能手、教学新秀等这些机会,给予民办园的名额太少,老师得到的荣誉自然就少,那就意味着没法评职称。"

值得一提的是,除了无奈放弃之外,还有教师意识到评职称与本职工作的冲突,从而主动放弃:"评职称是要开课、写论文的,这些都要花时间。但我们的本职工作是带孩子,如果花精力只为了个人发展,带班时间就少了,所以我不想评了。"

4. 法制保障

幼儿教育阶段是我国学制中尚没有专门对应法律的阶段,幼儿园教师缺乏维权意识和维权能力,因此,地位、权利等无法得到相应保障。具体又分为两种情况。

第一种情况是,面对损害自身利益的做法,没有可参照的法规制度,幼儿教育法律地位低。现实中处理学前教育问题的依据主要以政策性文件和法规为主,其次为领导人报告、讲话、题词,再就是其他有关文件和法律。规章文件只管一时,必须要有立法层面的保障。教育法律是由国家最高权力机关或专门的立法机关制定的教育规范性文件,又分为教育基本法律(如教育法)和教育单行法律(如学前教育法)。需要影响广泛的、制度化、长效化的学前教育法律法规，才能避免随意性和人为因素干扰，保证整个国家学前教育的长远发展，簇生更多有利于学前教育发展的政策和措施。1993 年《中国教育改革和发展纲要》提出"加快教育法制建设，建立和完善执法监督系统，逐步走上依法治教的轨道"。国家四个学制阶段中，除了学前教育，其他阶段相关法律都已出台，如《中华人民共和国教育法》《义务教育法》《职业教育法》《高等教育法》。直到 2021 年，才出台《中华人民共和国学前教育法（草案）》。在该草案出台前，虽然已有相关的部分规章，但是在最高立法程序上仅位居我国法律中的第四层次，如《幼儿园管理条例》《幼儿园教育规程》等，造成地方政府在学前教育管理、经费投入、教师待遇等方面出现问题时面临无法可依的状态。如某地教育系统实行"　日捐"做法，即每年要求幼儿园教师捐款一次，直接从工资扣钱，根据职称从高到低依次扣 180 元、120 元、80 元，这些钱捐出去做什么用，教师们不知道，没人跟他们解释，也没人征询他们的意见。如果发生师资纠纷，幼儿园教师更是沦为毫无反抗能力的牺牲品。如 2014 年某市区教育局直属园发生了数百名在编教师一夜"失编"事件，这引发了当地优秀教师的集体跳槽和转行："我们都是当年正式考编进来的，招聘通知上写得很清楚——'有编制'，但是干了十几年后，我们的待遇竟然得不到任何法律保障，突然的口头通知，说没有就没有了。最后的解决办法是教育局让我们跟幼儿园签合同，由幼儿园答应我们退休后享受公办教师待遇。教育局还强硬地表示，如果不签就走人。连当年教育局的承诺都能作废，幼儿园的承诺是否能兑现，谁还相信？"类似的事还有："我们园是当地实验幼儿园牵头办的国际学校的一部分，我原来是实幼有编制的老师，工作两年后，当时的市长推行教育国际化，引进国际学校，进行国际股权分配。我就到了这家园，等于从公办园被调到公有民办园。随后当地政府下令不允许幼儿园公有民办，要么改公，要么改私，因此我们园就被撤销了。我们当地这种情况的老师有一百多人，政府承诺我们退休后享受公办退休待遇，我的教师档案被放到外国语学校去了。现在我也不知道我属于不属于编制内教师，很混乱。以后能不能真的享受公办退休，谁知道呢？"从而引发了幼儿园教师的信任危机。

第二种情况是，有相关制度文本，但是得不到有效执行，学前教育法律力度不强。教育法架构包括：宪法、教育法律、教育行政法规、地方性教育法规、教育规章、教育条约和协定。

与幼儿园教师有关的政策法规有《未成年人保护法》《教育法》《中华人民共和国学前教育法（草案）》《关于幼儿教育改革与发展的指导意见》《国家中长期教育改革与发展规划纲要（2010—2020 年）》《关于当前发展学前教育的若干意见》《中国儿童发展纲要（2011—2020 年）》《幼儿园管理条例》《幼儿园工作规程》《幼儿园教育指导纲要（试行）》

《3—6岁儿童学习与发展指南》《幼儿园保育教育质量评估指南》《幼儿园教师专业标准（试行）》《托儿所幼儿园卫生保健管理办法（草案）》《托儿所幼儿园卫生保健工作规范》《关于加强民办学前教育机构管理工作的通知》《关于改进和加强学前班管理的意见》《学前班保育和教育的基本要求（试行稿）》《中小学幼儿园安全管理办法》《托儿所幼儿园建筑设计规范》《幼儿园标准设计样图》等，但是由于自身法律意识淡薄或被管理层有意回避，幼儿园教师往往很难运用法律武器帮助自己。如妇女的生育产假，国家有明文规定，受到法律保护。但是实际上，幼儿园教师的二胎产假时间往往不按规定执行。调查中发现，即使在某发达地区最好的一家公办园，教师们的顺产假期也被削减为98天，剖宫产假期被削减为98天加15天，头胎享有的寒暑假顺延时间被取消。更为常见的是，一旦发生家园纠纷，舆论往往一边倒地将责任推到幼儿园教师身上，还有的幼儿园为了做好家长工作或避免纠纷而安装摄像头，使得教师处于"全景敞视"监控之下，在"权力毛细渗透"的规训中工作。[①] 访谈中，教师们认为："我感觉我们现在哪是老师啊，说得不好听就是高级保姆，我们尽心尽力去带小朋友，结果还是有些家长没有事找事，为难老师，就知道我们幼儿园老师不敢怎么样。"由于缺乏对幼儿园教师的保护，一旦出了问题，只要家长投诉，最后都以教师屈服低头、赔礼道歉作为终结，没有部门出面维护教师的权益。如最高人民法院《关于贯彻中华人民共和国〈民法通则〉若干问题的意见（试行）》第160条规定："在幼儿园、学校生活、学习的无民事行为能力的人或者在精神病院治疗的精神病人，受到伤害或者给他人造成损害，单位有过错的，可以责令这些单位适当给予赔偿。"未成年人保护法也有相关规定，学校器械导致的伤害，学校也要承担责任。但是实际上，"我们园不遵守这些法规，出了事，园部一律不管原因，让老师承担所有责任，跟幼儿园没关系，园部只是补贴50元给老师，让老师自己买营养品去看望孩子。比如我们园跨栏上的橡胶皮包脚脱落了，有一次孩子跨栏时把栏碰翻了，包脚处露出的坚硬的铁皮戳伤了孩子的肚子。这属于器械老损，没有及时更换和维修，按国家文件，应该是幼儿园的责任，但是仍然让老师赔偿家长。"调查中还了解到一个极端的例子，有位教师把家长当知心朋友，讲了一些事情，但是家长把教师的话偷偷录下来，成为到园长那儿要挟的理由，对此，园部没有维护教师的隐私权，反而责罚该教师以息事宁人，让她既痛心又寒心。在种种失约、失信甚至失望的境况下，幼儿园教师职业发展的停滞也就不足为奇了。

---

① ［法］米歇尔·福柯.规训与惩罚[M].刘北成，杨远婴，译.北京：生活·读书·新知三联书店，2003：219－255，227.

（二）社会支持

总体而言,当前围绕幼儿园教师的支持体系仍是自上而下的供给导向,而不是自下而上的需求导向,这些不足以具体的形式影响到幼儿园教师的发展。

1. 财政支持

曾经,在国家总体教育财政投入有限的情况下,幼儿园财政性投入经费总量明显不足,学前教育经费往往得不到保障,甚至常常被挤占。一些地方政府只能保证将有限的经费集中往优质园中投,财政困难的地方干脆将幼儿园卖掉,来优先保障义务教育发展。小学会堂而皇之地将附属幼儿园的收费用于小学老师的福利支出,评职称名额也会先紧小学教师使用,财政分配增援上不得力。在《国家中长期教育改革和发展规划纲要(2010—2020)》政策文件颁布以前,政府对小学、中学、高校的财政性投入经费分别是幼儿园的 26.4 倍、22.3 倍、16.0 倍。从教师来说,切身感受体现在与平时工作相关的点点滴滴,如拨款方面:"幼儿园不能随意支出,连电脑都要政府统一采购,没有自由支配的资金,连培训都无钱报销,我们连花三四千元请专家来一趟的费用都嫌贵,老师们怎么发展? 我们跟教育文体局要不到钱,即使多报预算,多要来的钱也是要还的。"在硬件支持方面:"我们这里的区域活动为何搞得不好? 老师们不敢讲。在现有条件下搞区域活动意味着老师要天天抬很多张桌子、柜子。我们有一个老师总是不在活动室中间布置区域,园长过来说她,专家也过来说她。其实这个老师不是理念不对,而是人多地方小,如果布置区域,就意味着中午抬床时还要抬柜子。可是就算讲出来,园长又能怎么办呢? 园长权力范围也很小,变不出房间,也不能减少班额,最后还是老师自己痛苦。"

2. 人力支持

人力支持保障不力。幼儿园师幼比过大,不仅对幼儿发展有影响,对教师发展也存在影响。据教育部教师工作司资料显示,全国师幼比为 1:21.97,城区为 1:15.9,镇区为 1:23.59,乡村为 1:36.24。教师人数配备远未达理想标准,按照每班配备两教一保的标准,只有广东省基本达标,山东、内蒙古、浙江宁波、福建四地在教师配备上接近达标,上海和内蒙古在保育员配备上接近达标,其余地区均未达标。[①] 调查中了解到,有的幼儿园由于幼儿多、空间有限,每天午睡只能让幼儿轮流睡,一半幼儿在幼儿园睡,一半幼儿回家睡,下午再送过来,给教师平添了许多麻烦和责任。对孩子投入少,对教

---

① 虞永平,等.现象·立场·视角:学前教育体制与机制现状研究[M].南京:南京师范大学出版社,2015:106-108.

师投入更少。开展教育活动时,很多事情都靠教师自己想办法。平时遇到困难时,更是不知道从哪里寻找支援。一位刚刚经历暑假装修搬家的教师说道:"二十几个箱子都要我们自己扛,塑封机、纸箱、捆绳等都要我们自己买,没有人想到给老师支持。"

3. 培训支持

幼儿园教师培训的目的正是促进教师持续发展,而培训中存在的问题会给教师的持续发展带来哪些影响? 就调查得到的问题而言,可以归纳为经费、管理、师资、机会、时间、内容几个方面。

在经费方面,培训经费不足的掣肘:"我们幼儿园有 50 个教师,每年拨给我们的培训费为 50 万元,平均每个人只有 1 万元,而现在培训费用水涨船高,这点拨款是不够的。我们聘请专家来园的费用一再被裁减,如去年我们申请 9 万,但是批准下来只有 3 万,今年又被缩减为 2.9 万。给的费用过少,哪有专家肯来呢? 更何况我们希望请来的专家能长期来、经常来,否则请来做一次讲座是没有用的。"

在培训管理方面,上层规划和幼儿园执行方式之间存在衔接问题:"规定每个老师每年要接受 72 学时的培训,这 72 学时分成 4 块,且规定分量,互相不能代替——幼儿园业务学习学时最多占 20%,市级教研学时占 40%,区级教研学时占 30%,其他最多占 10%。幼儿园只许每个老师参加一个教研组,而且去哪个组都是领导决定的,不能自选。有些教研组能拿到的学时是不够的,只能靠网上学习,而网上学习又有名额限制。因此老师的学时往往凑不全,只好到处打听哪里可以开培训证明。"

在培训师资方面,没有严格的资格限制和标准把关:"培训效果不好的原因之一是请来的专家没有把精力放在准备内容上,一个讲座讲几年,不同场合听到的内容竟然一样! 现在专家多了,即使不是学幼教出身,只要搞教研,就算专家,就来给你培训。"

在培训机会方面,民办园明显低于公办园,给予民办园教师参与培训的机会很少。而民办园的办园者由于缺乏持久的培训意识,不愿意在教师培训上花费财力和精力,即使一些民办园把培训当作福利提供给老师,教师却不一定领情,还把培训看作负担。

在培训时间安排上,占用教师的休息时间,又不能给予调剂周转:"我们外出培训回来还要连班、还班,周末更是没有了。网络培训还不能利用上班时间,要另外占用自己的业余时间。"

培训内容的问题最多,包括系统性缺失:"现在的培训缺乏对教师专业成长的系统研究,讲座、培训对专业成长有多少用呢? 有多少能在幼儿园操作的呢? 反而不如专家型教师在园引领有效。"全面性缺失:"培训只重视技能技巧,缺少道德、修养、精神层面的培训。"层次性缺失:"有的培训内容对工作 5~8 年的老师有用,对工作 10 年以上的不适用,但是叫我们所有老师不分教龄段一起听。"专业性缺失:"有一次我参加的培训规模很大,共 135 人,但是培训的内容完全没有幼教专业性。选择参观的幼儿园也不是根据培训目标来的,而是随便找了一所小学校长管理的幼儿园,该校长甚至对着我们说:'幼儿园还不好管啊!'"贴合性缺失:"省教育厅搞了项培训,是澳大利亚与我省合作的项目,让澳大利亚老师来教我们。10 年前他们是先进的,但现在没人愿意听,因为还停留在教大专技能法上。2006 年我就亲自去瑞吉欧学习过了,但他们现在还在转述瑞吉欧的皮毛知识,谁还听呢?他们对我们老师的情况不了解,文化衔接上有问题。上午带着翻译讲一上午,下午点名讨论班务,老师们感觉什么都学不到。这样的培训拖了我们一个月,最后出现有的幼儿园一周换一个老师来听,下午没人上课只能排节目。"灵活性缺失:"参加的市数学组一学期只搞两次活动,而且必须用指定的教材,培训中选择的都是常规课,即使老师都会的也要再讲一遍,没有任何调整,对我们一点提高也没有。"

在这种情况下,往往出现教师不把培训看作促进自己发展的重要因素,而是消极对待:"培训主要都是凑学时的,觉得学不到东西,因此往往只报名去近的地方待上一天。不想去培训,我们就成天在班上,成长靠自己。"

(三)社会地位

1. 经济收入和劳动价值反差大

幼儿园教师首先是通过劳动来换取经济收入的职业,这是其无法摆脱的常人身份,因而面临着常人的需求和烦恼。幼儿园教师本身非高收入职业,有教师提到:"上网随便搜一个职业,月薪都是 5 到 8 千,再搜一下幼儿园老师,只有 2 到 3 千。保姆工资是多少?保姆只管一个孩子的吃喝拉撒,我们要管三四十个孩子的吃喝拉撒,更重要的还要保证教育质量!保姆不用担心自己的论文是否能通过,不用写那么多书面材料,不用关心教室的环境是否布置得漂亮吧?即使跟同行业比,如加个班,中小学老师能拿 100 元、200 元,幼儿园老师只能拿 50 元。""我们的教龄补贴,已连续 30 年都是每月 10 元,没有增长!"

目前从事幼儿园教师职业的大部分是女性,不是家里的经济支柱,因此家庭经济需求没有成为她们工作的动力。如调查中有教师反映:"我们园是当地最好的幼儿园,老师们家庭条件都很好,不指望当幼儿园老师能赚钱,有的老师连工资卡上发多少钱都不知道。园里没人想当年级组长,工作就是等退休。""从职务上说,领导工资和我的工资一样多,所以我无所谓提升还是不提升。""当园长也就是每年多一两万元,没意思。""每级职称相差50—100块钱,所以评职称没有动力。""实行绩效工资后,做多做少都一样,干吗拼命?"而在民办园里,这个因素直接成为离职的重要原因:"我们这里的小姑娘来当幼儿园老师,在乎的是能不能买得起苹果手机。当看到她的同学或同伴在商场站柜台,工作比她轻松,拿的钱却比她多,心理不平衡,就走了。"

2. 角色身份与话语权不符

幼儿园教师缺乏专业话语权,偶尔的声辩也如同韦伯笔下"轻飘飘的斗篷",落于无声的寂静处。在调查中,幼儿园教师普遍认为,这个职业属于服务行业,而不是教育行业,没有专业话语权。社会的惯性思维往往以为小学的学习内容比中学容易,中学的比大学容易,幼儿园自然就是最容易的。于是,人们认可持中学和小学教师资格证的人教幼儿园,认可中小学富余的人员拨调转岗来教幼儿园,认可面向社会招考外专业的教师来幼儿园,却没有重视和强调幼儿园教师的特殊性与重要性。在教科研成果方面,也遭到教师主流文化轻视,难以融入教师科研圈,如整个学前教育类核心刊物至今只有一种,与全国幼儿园教师的数量比例极不相称。

虽然《幼儿园管理条例》和《幼儿园工作规程(试行)》明确规定:"各级教育行政部门要认真履行职责,充分发挥在幼儿教育方面的综合管理作用。要有一名责任人分管这项工作,建立和健全管理机构,配备和充实有一定政策水平和行政管理能力、懂专业的行政管理干部。"但是,行政部门专设学前教育管理机构和人员的非常少。据中国教育科学研究院调查显示,只有北京、天津、辽宁等少数省(市、自治区)专设了学前教育管理机构,地级市、县(区)有一半以上没有专设机构,1/4的地区不仅没有专设机构,而且没有专职学前教育管理人员。[①] 一些省份开始实行由政府分管部门牵头,教育、发改委、国土、物价、工商、人社、编办、财政等多个职能部门分工合作运行机制,即"学前教育联席会议制度",这种制度使得幼儿园对应的管理口径增加了,但是协同合作机制未有效建立,造成老师们在很多事情上身不由己:"领导难道不知道应该让老师跟班上的孩子待长一点吗? 但是没办法,上面各级、各层面下达的任务必须完成。上面有很多口子管幼儿园,开会都要求园长到场,园长时间不够用,有时候每周四整个上下午都在外开会。不去就被批评,所有口子都认为自己最重要。以前我们的老园长天天在幼儿园里琢磨教育,而现在有几个园长能天天待在幼儿园里呢?"

在如上的角色身份待遇下,部分幼儿园教师禁不住感慨道:"整个社会都觉得幼教是小儿科! 同样是英语老师,幼儿园英语老师似乎就矮半截,因为简单吗? 幼儿园体育

---

① 中国学前教育发展战略研究课题组.中国学前教育发展战略研究[M].北京:教育科学出版社,2010:18.

老师更是矮大半截,因为幼稚吗?幼儿园保健老师不被重视,因为无足轻重吗?学得最多,付出心力最多,被要求最多,社会却可以随便对我们怀疑、批判。身体的辛苦在其次,心里憋屈是最重要的!"

3. 社会要求低端走向

由于泛市场经济意识侵蚀教育领域,社会对教师工作的要求繁多且随意,幼儿园教师缺乏对社会要求的专业引领,反过来被裹挟跟从。"特色"影响着幼儿园的生源、收入,虽然主流特色在专业领域内被认可,适合孩子,但是在市场上不利于推广,很难吸引到家长,一些幼儿园不得不去开发顺应社会要求的"特色"。于是教师被要求辅导幼儿参加画画、表演、英语等比赛,写新闻、写微信短文、更新网站图片……这既对幼儿园教师的工作时间、精力、能力产生了额外的要求,也使得有教育理想的教师感到矛盾和痛苦。

从教育领域来看,幼教界的改革力度最大,用教师们的话形容就是"经常刮风,且风向多变"。不断更新的理念、不断变化的教育模式使得一些教师产生了发展障碍和畏惧心理,跟不上社会对幼教大力发展要求的步伐。社会要求幼儿园教师音、体、美、劳全面发展,还特别提出了艺术方面的要求,这种要求全国一刀切,不分地区不分层次,给教师们带来了普遍压力,感到幼儿园教师越来越不好做。在调查中,教师们反映:"专业上恨不得我们音、体、美、劳全面发展,本来幼儿园艺术成分就大,现在还要加大考核力度。比如教师专业技能大赛,以前只有单个项目,后来赛三项,现在要求十项!"访谈中有教师感慨道:"不要逼迫老师,老师也是人,不是神,不可能全能!"令人无尽唏嘘。

4. 媒体形象被轻视

媒体对幼儿园教师的宣传单一、刻板,甚至有失偏颇。幼儿园教师的媒体形象往往只是快乐地带领孩子唱唱跳跳、画画玩玩的人。其实,幼儿园教师具备的专业素养远超民众的印象,除了绘画、钢琴、舞蹈等艺术特长之外,还需要专门的保教专业技能。调查中幼儿园教师总结道:"别的阶段的老师只需要考虑怎么教,我们还得考虑教什么。"

但是,近年来多种负面新闻报道将幼儿园教师的社会形象推向岌岌可危的状态,大大矮化了幼儿园教师在人们心目中的地位,幼儿园教师往往成为舆论靶向和社会戕害的替罪羊。"中国新闻网"(https://www.chinanews.com.cn)近十年来有关幼儿园教师的新闻报道数量显示(见图 7.1),幼儿园教师在媒体中的受关注度并不稳定,波动中呈现下降趋势,且几次上热搜均是由于负面新闻,如 2012 年温岭虐童事件、2017 年红黄蓝幼儿园虐童事件。根据报道性质分类统计(见图 7.2),近十年中有关幼儿园教师形象的新闻报道共计242条,其中正面报道有78条,占比32%;负面报道有148条,占比61%;中性报道有16条,占比7%。负面报道偏多,具体集中在虐童事件舆论发酵的2012年至2018年间。媒体报道构建了一种高度连贯和相互印证的新闻风向,形成"沉默的螺旋"[①],强化了大众对幼儿园教师片面、偏颇的印象。

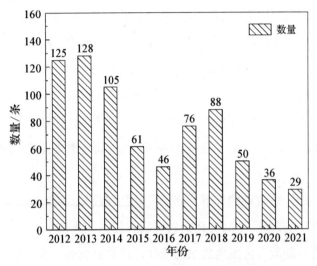

图7.1　近十年"中国新闻网"有关幼儿园教师的新闻报道(2012—2021)

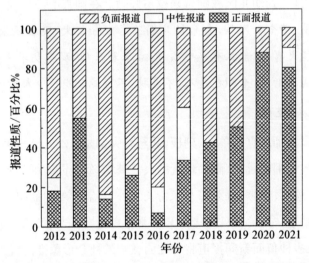

注:正面报道主题有关爱幼儿、行为榜样、乐于助人、勤劳善良等,负面报道主题有虐待、辱骂、殴打、不负责等,中性报道主题有招生信息、招教信息、机构政策等。

图7.2　"中国新闻网"新闻报道中幼儿园教师形象性质比较

---

① 李月起,蒋年韬."沉默的螺旋"理论与舆论引导[J].青年记者,2017(8).

　　研究者在调查中遇到一件事情:有个家长发现孩子腿上出现了淤青,就猜疑是带班教师掐伤的,即使在法医和公安机关都没有肯定这种猜疑的情况下,家长仍然诉诸媒体,大肆宣传,导致带班教师不得不停职。这位老师已有十余年教龄,是区骨干教师,但是"这么一闹,这个老师的职业生涯就完了,还有谁愿意把孩子送到她的班上呢",同事们都这么叹息。这种不理解、不信任、以偏概全、以偏攻偏,迫使幼儿园教师长期处于主流媒体边缘,缺乏行业自主和职业自信:"出了问题,都是老师的错——老师不够细心,老师观念不对,老师培训不够,老师没有眼到、手到、心到……如果一些事情是个别现象,那是人的问题。如果整体有问题,那就一定不是人的问题。"但是媒体的参与往往不是遵循解决问题的思路,而是遵循问责思路,不管谁的错,责任的板子最终都打在幼儿园教师身上。

　　在舆论暴力之下,幼儿园教师的职业情感投入日渐减少:"我不会让我的女儿长大后当幼儿园教师! 因为这个行业是服务行业,与中小学教师不一样,要花费很多精力,但是又不落好。在教师体罚儿童的负面新闻背景下,围绕我们的都是怀疑、不信任的眼神,谁都可以来指责我们,求全责备,却没有人来肯定我们的好!"

第八章 "绽出"的自由

——幼儿园教师职业发展高原的改善路径

研究者认为,如果矛盾的解决只是停留在思维中的解决,而在实践中无法落地,则这种超越现实的"应当"最终只是可望而不可即的理想。"这样一种公设仍然让矛盾原样持续存在着,只提出了一种抽象的'应该'以求解除矛盾。"[①]因此,本章尝试通过田野调查、深度访谈,采撷数位发展较好的特级教师和优秀教师的宝贵经验,并从多学科中遴选合适的理论作为论述支撑,努力使理论与实践既符合思维逻辑,又实现自洽对接,从而提炼出适宜的改善路径。

既然职业发展高原的形成有着一个渐进的过程,各种影响因素也以累积渐变的形式作用于教师发展,那么,改善路径的设计也应该发挥预防加缓解的疗效,而不是一个单纯抛向高原尽头的锦囊。标题借用了海德格尔的"绽出"(ek-sistent)一词,正是想表明,教师的发展本应该是自由的、敞开的状态,正是由于层层遮蔽导致了高原现象,而改善路径是对教师的解蔽,希望其回归海德格尔笔下的"绽出之生存",重获"海阔凭鱼跃,天高任鸟飞"的发展自由。

一、打破行为窠臼——微观提升路径

(一)规划职业生涯

幼儿园教师是一个职业人,职业人的发展有着自身的规律。放眼世界,"职业生涯"的概念早已从在职经历拓展到职业全程、家庭生活甚至生命周期。如沙特列(Shartle)认为职业生涯是个人在工作中的所有经历,[②]罗斯维尔(Willian J Rothwell)和斯莱德(Henry J Sredl)将职业生涯与工作相关的行为、态度、价值观和愿望联系起来。[③]舒伯(Donald E Super)将职业生涯扩展至生活中各种事件的演进方向和历程,统合了一生

---

① [德]黑格尔.哲学史演讲录(第四卷)[M].贺麟,王太庆,等译.北京:商务印书馆,1997:325.

② [美]斯蒂芬·P.罗宾斯.组织行为学[M].孙建敏,李原,等译.北京:中国人民大学出版社,1997:5.

③ 孔春梅,杜建伟.国外职业生涯发展理论综述[J].内蒙古财经学院学报(综合版),2011(3).

中各种有酬或无酬职业和生活角色,如学生、退休人士、公民角色等。① 基于这种理解,在漫长的职业经历中,在诸多因素的影响下,主体规划就显得尤其重要。如果缺乏自我规划,不能成为一个自主的掌舵手,就可能耽搁、徘徊于职业发展高原之上,茫然不知所终。

职业生涯规划指的是个人结合自身情况及眼前制约因素,为自己实现置业目标而确定行动方向、行动时间和行动方案。② 职业生涯规划的思想起源于 20 世纪初美国职业指导运动,受到职业生涯全程观、生命发展全程观、终身发展观的影响。职业生涯规划尊重个人独立性和特殊性,提倡主观选择、积极互动,促进个人主动适应环境,因此,可以帮助教师个人不断进步,跟进幼儿园发展需要,对于个人和组织都有重要的意义。研究者认为,幼儿园教师可以从以下几个方面着手职业生涯规划,这样有助于预防或顺利走出高原状态。

第一,重视职业规划的作用,端正发展态度,认识到主动规划对发展的促进意义。适当的理论知识可以在关键时候给教师发展注入一股清流,如一位发展受挫但是重新规划得当的教师自我总结道:"我当年读在职研究生时,因为没有学前教育专业可选读,只好读了教育管理专业,因此接触到了职业管理的一些知识,当时没觉得有什么用。后来,我续聘园长不成,被调去当了教研员,在职业发展最失落的时候,想起了以前学过的这些理论,我就用它们来指导自己眼下的情况。我现在的工作被规划得井井有条,还带动了我教研团队里的幼儿园老师们一起发展。"有关职业发展的理论研究已经日趋成熟,如帕森斯(Frank Parsons)特质因素理论、霍兰德(John Holland)职业性向理论、戴维斯和罗奎斯特(Davis & Lofquist)的职业适应理论,金斯伯格(Eli Ginsberg)职业发展理论、舒伯职业生涯阶段理论、格林豪斯职业生涯发展阶段理论、施恩(Edgar H Schein)职业锚理论、凯利(George Kelly)生涯建构系统理论,③以及专门的教师职业生涯发展理论,如富勒(Fullor)教师生涯关注阶段理论、柏林纳(Burliner)教师职业发展阶段理论,等等。关注和了解有关职业发展的相关理论知识,对于从事幼儿园教师工作有着积极的作用。

第二,树立职业理想,养成自我管理习惯,制定目标清晰、阶段分明、持续连贯、措施具体的发展计划。在现实工作中,教师可以结合园本情况制定个人发展规划,树立近期

---

① 沈之菲.生涯心理辅导[M].上海:上海教育出版社,2000:6.
② 魏卫.职业规划与素质培养教程[M].北京:清华大学出版社,2008:8.
③ 金树人.生涯咨询与辅导[M].北京:高等教育出版社,2007.

目标和长期目标,及时调整、校准个人目标与组织目标之间的偏差。如一位优秀教师在从教 20 年中,通过结合园本发展、树立阶段目标而实现了自我发展:1997 年吴老师所在的幼儿园引进了一种新式学具,作为一名普通教师,她潜心学习,把学具的优点和效用研究得深入而细致;在"创新教育"热潮中,她参与到园本课题"区域学习活动的价值和组织策略"的研究里;2001 年幼儿园创办了"零点假日亲子园",她作为骨干承担了该领域的研究,带领同事们探索和设计新课程;随后幼儿园招收托儿班,她已能指导教师开展"0—2 岁婴幼儿认知发展特点和教养策略"的研究。还有一位中年幼儿园教师叙述了自己走出高原状态的经历:"度过新手教师阶段后,我就一直处于发展茫然的状态。由于我是我所在幼儿园的第一个本科生,技能技巧不如专科毕业的同事,也看不到进步的可能。随着幼教的发展,我意识到本科生的理论优势在当今这个幼教形式下还是可以发挥出来的。后来有一次,在评'市教学新秀'的理论考试中,我取得了第一名的好成绩,我觉得自己不是一无是处了,开始对自己的未来发展有了信心。有段时间我们当地提倡幼儿园搞区域活动,我所在的幼儿园连续两年面向市级交流开放。我由于积极参与区域活动的课题,也两次在公开活动中交流了自己的文章,我对开展区域活动的理解和总结获得了大家的好评,这也许就是我们本科生理论功底扎实的体现吧。现在想想,本来因为本科经历而产生停滞焦虑,现在的发展还是得归功于自己上了本科,通过将自己的理论优势和园本教研联系起来,重新找到了自信。"因此,设立的目标与现实远近相宜,对自身的优势、劣势有客观的评价,对环境中的支持因素和阻碍因素采取正确的认识,有利于实现个人发展成效最大化。

第三,锐化职业信念,关注学习机会,争取发展的主动权。一位优秀教师在职业发展中把握机遇、不断进取的例子值得借鉴:"我园是 N 市第一个实施混龄班的公办园,这对我们原有课程模式是一种颠覆。我从零开始,把它作为我园的努力方向,认为这一过程对我自己的专业上升也是一个很好的机会。几年摸索下来,我园已成功实施了几个重要课题,我也通过积极参与而实现了个人发展。"又如一位教师通过参加和争取培训机会,获得了职业发展上的新生,她心怀感念地回忆道:"2002 年 7 月我去北京参加了一个月的蒙氏培训。北师大梁志燊老师教我们,她很好,像妈妈一样,除了学习,还请我们到她家里,跟大家畅谈职业理想。因此大家的学习热情都很高涨。我也因为梁老师的鼓励,对幼教重新焕发了浓厚的兴趣,别人学到凌晨一两点,我就学到三四点。当时,我在幼儿园里的工作状态很不好,由于我们是机关园,有调到机关里去做内勤的机会。因此,如果不是接触到那个培训,让我重新坚定了做幼儿园老师的信念,我可能就不在幼儿园待着了。现在我又主动去接触华德福教育培训,对自身发展不断产生新的想法。"在低头赶路的同时,抬头看路、寻找出路甚至另辟蹊径,是突破高原的有效方法。

第四,加深职业理解,发现职业美感,享受职业成就。一位老教师对此颇有心得: "作为老师,一方面我们希望园长能关注我们、肯定我们,但是另一方面,也要有这样的 认识——我不是为园长干活的,我是有价值的。老师需要自己在工作中积累成就感,通 过自我评价来发展。比如我带的班得到家长认可,班级布局、墙饰风格获得大家肯定, 同行来园时首选我的班级参观,这些都是良好工作常态化才能达到的境界,就是我的工 作成就。我做年级组长时发明了很多创意活动,比如'民族大联欢'活动、'大国旗'活 动、'组长城'活动,一直流行到现在呢! 很多新老师知道后都惊叹:'啊! 原来这些是你 创立的啊!'我就很自豪。我还创编了好多团体操的操节和队形,带幼儿参加市运动会 早操评比和表演。这些都让我很有成就感,每天沉浸在喜悦中,工作起来就很有劲头, 就能够不断发展!"成就动机的缺乏是幼儿园教师职业发展高原的原因之一,在工作中 不断积累成果,自我肯定,提升自我效能感,是促进自己扬帆前进的内在动力。用一位 特级教师的心声表达就是:"教师的职业是平凡的,但又是让人终身自豪的;教师是要全 身心付出的,但又可以用青春和智慧培育出一批批健康、快乐、聪慧的孩子,并为此享受 到一份特别的温馨和幸福。"①

(二) 提高个人素养

高原现象的出现与个人素养的不足有着密切关联,教师遭遇的高原问题表明他们 在相关方面的素养尚待提高。提高个人素养可以从内部增加对高原现象的"免疫力"。 个人素养包括性格、举止、语言、思维方式、生活习惯、知识涵养、艺术修养等。往往教育 的层次越低,教育的综合性要求越高,对教师的综合素养要求越强烈。塞尔伯 (Silberman C E)指出,教师发展的困顿,正是由于只着眼于专业培养,而忽视了培养全 面素养的博雅教育(liberal education)。提高个人素养如同深根滋养,让心灵成长、意志 坚定、思想自由、德行善良,这是帮助幼儿园教师获致教育本质和自我发展的深厚基础。

提高个人素养、创造美好生命正是生命哲学强调的观点之一。生命哲学关注个体 生命的独特性和创造性,认为创造与更新是生命发展的本质,生命本性就是不断创造的 过程,让自己更美好是生命冲动、生命价值的体现。生命哲学的代表人物有德国的狄尔 泰(Wilheim Dilthey)、齐美尔(Georg Simmel)和法国的柏格森(Henri Bergson),根据他们理论的启发,研究者认为可以从几个方面努力提高个人素养。

---

① 陈国强.应和儿童成长的节拍——亲历综合教育课程建设[M].南京:江苏凤凰教育出版社,2015:253.

第一,只有一个自身健全的生命才可以去引导、影响别的生命,因为教育"是对人心灵的'唤醒'"(狄尔泰)。因此,幼儿园教师本质上需要达到高素养标准,才能对幼儿起到榜样、引导的作用。正如生命哲学的代表人物之一齐美尔指出的:"生命过程就是不断保持生命自身,不断壮大、发展生命自身的过程。但是生命的含义不仅在于此,它不仅创造更多的生命来时时更新自己,而且从自身创造出非生命的东西,这些东西又具有他们自己的规律和意义。"①"充实自己"是一位特级教师的经验之谈:"幼儿园教师要从各方面充实自己,要会玩。学习不只局限于专业,也是玩的过程。幼儿园教师的兴趣爱好要广,很多知识在幼儿园工作中可以用到。现在幼儿的生活空间扩大了,认知范围扩大了,而且幼儿的发展是动态的、创造性的,教师如果知识面狭窄,素质不够,就很难胜任工作。比如我们园的孩子问:'为什么我们幼儿园里水杉树的树头都是朝东的?''马路为什么要做成硬的?'对孩子的这些问题,教师的回答就要有道理,能力强的教师还可以帮助孩子设计实验。比如我们园自创的活动——大班野营,第一年办时,我们让孩子自己想需要带什么;第二年办时,我们让孩子进一步思考自己哪里做对了,哪里做得不对;第三年办时,我们让孩子再想想野营中可能会发生什么问题。孩子想的内容很多是老师想不到的,如'踩到屎粑粑怎么办'这种问题。我们还让孩子们自己想解决办法,他们会想出'看着路好好走''到草地上蹭蹭''找树枝挑掉'等多种办法。这个过程既帮助孩子提高了能力,又促进了教师自己教育理念的转变,而且每年对同一个活动进行不同的设计,让教师们觉得课程永远在变化,还有发展的空间和发展的动力,自己要不断学习跟上,就会有进步。一些教师在工作中能轻松自如地进行领域渗透,能对不同幼儿做出不同的适宜反应,能通过课程的开展实现自己的发展,这样就不会感到负重在身,不会出现高原现象,反而能体会到工作的乐趣。"

第二,自然生命的存在是与精神生命的存在统一的,因此,幼儿园教师的个人素养也是与职业追求、生命意义相统一的。职业的选择和维持是人赖以生存的基本前提,但是客观的职业和内在的生命不是冲突、矛盾的,通过个人素养的提升可以展现职业与生命的双重价值。一位特级教师叙述了个人素养对职业发展的推动作用:"新世纪对人才素质有新的要求,我会对照这些要求反观自己的工作。比如联合国教科文组织提出'学会求知''学会做事''学会共处''学会做人'的能力要求,我就创建了'生活、学习、做人'的园本课程,在课程实施中注重活动类型的多样性、活动环境的开放性、活动模式的创新性、指导策略的应变性,带领老师们一起践行,一起成长,促使老师们不断掌握新的技

---

① 刘放桐.现代西方哲学(上)[M].北京:人民出版社,1990:202.

能,同时为了保证课程与时俱进的生命力,我要求老师们不断提升自身素质,能够开发新资源,不断丰富课程,从'教书匠'变成'智慧的工厂'。"还有一位优秀教师讲述了个人素养对她人生发展的作用:"不管是工作还是做人,素质都很重要。比如我第一次竞聘副园长时,我们园里的制度设计上有些漏洞,比如后勤比前勤工作时间短,老师们对此纷纷不满,但因为是园长设计的,都不敢说。我指出了这些问题,结果我当选后,和园长坐一个办公室,开始时我做什么都会引起她的反感,但是我从不往心里去,照样服从她的分配,认真把工作做好,出差拎包都是我主动,从来没有怨言。时间长了,她也开始对我转变态度,对我的为人认可并欣赏。后来我们处得非常好,她还对我的发展起了很大的帮助作用。"

第三,教师的发展不是按"先验预成"的模式进行的,而是一种生命过程的发生和展开,具有无限可能性、创造性,因此,需要相信幼儿园教师能通过不断努力来完善个人素养,将完整的生命投入教育工作,从而实现职业发展。正如柏格森指出:"我们是自己生活的创造者,每一瞬间都是一种创造","我们每个人都只有一次生命,因而必须有所选择","当我们自由行动时,就在自身中体验到了创造。"①如研究者大学班级里第一位当上园长的同学对自己的发展经验总结道:"我毕业进幼儿园后,专业理论和英语一直没扔,于是考取了在职研究生,并且通过看书、上网、实践、思考、务实,不断充实自己。幼儿园教师是一个需要与人打交道的行业,比如家长、社区活动联系人。我现在当园长,还要学会跟各种人打交道,包括街道、区、市里各级各部门的干部,园里的厨师、门卫,还有临时来干活的木匠、泥瓦匠等。作为园长,出的点子多,脑子转得快,能力强,别人才服你。我出去开会总能认识人,并能请到专家来园,副园长就不行。我不是天生就能干的,要在实践上不断锻炼,提升自己的能力素质。"

第四,通过教育生活提升个人素养,展望生命美好。生命哲学关心生命体验和生命意义,教育生活不应囿于职业生存,需放眼整个生命历程。研究者很欣赏一位教师的经历和心态:"我做幼儿园教师前曾是省妇女儿童活动中心的心理老师,对儿童心理知识有一定积累。所以,我后来到幼儿园工作,去一个班,用眼睛一'掸',对孩子的大致状态就很有数了,因此我的建议对家长很有指导作用,家长对我产生内在的信任,这对我的工作也有很大的帮助。所以我认为要做好幼儿园教师工作,不能仅对专业感兴趣,还要对整个教育生活感兴趣。我做过教师、班组长、年级组长、园务会主任、园长,我现在做总务,做总务也是对专业经历的丰富。带班时只了解教学,经过这么多岗位的历练,对

①　[法]亨利·柏格森.创造进化论[M].肖聿,译.南京:译林出版社,2011:6.

幼儿园的业务从上到下都会，退休后也有人请我去指导。我认为所有的经历对人的成长都是一种铺垫!"在生命观体系下看发展，从生命内化的角度探索发展的内部可能，才不会因理性而遮蔽教师完整生活的意义，从而让教师诗意地生存和发展。

(三) 坚持终身学习

终身学习可以帮助幼儿园教师获得持久发展的动力，升腾不断前进的希望。现代教师发展理念抛弃了照亮别人、牺牲自己的"红烛"比喻，认为教师可以在照亮别人的同时升华自己，教师需要具备终身学习和持续发展的意识和能力，因此《幼儿园教师专业标准(试行)》里提出幼儿园教师应该成为"终身学习的典范"。

终身学习的做法符合终身教育(Lifelong Education)思想。现代终身教育思潮是时代变迁和社会变革之于教育的必然产物，具有显著的历史决定性和时代感。我们应该改革传统学校教育弊端的时代要求，耶克斯利(Basil Alfred Yeaxlee)在《终身教育》中最早提出"终身教育"概念。随后林德曼(Lindemann)在著作《成人教育的意义》中作出相对完整、系统的论述。1960年加拿大蒙特利尔国际成人教育大会提出成人必须接受继续教育，1965年保罗·朗格朗(Paul Lengrand)向联合国提交了《终身教育》报告，并于1970年出版了《终身教育引论》一书。1972年富尔(Edgar-Jean Faure)发表《学会生存——教育的今天和明天》报告书，使得终身教育思想被广泛传播。终身教育的目标是使人"学会学习"，即养成学习的习惯和获得继续学习所需的各种能力，培养个体整体能力和自我更新能力，使人在各方面做好准备并应付新的挑战。在终身教育思想的指导下，幼儿园教师可以做到以下几点。

第一，长期学。在思想上打破一次学习定终身的观念，树立终身学习观，将终身学习看作常态化需求。发展是长远的、终身的，因此受教育时间也应该具有终身性，长时学习才能实现长效发展。高原现象的本质就是发展的停滞，而不断学习正是推动发展的根本动力。调查中有位年近八十的特级教师，以自身的经历和思考践行了这一思想："我1960年中专毕业就到幼儿园当了教师。做教师是前三年糊涂做，后三年开始懂，再后三年熟练做，整个过程就是不断学习的过程，逐步让学习成为自己的一种需要和习惯。1982年，我已经工作多年并当园长了，但还主动到南师大进修听课，学习改革开放形势下幼教的新理论、新知识。作为教育者，需要不断学习，才能动脑筋去思考。比如改革开放后，各种教育理念扑面而来，新课程层出不穷，我们园已搞的综合课程还要不要搞了? 我就先看，而不是盲从新口号，多方学习，发现新思想与我园课程不相违背，没有必要另立山头，而可以加强已有的，兼容并蓄，所以我园的综合课程坚持了30年，其发展是一个继承、改革、创新的过程,人家学我的经验,我又不断创造。我觉得还有必要继续研究下去,文本课程应跟随儿童成长的节拍而调整。参与苏霍姆林斯基课程研究的有一百多个单位,进行了几十年,还在影响着现在的老师,所以发展没有最好,只有更好。我从教一辈子,不停地学习、思考,研究新出现的问题。我退休后还是定期去各个分园,与年轻老师学新问题,思考解决问题的办法,现在仍在继续。我还跟在专家后面到处去学习。学习要伴随一辈子!如果勤于学习、思考,就会前进。"

第二,主动学。在行动上改变被动等靠的现状,以提升自身的学习能力为要旨,重视教育内容的实用性。知识结构落后是导致职业高原里的"专业高原"的重要原因。幼儿园教师需要不断更新知识结构,将培养、培训从点状拉伸为线状,保持学校教育与在职教育阶段的有机联系,主动争取发展契机,这也是应对我国当前幼儿园教师培训机会不均衡现状的有效办法。在实践中,幼儿园教师需要很多的实践能力,如自我学习的能力、设计课程的能力、评价幼儿的能力、调整教育方案的能力、组织多种活动的能力、个别教育的能力、与同事协调的能力、开展家长工作的能力、与社会交际的能力、创建环境的能力、总结工作的能力、反思的能力等,这些能力的获得主要靠教师保持学习的敏感度和主动性。比如一位优秀教师的经验是:"我主动向有经验的老师请教,记录了大量的学习心得、教育笔记、读书摘抄,通过这种方式,帮助自己很快成了称职的教师,而且能够辅导其他教师。"另一位特级教师的经验是:"20 世纪 70 年代后期,中国打开国门,国外各种新经验迎面而来,我协助老园长主动找来各种资料,一起学习,很早就建立了研究意识。后来又主动参加了南师大教授主持的多项课题研究。在园本课程探索阶段,主动学习了建构论、系统论、行动研究法等;在园本课程体系建构阶段,又学习了课程论、陈鹤琴教育思想、发展心理学、课程评价论等;在园本课程发展阶段,又学习了多元智能理论、瑞吉欧教育思想。"

第三,处处学。灵活利用各种方式和地点进行学习。学习不应该受限于原有学校教育,需要通过学习弥补已有学校培养的不足,并完善在职培训的功效。应摒弃教育囿于学校和培训场所的思维限隔,忽略校内与校外、工作与学习的界限,将学习与工作、生活场景融合起来,通过在场学习、处处学习,突破高原,持续发展,最终实现全人发展。如一位特级教师总结道:"我鼓励园里的老师们通过多渠道来学习,如看电视学习、听讲座学习、去医科大学旁听儿保知识。新老师来园都会收到一支笔、一本学习笔记、一本保教心得笔记,这是鼓励他们到处学习,随手记录,从而养成爱学习、勤动手的好习惯。处处都有学习点,比如我在某次技能大赛中看了一节叫作'怪婆婆'的示范课,上课的新老师提到了一个新名词——'波点组化'。我不懂是什么意思,就虚心去问参赛的老师,这样我就懂了。有些老师以为在幼儿园小、中、大班带班转了两轮,就熟悉幼儿园工作了,其实,儿童现状、教法、教材选择、家长工作方法等都在不断变化,都要不断研究。提升观察问题的敏感度与学习的主动性,遇到问题,解决问题,就可以不断进步,对这份工作得心应手、充满感情,从而避免高原现象的产生。"

二、揭橥职业使命——中观推动路径

(一)利用社群帮扶

良好的共同体协作有利于幼儿园教师突破个人努力的边际,改变孤立发展的格局,走向合作、共享的社群化发展。英文"community"一词既可以翻译成"社群",也可以翻译成"共同体"。德国社会学家滕尼斯(Fernand Tonnes)用"community"来形容持久、真正的共同生活,创立了"共同体理论"。滕尼斯将共同体分为三种:血缘共同体、地缘共同体和精神共同体。① 后来的研究将共同体的内涵进行了继承和扩展:有的认为共同体可以不局限于地缘范围,如费舍尔(Claude S Fischer)指出,共同体以亲密的社会关系性质来定义。② 有的定义强调精神方面,如"由做同样事情的人组成,其中每个人的精神生活和别人的都刚好相同,成员服从群体习惯(Robert Redfield)"。③ "集体成员因为共同感情和共同信仰组合在一起,有着共同观念(Emile Durkheim)。"④其后的概念定义对原有核心特征进行了突破,将这个概念应用于新的事物,融入了社会组织、社会资本等元素。如韦伯(Max Weber)对家族共同体、邻里共同体等具体范围做了概念界定,但不强调主观共同特征。费林(Fellin)认为共同体是一个"有能力回应广泛的成员需要,解决他们所遭遇问题和困难的组织"。帕克(Park R)用共同体概念研究社区,强调共同土地上的区域内成员彼此有着相互依赖的关系。⑤ 共同体理论被引入教育学后,诞生了"学习共同体"(Learning Community)这一概念,指共享一套资源、共持一种

---

① [德]斐迪南·滕尼斯.共同体与社会——纯粹社会学的基本概念[M].林荣远,译.北京:商务印书馆,1999:65.

② Fischer C S. Toward a subcultural theory of urbanism[J].American Journal of Sociology,1975,80(6):1319.

③ Redfield R. The folk culture of yucatan[M]. Chicago Illinois:The University of Chicago Press,1941:16.

④ [法]埃米尔·涂尔干.社会分工论[M].渠东,译.北京:生活·读书·新知三联书店,2000:33-92.

⑤ [美]帕克,[美]麦肯齐.城市社会学[M].宋俊岭,吴建华,王登斌,译.北京:华夏出版社,1987.

理念、共同完成一定学习和发展任务的团体。我国学者认为,"对于一线教师,协助他们组成相互支持的实践共同体比制度建设更加具有实际意义"。[①] 全美幼教协会(NAEYC)也指出:"教师集体中专业共同体的维持与个人职业认同的形成,构成了教师文化的传承与再生产的具体过程。"[②]

基于共同体理论,研究者认为,共同体组织对于带动幼儿园教师走出高原状态、获得进一步发展具有积极意义,具体做法如下。

1. 园本共同体

幼儿园内教师团队互相帮助、共同研讨,缩短教师摸索发展的过程。建立纵向的教师团队组如教研组、新教师组等,横向的教师团队组如平行班组、上下午组等。通过学习会、工作小结会、书面材料陈列等形式进行班组间学习交流。通过拜师带徒、两两结对、配给顾问等形式促进老中青共同成长,老教师当好师傅传好经,中年教师努力示范,年轻教师积极锻炼。根据教师的发展需要组织培训,包括内部培训,如园内看课日、岗位培训、工作主题培训、教育科研培训、案例分析培训等;外部培训,如学历培训、不定时观摩活动、对外公开课、研讨会等。实现团队共进,互学互助,共同成长。

幼儿园内整体团队学习,参与的不仅有教师,也有保育员、保健医生、资料管理员、校办工厂职工等,大家分工不分家,保教结合,协调配合。如安排教师去帮厨,体会后勤工作的辛苦,组织后勤学习专业知识,与保健老师一起观察幼儿进餐,互相沟通和体谅,密切配合。班务会上让教师和保育员一起分析班级情况,甚至在教师休息时请保育员带班感受。

促进教师发展还有一条重要的是在幼儿园共同体中建立合理的考核系统,一位优秀园长的经验是:"传统的考核都是领导对教师的上下级程序,仅区分出合格和不合格,单项且单一,教师处于被动、消极的地位。我们园设计了教师评估指标细则、教师专业素质评估方案、教学活动评价标准、期终综合自评表等,每学期教师先行对照指标进行自我评价,然后开展集体讨论和分析,通过自评、互评、现场观摩评析、案例分析、竞赛、评价、专业考核等多种方式,帮助每位教师反思和改进,使得评价过程成为教师共同学习、获得持续发展的机会,激励教师不断自我激励、自我调适和自我发展。"

2. 跨园共同体

跨园共同体既包括不同幼儿园的组织共同体,也包括幼儿园、家庭与社会组成的社

---

① 陈向明.教师资格制度的反思与重构[J].教育发展研究,2008(15-16).

② [日]佐藤学.课程与教师[M].钟启泉,译.北京:教育科学出版社,2003:255.

区共同体。在调查高原现象的影响因素时,有教师反映因为培训经费的不足,学习只能囿于园内,无法走出去,也无法请专家来园,同质重复的学习导致专业发展停滞。针对这一点,参加跨园学习共同体就具有积极作用。

第一种组织共同体形式:如研究者参与了一个健康共同体,这个共同体原本只是由一个区的教研员自己建立的民间学习小组,后来扩大成全区较为权威的共同体。来自不同幼儿园的教师群体和专家可以进行观点碰撞和实践探讨,大家都觉得"在其中能学到东西,很有价值"。现在这个共同体的影响不断扩大,全市其他区的幼儿园也纷纷慕名加入。调查中得知一位幼儿园教师由于对音乐教育感兴趣,幼儿园本身的教研组不能满足其发展要求,她就利用寒暑假、周末的时间,自费出去学习,加入幼儿音乐教育团队,里面有幼儿园教师、音乐教育专家、幼儿音乐培训机构教师,这个共同体使得她对幼儿园音乐教学产生了自己独到的理解,专业能力得到了长足发展,因此经常被邀请到各地讲学。

第二种社区共同体形式:当幼儿园、家庭、社会紧密联系、互相配合、互为支持、形成一体时,幼儿园教师发展的显效性就能体现出来。幼儿教育不等于幼儿园教育,幼儿园、家庭、社区、社会是合作伙伴,共同组成幼儿园教师成长的系统环境。幼儿园教师参加跨区域共同体,与家庭、社区、社会以多种方式沟通与合作,有利于突破原有眼界,产生理念升华,实现自身发展。如一个教研员组建了一个"集体园志愿者"共同体,得到了社区和政府的支持,他们经常走出去送教、送书、送研,既走到附近的农村,也走到了大凉山地区、云贵地区等边远地区。走出去的过程给共同体成员们带来了不同寻常的经历和成长:"村办学点的孩子很可怜,村里弄了间破房子当教室,二十几个孩子,父母都在外打工,老师只有一个人。那个老师是义务照顾这些孩子的,她老公赚钱很多,孩子很优秀,在清华大学读书。我们去那儿,她很高兴。我们从她身上学到了东西,回来后,别人又从我们身上学到了东西。"

3. 跨专业共同体

波尔(Burl)指出:"在群体内的思想和行为比群体间更具有同质性,因此跨群体之人会更接触到不同的思想和行为,从而获得更多的选择和机会。"[①]不同专业的思想影响和观念碰撞有利于幼儿园教师对照反观自身,换个角度看问题,获得豁然开朗的醒悟。调查中得知一位幼儿园教师参加了一个由普通教育和特殊教育两类教师组成的

---

① Burl R S. Structural holes: the social structure of competition[M]. Cambridge: Harvard University Press, 1992.

共同体,通过这个共同体的活动,得以与特殊教育教师接触,看到她们的工作而深受震撼:"我现在就觉得幼教老师不要去抱怨了,看到特教老师怎么做的,那么多付出,干预成功孩子一个动作、孩子会写一个字了,就高兴得不得了。对比之下,我们幼教老师在正常孩子群体里很幸福了,觉得要知足。从特教老师那里我还受到了教育理念启发,比如我在我们园推行的个性化教育就是从特教学来的。我还因此成功申报了省级重点课题'学前融合教育',发自内心地觉得自己有义务为孩子们做点事。"这个共同体吸引了越来越多的幼儿园教师,已经成为省广电局大力宣传的一支志愿者队伍。

(二)重视情感关怀

情感是发展的内驱力,量化研究结果表明,情感高原是制约幼儿园教师发展的重要因素。一方面,一些教师尚未建立对幼教事业的深厚炽热的情感;另一方面,教师自身缺乏情感呵护。因此,重视情感关怀是推动幼儿园教师职业发展的重要路径。幼儿园教师的工作不是复制思想,更不是知识传递,在被要求尊重生命、关怀儿童的同时,他们自身也应获得相应关心。关怀伦理学为此提供了学理依据。关怀伦理学认为"在人生的每一个阶段,我们都需要被他人关心,随时需要被理解、接受和认同;同样,我们也需要关心他人"。[1] 关怀伦理学的代表人物有吉利根(Gilligan)、诺丁斯(Noddings)。关怀伦理学对本研究的启示有以下几方面。

第一,关怀是人的基本需要,应给予幼儿园教师足够的关怀。从关怀伦理学出发,对教师的关怀即是对人性的关怀,教师的发展是一种人文关怀下的精神成长。一位老教师向研究者介绍了她们园的光荣传统:"新教师来了,我们园都会在一两年内走访她的家庭。如果有教师生病住院,园里会派人去慰问;如果教师的直系家属住院,我们也去看望。我们慰问家属,家属很感动,觉得自己的领导还没来,爱人单位的都来了,表示一定要支持她更好地工作!在一个互相关心的人文环境中,就有被人重视的感觉。幼儿园教师的工作要做好,不是在幼儿园内能做完的,比如晚上回家后要发校讯通信息、写教案,这些都需要得到家属的支持,很多事是联系的。"幼儿园要让每个教师都能感受到集体的温暖、团队的力量,这股力量终会化成教师成长的能量之源。

第二,重视女性特质和女性思维方式的特点,给予恰当的关怀。关怀伦理学本身

---

① [美]内尔·诺丁斯.学会关心——教育的另一种模式[M].于天龙,译.北京:教育科学出版社,2003:2.

来源于女性实践体验,倾向于关注个性的、文化的、性别的(gendered)经验(Maher,1987)①,主张建立同理(empathy)式的关怀关系,重视榜样、认可、情境、对话的作用。② 这一点特别适用于女性占绝大多数的幼儿园工作环境。一位幼儿园教师对此深有体会:"当年我工作最繁忙的时候,丈夫不在身边,我要一个人带孩子,还要参加党团生活、业务学习。我能发展得好,都是因为生活在一个好的集体中,不仅周围老师们很敬业、求上进,而且组织生活非常贴心。比如我家的煤没有了,园领导会带着同事们一起来我家帮忙搬;再比如我们园是全国第一个组织员工旅游的幼儿园,那时国内一些景点附近都没有旅馆住,记得有一次我们还是借住在小学里的。这些活动增强了整个教师团队的凝聚力。在这样的氛围里,工作就不是为了荣誉、表扬,而是在忙碌中享受成功和快乐,而且觉得工作本身就是快乐的。"还有一位教师叙述道:"我们园都是女教师,女教师的特点是面子薄,所以我们园领导注意把消极的批评和指责化为积极的帮助和鼓励,发掘每个教师能干的一面,调动积极性,让教师感受到自身的价值,体会有价值和被重视的感觉。"

第三,创设幼儿园教师与他人交往与沟通的机会,对教师保持倾听的姿态。在关怀伦理学中,"所做的一切都是为了建立、保持或提高关怀关系"③,因为"关怀"就是指关怀方(one-caring)和被关怀方(cared-for)之间平等、互惠的关系。④ 具体来说,要在平时点滴中赋予教师交流的机会和权利,保持关怀的关系。因此,一位园长的做法是经常组织教师们喜欢的文娱晚会、生日会、舞会、郊游、公益活动等,加深教师间情感交流。还有一位幼儿园教师指出"细微之处见人心":"对老师要有人文关怀,把老师当人看,而不是'我要你做你就得做'的态度,一些细节关怀要到位。比如有一次我园校讯通里突然发了个通知——明天停车场不能停车了。老师们纷纷吐槽,突然通知,明天怎么来上班呢?有的坐公交车要三小时,有的骑电动车要两小时。我就跟工会主席说:'这件事说是大事也不是,说是小事吧,但关乎老师们的切身利益。园部心里要有老师,在发通知前,有没有事先做老师的工作?有没有给大家讨论的时间和空间?有没有去周边打听并联系停车场?这样做了工作,即使最后仍解决不了,老师们也不怪;但直接抛个通知

---

① Maher F A. Toward a richer theory of feminist pedagogy: a comparison of "liberation" and "gender" models for teaching and learning[J]. Journal of Education, 1987, 169(3): 91-100.

② Walder M U. Moral understanding: alternative "epistemology" for a feminist ethics[M]// Held V (Eds.). Justice and care-essential readings in feminists ethics. Boulder, Colorado: Westview Press, 1995: 139-152.

③ Noddings N. The challenge to care in schools [M]. New York: Teachers College Press, 1992: 21.

④ [美]内尔·诺丁斯.学会关心——教育的另一种模式[M].于天龙,译.北京:教育科学出版社,2003:26.

出来,表示园部不管,给老师们的感觉就不一样。'"

第四,应该培养幼儿园教师的关怀意识,推己及人,先育己后育人。关怀伦理学将关怀细分为自然关怀(natural caring)和伦理关怀(ethical caring)两种。指出自然关怀是天性反应,是一种"我想要"(want),具有近身效应;伦理关怀是后天意识,是一种"我应当"(ought),需要被培养及唤醒。关怀的实现总是由近及远,从对自我的关怀,到对身边最亲近的人的关怀,到对远离自己的人和陌生人的关怀,对动物、植物和自然环境的关怀,对人类创造的物质世界的关怀,对知识和思想的关怀等。[①] 因此,在给教师传递关怀的前提下,还需要培养教师关怀的意识和能力,从而提高师德修养。如一位深受大家爱戴的老园长谈到自己对教师的关怀时反省道:"其实,我年轻时没学会关心园里老师们的生活。70 年代流行'爱孩子赛妈妈'运动,省里有一位幼教干部来我园视察,在我汇报时,干部问了我一句:'老师这么爱孩子,园长怎么爱老师啊?'我当时就愣住了,发现自己从来没有想过这个问题。后来我就学着关心爱护老师们,爱孩子和爱教师应是心灵天平上两个对称的砝码。多年后,有个家长跟当园长的我反映:'我们班某某老师真可爱! 我问她,你成天跟孩子笑眯眯的,你怎么这么好啊?'她的回答是:'因为我们园长成天对我们笑眯眯的呀!'所以只有每个教师感受到团队浓浓的爱,才能够给孩子更加浓郁的爱。而现在,我们的老师已学会将爱延续、撒播,进一步扩展为爱福利院的孩子、爱受灾群众、爱孤寡老人……'"

(三) 重要他人引领

重要他人(significant others)是美国社会学家米尔斯(Mills CW)在米德(Mead GH)自我发展理论基础上提出的概念,是在个体社会化以及心理人格形成的过程中具有重要影响的具体人物。已有研究中,凯尔克特曼斯(Kelchtermans G)发现,许多教师提到发展过程中有重要他人的参与。[②] 尼亚斯(Nias J)的研究发现,对小学教师职业生涯中的重要他人有师范学院的教师、年长的同事、校长或督学。[③]

在本研究的调查中,幼儿园教师提及的重要他人有师范学校学习时的老师、工作后的搭班老师(或师傅)、园领导、专家、优秀同行五类人。他们通过直接或间接参与幼儿园教师的教育生活,为幼儿园教师的发展提供了机会、支持、榜样、启发等作用。身边有

---

① [美]内尔·诺丁斯.学会关心——教育的另一种模式[M].于天龙,译.北京:教育科学出版社,2003:3.

② 叶澜.教师角色与教师发展新探[M].北京:教育科学出版社,2001:308.

③ Nias J. Reference groups in primary teaching: talking, listening and identity[M]// Ball S J, Goodson I F. Teachers' lives and careers. London: Taylor & Francis, Inc, 1985: 105-119.

这样的重要他人存在,对于幼儿园教师持续发展有着深远的影响。

师范学校学习时的老师,他们对于幼儿园教师树立正确的职业发展观有重要影响。作为接触该行业的第一任导师,他们的言行长远影响着幼儿园教师以后的工作态度,好的老师甚至成为幼儿园教师一生的心灵导师和遇到困难时的精神支柱。访谈中有一位教师充满深情地回忆了她的老师对自己的影响:"我当年入学时还没有学好幼儿教育的念头,只是因为身体不好,家里人怕我上高中支撑不下来,又是女孩子,觉得当老师挺好,就稀里糊涂选了幼儿师范。但是一入校就遇到了挫折,因为幼师对技能技巧比较重视,我五音不全,学不好,想参加的合唱队也不要我,我很难过,想退学。我的班主任就找我谈心,叫我不要着急,她相信我慢慢来肯定能学好,并告诉我幼儿园教师需要的是综合能力。她很有亲切感,让我树立了信心,从此安心学习了。后来我在演戏剧、唱歌、跳舞方面都建立了自信。选学生会干部时,她鼓励我参加,我成功当选了,对我的触动好大。我工作以后,每当遇到挫折就会想起她对我说过的话。毕业多年后,我们搞校友聚会,我特地去把我的班主任请来参加,觉得她是恩师,让我懂得每个孩子都有用,这对我一辈子发展都有益。"

工作后的搭班老师(或师傅),这是幼儿园教师在平时工作中接触最多、相伴时间最长的人。他们对教师起着潜移默化的影响作用,他们的能力和心态直接影响着幼儿园教师的发展。搭班老师:"有段时间,我们园领导班子调整,人员动荡,氛围不利于积极向上。和我搭班的是我的师姐,她的能力在我们学校那几年的毕业生里是最强的,因此我们班对外接待、开公开课很多。我跟她学,专业能力突飞猛进。后来换配班时,我与一位快退休的老师搭配,但我已跟着师姐养成了良好的习惯,而不像其他新老师一样,跟快退休的老教师在一起就'混',不求上进了。""我的搭班老师是正能量的,专业好,有恒心,做事踏实,遇事会帮你顶着。我写书就是被她带进去的,才坚持写出来了。"师傅:"园里给我安排的师傅老师是年级组长,所以说,因为拜到了好师傅,自己学到的东西还是很多,并且对我后来的发展起到了精神支撑的作用。"

园领导,这个概念包括园长、书记、副园长、幼儿园中层干部。他们普遍的特点是业务水平高,工作主动性强,以榜样的力量促进年轻教师的成长,并对年轻教师的发展起着实践指导和机会提供的作用。园长:"我们园长对我影响很大。2009年是我人生的分水岭,我正好怀孕,处于迷茫期。园长直指我的问题,方式很直接,我接受不了,就感觉园长老否定我。过了不久,《早期教育》杂志编辑突然跟我要稿子,我奇怪地问编辑怎么想到我,她说是园长推荐的!我以为自己在园长面前一无是处,没想到会这样。园长说我是'响鼓要用重锤敲',对我触动很大。""我的首任园长是一个正直、正派的布尔什维克,对老师要求严格,而我在家排行最小,娇气、傲气、不合群,她就老把我拎到办公室批评。但是我没有对立情绪,觉得老一辈人讲的都是对的。有一次,我不服从园部分班安排,园长还到我家找我家长一并教育我,像老师带学生那样。正是在她的严格督促和要求下,我养成了良好的职业道德和职业规范,才有了今天的成就。"书记:"我园的书记跟我讲过很少的话,但是我都记在心上。比如有次活动,我们穿的运动服只穿了半天,但是园里要求我们带回去洗一遍再带回来穿。我不想洗,很有情绪。我们书记对我说了一句话:'洗了又能怎么样呢?'她这么一点拨,我后来遇到事情就再也不这么钻牛角尖了。比如我挺着大肚子时园里叫我准备公开活动,我没有半点推辞,就认真准备。后来安排给我的所有任务我都没有辜负领导的期望。"副园长:"我工作五年的时候遇到瓶颈,请教我们当时的老业务园长,她说这是好事,说明会反思了。我立马就想通了。现在我经常通过反思来规范自己的行为、习惯。""我们园的副园长对我的影响很大,我和她都是科学组的,我是区科学组,她是市科学组,所以经常一起开园部教研会。她为人正派、不计较、有包容性,会给我机会和鼓励,说话比较委婉,总是耐心分析给我听,使得我收获很大。"中层干部:"有一次我开公开课,那是一节体育课,用的材料多,上完后我很开心,觉得任务完成了,就跑回班上去了,把后续事情忘记了。当时的年级组长特地找到我说:'你光顾着高兴,场地不收啦?你等着谁收啊?'她的话对我的影响是一辈子的,现在我不管上任何一节活动都主动把材料收拾好。"

专家,这里指幼教业界权威,他们只言片语的肯定对教师起着莫大的鼓励,他们轻描淡写的点拨对教师起着四两拨千斤的作用。与专家的接触不仅提高了教师的教科研能力,而且熏陶了教师精益求精的做事态度,增强了教师的自我发展意识,对于避免和克服专业高原状态有重要的帮助。如一位年龄较大的教师充满感激地回忆了她与几位专家交往而获得自身发展的经历:"当年张教授进我们园选教师做课题编教材,我有幸与另一个小老师跟着她做,被她发掘出良好的品质,并受到积极鼓励。专家的肯定和鼓励比身边人的鼓励作用更大,从那以后我就开始做教科研了。我和顾教授开始合作时有不适应,她说:'你们就思考到这种程度啊!'我就蒙掉了,觉得自己达不到专家的要求,很灰心。但是回头想,不能把专家的话当成不干的理由,反而应督促自己更加努力。而张研究员的观点鲜明,她与其他专家的观点不同,他们观点之间的博弈与对峙让我在想法碰撞中得以前进。我和虞教授做课题时有接触,发现他的想法更宏观。接触多了,我发现每个专家都有自己的长项,从中吸取了很多有用的东西,还写了一篇文章叫《专家资源的利用》,关于幼儿园如何请专家、如何跟专家相处,发表在了杂志上,并对我现在给教师培训班上课非常有用。"还有一位特级教师提到,她在90年代初做园本课程研究时,由于机缘巧会,到幼教泰斗赵寄石家求教三天,赵老师的点拨使得困扰她几年的难题迎刃而解,受益匪浅。

优秀同行,指自己所在幼儿园和其他幼儿园里的优秀教师。随着交流、参观、培训机会的增多以及网络媒体的发达,使得向别人学习拥有便利的渠道。优秀教师起到了角色楷模(role model)①的作用,良好经验成为促进持续发展的有效工具。这里记录的是一位教师叙述的一位优秀同行对她产生的影响:"1996年我们区开始实行副园长流动制。我在流动到的那家园里学到了很多东西。那个园是陈老师带队,她一专多能,眼光高,能力强。对比她,我发现了自身很多问题。比如我以前去班级巡视时不会做记录,陈老师就问我:'你还注意到这个班人少了?六张桌子只来了五桌的人,而且正好是一个组的。'她问带班老师,得知该组孩子们因为生病请假了。她又问我:'你还发现问题了?到班上是要看问题的。这一桌孩子的住家是不是靠近?会不会是互相传染生病的?'再一了解,果然是这样。她能想到现象背后的一些事。她指点我:'所以到班上来看,要带本子、笔,要记录,并与老师交流。'我以前还想她天天去各班级走一圈干吗?原来她不仅在走,而且在想。没想到第二天她又去了该班。她看到孩子们还没来,进一步查到病因是感冒,就让保健老师及时提醒各部门协调做好保健工作。我从她身上看到了分析—协调—管理的系统化、精细化管理模式。等我流动结束回自己园后,眼光已提高了,工作习惯也变好了。现在我写东西快就是由于学习陈老师,平时多记录,有例子储备,有事情我会随手在台历上记录。我发表的文章《园长工作管理工作的阅历》就是平时记录所得的。及时总结、日常积累就学会写文章了,台阶就迈上去了。我又学陈老师不断地迈台阶,要求自己一学期写两篇,还得是不同层面的文章。后来我进修本科读了公共事业管理,又继续读了教育管理硕士,对发展有了更高层次的追求。"

---

① Trefil J, Kett J F, Hirsch E D. The new dictionary of cultural literacy[M]. Boston: Houghton Mifflin Company, 2007.

三、化解身份规限——宏观协同路径

(一)促进机制转变

社会机制从顶层设计的角度架构了幼教事业的发展,作为宏观的社会因素,其对幼儿园教师职业发展的影响是巨大的,也是造成教师职业发展高原的原因之一。因此,要促进幼儿园教师队伍的良好发展,既需要用理念澄清现象,也需要用制度匡正现实,教师的权利和利益必须有切实的制度作为保障,才不会流于空谈。制度设计正是为了填平不公正的沟壑,要充分考虑每个相关利益者的诉求和利益。本研究选择了当代两种影响较大的正义理论作为学理依据,论述促进机制转变对于幼儿园教师发展的意义:一是以罗尔斯为首的配置正义论,其着重于资源的初始分配领域;二是以马瑞恩·杨为首的关系正义论,其落实于资源的关系演化领域,正好两相补充,为我们看待问题提供了较为广阔的视野。

罗尔斯强调资源的平等分配以及对弱势群体的照顾,主张"所有社会基本的价值——自由和机会、收入和财富、自尊的基础——都要平等地分配"[①]。诺齐克、[②]德沃金、罗默[③]等尾随其后进行了辩难和构建,从多方面丰富了分配范畴的正义理论。事实上,迈出初始占有的正义边际,社会现实中影响机制公正的因素是多维交织、错综复杂的。因此,马瑞恩·杨认为正义的实现不是靠单一的分配原则就能完成的,"正义不但是有关程序和分配领域的问题,而且还是有关社会关系的本质和排序的问题"。[④] 米勒、沃尔泽、格维尔茨等进一步讨论了正义的分配程序、实现原则、参与人员、不同维度之间的关系等,从而将正义的讨论从分配领域扩展到分配后的社会关系领域。从关系的角度去定位正义,能够"看到一些在分配的视野里没有考虑到或者忽视了的问题,如决策制定程序、劳动的划分和文化等"。[⑤] 以正义理论为基础,本研究认为,有关幼儿园教师的机制的完善应做到两点。

---

① [美]约翰·罗尔斯.正义论[M].何怀宏,何包钢,廖申白,译.北京:中国社会科学出版社,1988:62.
② 冯建军.三种不同的教育公正观——罗尔斯、诺齐克、德沃金教育公正思想的比较[J].比较教育研究,2007(10).
③ 冯建军.当代自由平等主义与教育公正[J].清华大学教育研究,2007(5).
④ 杨建朝.教育公平如何可能:从配置正义到多元正义[J].教育发展研究,2013(15-16).
⑤ 钟景迅,曾荣光.从分配正义到关系争议——西方教育公平探讨的新视角[J].清华大学教育研究,2009(5).

第一，制度建设需要从形式平等走向实质平等。罗尔斯的正义原则强调分配平等，并通过差别原则补充改善因种种原因导致的不平等，以保证在结果上接近平等。马瑞恩·杨则进一步强调正义不但和程序及分配领域有关，而且和社会关系的本质及排序有关。因此，要维护幼儿园教师的地位和权利，不仅局限于分配领域，还要观照社会关系的本质及排序。

从顶层设计角度来说，对于关涉幼儿园教师的政策分配，不仅要考虑增量上的投入，还要考虑它在社会中的分配，满足不同幼儿园教师、幼儿园教师队伍不同层面的利益和权利。

从基层实施角度来说，对于幼儿园教师权益相关的制度，不仅要制定完善，还要进一步跟踪、审视其在现实中的适用性、实用性。如关于幼儿园教师的薪资机制，现实中存在不公平的现象，调查中得知有的地方酌情进行了制度改革，提高了幼儿园教师的积极性，促进了职业发展："我们以前的工资构成包括职称工资、基本工资、学历工资、工龄工资，现在的加薪资助是把学历工资刨掉，学历不作为加薪基础，而把岗位工资加进去，且把岗位工资的比例提升到12到15个百分点，其他几项之间的区别缩小。仿照公务员制度建设，公务员里有些科员不当科长但可以享受科长待遇。现在改革后，老师们很欢迎。如以前班主任责任大，但与配班教师工资相差不大，而有的老师因为学历高，工资就比班主任还高，所以大家都不愿做班主任。在现在的工资制度下，班主任收入明显提高不少，大家都有了积极性，愿意当班主任了，也愿意在工作上付出了。"

第二，制度建设需要从顺应机制走向矫正机制，对作为最少受惠者的幼儿园教师额外关照。正义理论反映了一种对最少受惠者的偏爱，试图通过补偿和再分配的方式使社会所有成员都处于平等的地位。正义论认为，社会上任何不公平的存在，不论是自然、历史的偶然原因，还是社会现实制度的原因，都不是道德上的应得，改变的方法就是通过制度给予弱势群体以更多关怀。罗尔斯认为："平等尊重和关怀权利来自作为道德人存在的、与动物相区别的人本身。"[①]按照正义论的辞典式序列，当社会允许有差别时，需优先考虑最少受惠者群体的利益。这不是对境况较好者的剥削，而是对较差者的补偿，不是"损有余以补不足"，而是"增有余"，也"补不足"。因为正义论中"无知之幕"的设定，每个人都可能成为少数，保护少数人的权利就是保障每个人的权利。

因此，需要从顶层设计上改善幼儿园教师作为弱势群体长期被忽视的状态，解决教师的现实问题。幼儿园教师作为弱势群体，需要成为关注对象，享受差别原则下的最少受惠者最大利益。具体来说，要观照幼儿园教师的利益要求和立场态度，在资源分配上

---

① 何怀宏.公平的正义：解读罗尔斯《正义论》[M].济南：山东人民出版社，2002：57.

给予额外照顾,在参与商讨与决策程序上激发积极性,给予他们表达的机会。与幼儿园教师有关的一系列制度,如教师质量保障体系和质量评价制度,聘用、考核、清退的管理制度,培训和督导制度等,需要进一步完善设计。

在基层制度实施方面需要因地制宜、灵活调整,如调查发现,有地方政府针对民办园招不到好老师的问题进行了制度调整:"在以前的体制下,我们这里的民办园招不到好老师。政府提倡社会办园要给政策。经过不断的呼吁,现在我们这里实行的制度是,公办园老师到民办园后,编制保持不变,仍是干部编制。这样,既然编制不变,加上民办园能提供更多的发展机会,如可以走上管理岗位,收入比公办园高,出去学习的机会也多,特别像我们小城市没有专家带领,要学习进步必须走出去,因此,现在有很多公办园的园长和老师愿意转到民办园来了。"

制度带来的问题最终将会流向更弱势的孩子,这是所有人都想避免的,而一个合理的机制调整有利于维护职业利益均衡。所有对于关乎幼儿园教师群体地位和权利的机制修缮也是指向社会民主的建设,最终会造福于多数人。

(二) 完善支持系统

支持系统是幼儿园教师发展的重要力量。作为宏观的社会系统,包括政策指导、组织架构、具体行动等,它们在不同层面给予幼儿园教师扶持和帮助,有利于解决教师职业发展中的问题。在完善支持系统的构想中,本研究吸取了支持联盟框架思想。支持联盟框架由美国学者萨巴蒂尔(Weible C Sabatier)提出,该理论指出:在政策子系统中,行动者一般可分为几个支持联盟,每个联盟由来自各政府组织或私人组织的人组成,包括来自不同层级政府中的立法者、利益集团领导人、代理机构官员、政策研究者、新闻工作者等多类人群。他们共享统一信仰,共同从事一项合作行动。[①] 支持联盟分析框架是一个有着三级层次的信念系统:一是深层核心信仰,关于事物本质的原则性信仰,是联盟形成的基础;二是政策核心信仰,规定了联盟的基本行为规范和统一认知;三是表层信仰,是一系列具体的信仰,体现在特定情形下问题的重要性排序,管理手段和预算分配政策的优先性,特定机构的设置和行为表现的评估等方面,易发生分歧,需要进行协调。

基于支持联盟框架,本研究认为,通过完善支持系统来对幼儿园教师的持续发展提供支援,需要做到三个方面。

---

① [美]保罗·A.萨巴蒂尔.政策过程理论[M].彭宗超,钟开斌,等译.北京:生活·读书·新知三联书店,2004:157.

第一，认识到幼儿园教师的支持系统是一个利益相关的联盟。各阶层利益是紧密相关的，相互依赖于一种合作体系。幼儿园教师发展不单单是幼教领域的事，整个联盟系统都有责任为幼儿园教师创造条件，通过联合的公共行动，为幼儿园教师的发展挑起责任担当。如《国家中长期教育改革与发展规划纲要（2010—2020 年）》提出教育发展应该从规模发展向质量提升迈进的发展规划。相应地，2016 年《幼儿园工作规程》将原版内容的"幼儿园规模不宜过大"改为"幼儿园规模一般不超过 360 人"，明确规定"小班25 人，中班 30 人，大班 35 人"。这种政策上的呼应、落实有利于解决困扰幼儿园教师发展的"师幼比例"这一现实问题。

第二，重视多类人群对幼儿园教师的影响，加强联盟内各类人群的学习、互动，重视各方之间的合作。支持联盟框架认为，联盟内部的学习、互动和分歧都会导致联盟表层信仰的改变。一位特级教师对束缚幼儿园教师发展的考核标准评价道："纵观现行的教师考核评价方式，大多是自上而下的，用统一的标准，由管理者对教师实施终结性评价，无视个体差异，忽视教师自我评价、自我发展的潜能资源，丧失了评价的自我激励功能，这样的评价阻碍了教师专业素质的发展。如何建构一个有利于促进幼儿园教师专业素质持续发展的科学评价体系，已是保障新课程改革目标圆满实现的当务之急，也是当前教育研究领域的难点和重点问题。"一线实际与上层设计的分歧引起联盟的重视，最终导致了关于幼儿园教师培养和发展方向的调整：2016 年，全国学前教育专业建设研讨会发表了《高校学前教育专业建设南京宣言》，呼吁教师"不能做简单的教书匠和知识搬运工"，应建立一个以基本科学人文素养为基础，以专业素养提升为核心，以满足个性化需要和多样化能力发展为宗旨的幼儿园教师培养体系和课程架构。这一宣言正是联盟内部对表层信仰的调整表现。

第三，注意外来干预对联盟的影响。支持联盟框架认为，来自外部环境的社会因素、经济因素、政治因素和其他子系统的影响，都会使联盟成员的核心信仰发生改变。因此，幼儿园教师的发展，不能仅仅满足于领域内的学理辨析，还需要经常和外部环境以及不同系统之间进行交流、碰撞、合作、宣传。如 21 世纪初，某知名幼儿园在系统内第一次与房地产公司联合办分园时，召开了省教育厅政策法规处、省建设厅开发处、省教育学会、省师范大学学前教育系、大学物业管理研究所、市教育局等各方面专家和领导参加的办学研讨会，就是一次小型的多系统碰撞交流。

（三）扭转形象偏差

职业地位、职业幸福与职业形象有着密切联系。良好的职业形象能给予幼儿园教师发展的信心和憧憬。得不到认可是制约幼儿园教师发展的重要原因。这一点可以借鉴法兰克福学派第三代核心代表霍耐特（Axel Honneth）提出的承认理论。"承认"（recognition）指独立主体在平等基础上相互认可与肯定，承认的形成过程就是主体为获得承认而不断斗争的过程。霍耐特将承认关系区分为三种形式：一是爱的承认形式，二是法律的承认形式，三是团结的承认形式。这三种承认形式对应形成三种自我关系，即自信（self-confidence）、自尊（self-respect）和自重（self-esteem）。霍耐特认为人的完整性归因于承认形式的完整，而"不承认的形式"会破坏人的完整性，限制人的自由。基于承认理论，研究者总结了以下几个观点。

第一，应该充分肯定幼儿园教师的付出，给予相称的社会荣誉，使得幼儿园教师在"爱的承认形式"中产生自信。"一个人的荣誉感是他最真实、最基本的自我。生命对荣誉的追求在人类行动中绝不是一种浪漫的需要，而是真正达到人性水平的标志，是人类特有的东西。"①调查中，有一位特级教师，从教几十年来全身心投入幼教事业，在幼儿身上奉献了全部爱心，挥洒了所有感情，结出了累累硕果，第一次作为幼教领域的代表获得了"全国教书育人楷模"奖，这对广大幼儿园教师是一个莫大的鼓励。研究者聆听了她在获奖后的几次讲座，发现她的出场总会引起全场教师的热烈欢迎。国家给予她的重视与肯定，带给幼儿园教师巨大的鼓舞和信心。

第二，放大幼儿园教师对其形象合法性"辩护"的声音，赋予幼儿园教师话语权，在"法律承认形式"下赢得自尊。对内信息不对称、对外话语权缺失，这是掣肘幼儿园教师发展的重要原因。在期待幼儿园教师发展的同时，应给予幼儿园教师足够的法律保障，提高幼儿园教师捍卫自我权利的意识和能力。在幼儿园内、在管理机构中、在社会沟通渠道上，提供发声平台，给予教师辩护的权利，倾听他们的自白，让导致高原的苗头因素在萌芽时期即得到及时释放、消解，而不是日积月累，待成燎原之势再去消除。

第三，进行舆论引导，维护幼儿园教师的社会形象，在"团结承认形式"下获得自重。幼儿园教师需要通过受社会尊重来提升职业价值感，对自己职业目标和意义的自信抵挡不住来自他人的冷淡，更不必说社会整体的轻视了。幼儿园教师需要尊重和理解，受尊重的教师才能尊重儿童，被理解的教师才能尽心尽责。调查中一位幼儿园老教师语重心长地说："大部分幼儿园老师都是爱孩子的，有很多老师一心扑在幼教事业上，不辞辛苦，任劳任怨，具有奉献精神。他们的工作如果不说、不宣传，家长是看不到的，社会

① ［美］查尔斯·霍顿·库利.人类本性与社会秩序［M］.包凡一，王源，译.北京：华夏出版社，1999：169.

更看不到。"2016 年夏,江苏阜宁县遭遇特大龙卷风灾害,当地一家幼儿园的房舍被悉数摧毁,但是该园几名女教师用娇弱的身躯拼命堵住破损的木门,任凭冰雹和砖石砸在自己身上,不同程度地负了伤,但是一直坚持到灾难结束,守护了 100 多名幼儿的生命安全。其中一位年轻教师说:"反正就是拼尽全力也得抵住门。我们的老园长,使劲用她的腰抵着,我们的信念就是孩子好,一切都好!"这条新闻在研究者的微信群里被刷屏转载,不少幼儿园教师看到这则新闻后,感动之余更多的是心情澎湃,教师们留言感叹:"这么多年,终于有媒体公正、客观地报道了有关幼儿园教师的正面事件。这一天让老师们等了太久了! 希望社会能公正地看待幼儿园教师职业,并给予应有的尊重!"其实,现实中,我们有很多这样的幼儿园教师,我们需要宣传这样的幼儿园教师! 当我们转离阴影、迎向阳光时,就会发现,教师仍是太阳底下最光辉的职业!

第九章　意义的追寻

——研究反思及展望

一、研究反思

（一）"问题之镜"的意象——问题之思

问题是什么？"问题是与社会文化视角相适应的客观事实作用于情境的主观意识产物。"①对于主观意识中升腾出来的这个问题，作为研究者的我惑之，思之，探之，自问到这里有没有得到一个完满的答案？反思我的问题与问题研究，是一个破与立、开与阖、否定之否定的历程。哲学被誉为"自然之镜"（mirror of nature）②，人类学家克鲁孔创立了"人类之镜"，而我试图用"幼儿园教师职业发展高原"这个"问题之镜"，来探照幼儿园教师发展征途上的凹凸不平，让广大幼儿园教师从中照见自己的过去、现在和未来。但是，整个研究过程中遭遇的人、事、物，远远超出我的意料。"一个有惊异感和困惑感的人，会意识到自己的无知"，③这种无知让我对幼儿园教师及其遭遇的问题心生敬畏。

通过调查，发现我国幼儿园教师职业发展高原是一个实存的现象，然而，这一现象并未引起人们重视，现实的态度如维特根斯坦（Ludwig Wittgenstein）所言，"在于其自行消失"④，本研究对此予以了充分关注。探索了幼儿园教师职业发展高原的结构，得出了现状特点，描摹了高原体验，判断了高原性质，探寻了影响因素，提出了策略建议，总结了若干结论和规律，达到了既定研究的目的，完整回答了开篇的问题。希望本研究成果能对改善幼儿园教师职业高原问题和推进职业高原研究尽到绵薄之力，并为幼儿

---

① Cox R. Social forces，states and world order［M］//Keohane R. Neorealism and its critics. New York：Columbia University Press，1986.

② 邱兆伦.当代教育哲学［M］.台北：师大书苑有限公司，2003：213.

③ 张世英.哲学导论［M］.北京：北京大学出版社，2008：128.

④ Wittgenstein.Tractatus logico-philosophicus［M］.London：Routledge，1961：521.

园教师的持续发展提供一些借鉴。然而,看似可以罢笔之时,研究者脑中反复呈现的画面是幼儿园教师一段段鲜活的经历和他们日复一日的心境,"每一条规律性都是通过千万人的命运表现出来的",①他们的命运岂是短短十几万字能概括尽的?要改变他们的命运,又岂是薄薄一本书能做到的?幼儿园教师的发展问题不仅仅是个人的事情,而且与社会各方面的发展息息相关,需要政府、幼儿园、家长、幼儿等各界的配合与协调,这是一个值得无穷探究的大问题。

(二)无限多样性中的可能——方法之思

本研究试图运用多种方法来研究"职业发展高原"这一常规问题,这是对于"职业发展高原"常见的量化研究的一种创新。研究者在本研究中应用了"主客位观点互释"②、实证与诠释结合的方法论,尝试打破微观个人和宏观结构的区隔,实现第一人称描写与第三人称描写、内部认识与外部认识、认知理性与行为理性、近经验与远经验、局内人与局外人的融合。

这也是由于研究者本人拥有一定的研究条件。作为研究者的我有一个跨界的身份,一方面,我的工作性质、教育背景、实习经历、朋友圈与幼儿园教师息息相关;另一方面,又与幼儿园教师群体隔开一定距离,这种既是局内人又是局外人的身份,让我从事本研究比别人多了一份优势,方便自身在主位、客位上的转换思考,避免数据收集和分析中出现偏颇。体察幼儿园教师的真实想法和深度考量成为本研究最有价值也是最难的工作。我在访谈过程中也曾遭遇过提防、漠然的对待。如有一位教师是经我前一位访谈对象推荐的,但刚开始访谈时,她的对立情绪严重,问任何问题都遭到呛声回应,急着要走,显得抗拒、不耐烦。于是我撇开访谈目的,和她随意地聊天,得知我们还是老乡,于是有了进一步聊下去的话题。渐渐地她觉得我并不仅仅是一个例行公事的调查者,还是可以信任的朋友,对峙的情绪慢慢缓和下来,后来态度就挺好,还主动问问我孩子的情况,直到我访谈结束,她都没有主动提出要走。然而,给我留下深刻印象的更多的是对本研究热心支持的老师们,他们敞开心扉、毫无保留地向我倾诉,热心地为我提研究建议。每当我希望补充交流或深入沟通时,他们都不厌其烦。有些老师遇到新的事情或想到补充的内容竟然主动联系告诉我。许多老师在调查问卷设计的电话号码栏里留下自己的号码,热心地希望接受进一步电话访谈,登记的号码数量之多完全出乎我

---

① [苏]苏霍姆林斯基.给教师的建议[M].杜殿坤,译.北京:教育科学出版社,1984:97.

② [美]克利福德·吉尔兹.地方性知识:阐释人类学论文集[M].王海龙,张家瑄,译.北京:中央编译出版社,2004:72.

的预料。从中我感受到一颗颗滚烫的心灵、一双双热切的眼睛,让我对本研究平添了一份责任感。

(三) 从徘徊中走来,面向未来而生——价值之思

研究最大的价值也许不是得出一个放诸四海皆准的结论,而是提供一些能引起关注、共鸣和启发的观点。

首先,希望本研究能增加人们对幼儿园教师职业的关注与理解。本书真实反映了幼儿园教师迁就现实的心理消耗与追寻理想的精神向往二者之间相持相较的现实样态。如果工作仅仅是一些杂事的堆砌,是一种重复的劳动,是一种无奈的煎熬,那么职业发展就只是停留在理论家脑中永远无法企及的空想。因此,我们的研究就是在现实绷紧的张力中表明立场,帮助发展天平偏倾的一端,从而缓和矛盾、敦促改变。"有用价值由生命价值奠定基础,就是说,只有生命价值在某种程度上存在了,有用价值才可感受到,每一种有用价值都是'对'一种生物'有用的'的价值。"[①]只有将幼儿园教师的发展与他们自己的生命历程相联系,与儿童的生命成长相关联,才能让人们对这份职业的认识发生质的改观,才能让幼儿园教师对未来的前景树立信心。人类对价值和意义的追求执着且永恒,面对现实的黯淡,光辉的职业理想永远是指引教师发展与前进的灯塔。

其次,本研究搭建了一个话语平台,让幼儿园教师一抒胸臆,吐露心声。吉尔兹(Geertz C)说过:"我们在阐释中不可能重铸别人的精神世界或经历别人的经历,只能通过别人在构筑其世界和阐释现实时所用的概念和符号去理解他们。"[②]因此研究者秉持了倾听与理解的基本立场。卡西尔(Ernst Cassirer)指出:"认识自我乃是哲学探究的最高目标。"[③]因此研究者重视幼儿园教师自我诠释的意义。本研究充分尊重幼儿园教师,让他们为自己立言,探索幼儿园教师背后链接的生活样态、社会生态,呈现了幼儿园教师成长中的困惑、苦闷、奋斗、彷徨,反思教师职业的意义,追寻教师生活的价值,在抒发与思考的过程中寻找与发现真正的自己,实现心灵升华和自我成长。

最终,研究者希望幼儿园教师能主动把握发展的命运,实现自觉、自主、自创。本研究名为职业发展,实质从专业发展出发,指归全人发展,这样的设计希望能拓展看待教

---

①　[德]马克斯·舍勒.价值的颠覆[M].罗悌伦,等译.北京:生活·读书·新知三联书店,1997:135.
②　[美]克利福德·吉尔兹.地方性知识:阐释人类学论文集[C].王海龙,张家瑄,译.北京:中央编译出版社,2004:6.
③　[德]恩斯特·卡西尔.人论[M].甘阳,译.上海:上海译文出版社,2003:3.

师专业发展的眼光。一方面,我们习惯于就专业发展看专业发展,而实际上,影响教师专业发展的有很多因素,不为人所关注;另一方面,任何发展的宗旨都是人的发展,只有承认生命价值的尊严,完善职业发展的意义建构,才能帮助教师最终获得自主的、全方面的发展。"人并不是被动地遵循一系列社会规则,也不是仅仅投身于外部的社会建构,更不是简单地对自己的生理驱动或心理状况作出应答,而是作为解释自己的经验并积极地将这些经验形成序列的主体。"①研究者相信幼儿园教师的信念与能力,希望发现的问题能成为教师成长的依托,既呼唤外在环境对幼儿园教师的关心和帮助,也鼓励教师自我的调整和改变。自我建构是获得自我自由的重要途径。"人类存在的根本意义,就是面对自由的重要时刻,具备详细规划人生的能力。"②因此,高原现象的背后是职业规划和生命成长的重要空间,在那里,幼儿园教师从徘徊中走来,面向未来而生!

二、研究展望

伽达默尔说:"一切实践的最终含义就是超越实践本身。"③因此,本次研究实践也需要不断的后续研究来验证、拓展和超越。关于后续研究的推进方向,研究者做了以下几个方面的设想。

第一,本研究发现我国当前社会文化背景下的幼儿园教师与国内外其他职业面临的高原问题既有相似之处,也有特殊之处,这充分印证了幼儿园教师发展的地域性、多样性、差异性和特殊性,那么,可以进一步将本研究细化,关注我国各地不同的社会文化情境下、不同地区、不同发展级别、不同发展阶段的教师具体面临什么样的高原问题,需要什么样的支持和帮助,而且由于幼儿教育保教一体的性质,也需要关注幼儿园里保育员、保健医生是否存在职业发展高原问题。

第二,本研究中探讨的幼儿园教师职业发展高原的影响因素和改善路径两部分,可以进一步深入研究,如影响因素之间有什么关系,以怎样的机制作用于幼儿园教师职业发展高原,可能路径是否可以被落实为有指导意义的培训课程,这些都值得进一步思考。

第三,关于"幼儿园教师发展"的研究众多,也不乏理想建构,可是现实中教师的发

---

① [英]马丁·登斯库姆.怎样做好一项研究——小规模社会研究指南[M].陶保平,等译.上海:上海教育出版社,2011:65.
② [英]约翰·科廷汉.生活有意义吗[M].王楠,译.桂林:广西师范大学出版社,2007.
③ [德]汉斯-格奥尔格·伽达默尔.赞美理论[M].夏镇平,译.北京:生活·读书·新知三联书店,1988:46.

展状态往往偏离理论描述。本研究揭示了"高原现象"是幼儿园教师发展征途中的一个阻碍,相应地,继续对普通的、底层的幼儿园教师予以关注,关心他们的喜怒哀乐,省思他们真实、生动的现实发展状态,具有现实意义。

第四,本研究实质上提出了对后现代社会下幼儿园教师转型发展的深思,如何建构一种新型幼儿园教师职业文化生态是一个值得进一步探讨的问题。

即使以上的研究设想不能悉数实现,那也"体现了对一个与现实完全不同的未来的向往,为开辟未来提供了精神动力"。[①] 正如华兹华斯(1798)在《丁登寺》一诗中描绘的那样:"一种升华的意念,深深地融入某种东西,仿佛正栖居于落日的余晖,浩瀚的海洋和清新的空气,蔚蓝色的天空和人类的心灵。"我们向往:当理想与现实相互辉映之时,当职业与生活齐头并进之时,当身体与心灵融为一体之时,幼儿园教师的发展就能收获持久的动力、真正的意义和发自内心的微笑!

---

① [德]尤尔根·哈贝马斯,[德]米夏埃尔·哈勒.作为未来的过去[M].章国锋,译.杭州:浙江人民出版社,2001:122-123.

参考文献

中文部分

[1] [苏]苏霍姆林斯基.给教师的建议[M].杜殿坤,译.北京:教育科学出版社,1984.

[2] [美]埃托奥,布里奇斯.女性心理学[M].苏彦捷,等译.北京:北京大学出版社,2003.

[3] [美]黛柏拉·泰南.男女亲密对话:两性如何进行成熟的语言沟通[M].吴幸宜,译.台北:远流出版社,1999.

[4] [美]林格.韦伯学思路:学术作为一种志业[M].简惠美,译.新北:群学出版有限公司,2013.

[5] [美]埃尔德.大萧条的孩子们[M].田禾,马春华,译.南京:译林出版社,2002.

[6] [俄]别尔嘉耶夫.精神王国与恺撒王国[M].安启念,周靖波,译.杭州:浙江人民出版社,2000.

[7] [美]麦克尼尔.课程:教师自主的行动[M].台北:五南图书出版公司,2006.

[8] [美]丽莲·凯兹.与幼儿教师对话——迈向专业成长之路[M].廖凤瑞,译.南京:南京师范大学出版社,2004.

[9] [俄]博尔诺夫.教育人类学[M].李其龙,等译.上海:华东师范大学出版社,1999.

[10] [法]埃德加·莫兰.复杂性理论与教育问题[M].陈一壮,译.北京:北京大学出版社,2004.

[11] [美]安妮·安娜斯塔西,[美]苏珊娜·厄比纳.心理测验[M].缪小春,竺培梁,译.杭州:浙江教育出版社,2001.

[12] [古罗马]奥古斯丁.忏悔录[M].周士良,译.北京:商务印书馆,1963.

[13] 白益民.教师的自我更新:背景、机制与建议[J].华东师范大学学报(教育科学版),2002(4).

[14][法]亨利·柏格森.创造进化论[M].肖聿,译.南京:译林出版社,2011.

[15][美]保罗·A.萨巴蒂尔.政策过程理论[M].彭宗超,等译.北京:三联书店,2004.

[16][英]齐格蒙特·鲍曼.后现代伦理学[M].张成岗,译.南京:江苏人民出版社,2003.

[17][法]布迪厄,[美]华庚德.实践与反思[M].李猛,李康,译.北京:中央编译出版社,1998.

[18][美]查尔斯·霍顿·库利.人类本性与社会秩序[M].包凡一,王源,译.北京:华夏出版社,1999.

[19]陈国强.应和儿童成长的节拍——亲历综合教育课程建设[M].南京:江苏凤凰教育出版社,2015.

[20]陈剑.西方职业高原现象研究进展[J].北京工业大学学报(社会科学版),2006(3).

[21]陈静静.试论早期受教育经验对新手教师教学实践的影响[J].全球教育展望,2012(9).

[22]陈向明.从"范式"的视角看质的研究之定位[J].教育研究,2008(5).

[23]陈向明.教师资格制度的反思与重构[J].教育发展研究,2008(15-16).

[24]陈向明.质的研究方法与社会科学研究[M].北京:教育科学出版社,2000.

[25]陈妍,姜勇,汪寒鹭."反思"对幼儿教师专业成长作用的个案研究[J].学前教育研究,2010(2).

[26]程凤农.论教师自组织及其生成——教师专业发展的视角[J].教育理论与实践,2014(16).

[27]单中惠.教师专业发展的国际比较[M].北京:教育科学出版社,2010.

[28]邓晓芒.西方哲学史中的理性主义和非理性主义[J].现代哲学,2011(3).

[29]邓铸,朱晓红.心理统计学与SPSS应用[M].上海:华东师范大学出版社,2009.

[30][法]笛卡尔.谈谈方法[M].王太庆,译.北京:商务印书馆,2007.

[31]丁钢.教师教育的使命[J].当代教师教育,2008(1).

[32]丁钢.日常教学生活中的教师专业成长[J].教育科学,2006(6).

[33]杜秀芳.教师职业生涯规划与发展[M].上海:华东师范大学出版社,2015.

[34][德]恩斯特·卡西尔.人论[M].甘阳,译.上海:上海译文出版,2003.

[35][加]马克斯·范梅南.教学机智——教育智慧的意蕴[M].李树英,译.北京:教育科学出版社,2001.

[36] [加]马克斯·范梅南.生活体验研究——人文科学视野中的教育学[M].宋广文,等译.北京:教育科学出版社,2003.

[37] [德]斐迪南·滕尼斯.共同体与社会——纯粹社会学的基本概念[M].林荣远,译.北京:商务印书馆,1999.

[38] 冯建军.当代自由平等主义与教育公正[J].清华大学教育研究,2007(5).

[39] 冯建军.三种不同的教育公正观——罗尔斯、诺齐克、德沃金教育公正思想的比较[J].比较教育研究,2007(10).

[40] 福柯.知识考古学[M].谢强,马月,译.北京:生活·读书·新知三联书店,1998.

[41] [德]汉斯-格奥尔格·伽达默尔.赞美理论[M].夏镇平,译.北京:生活·读书·新知三联书店,1988.

[42] [德]汉斯-格奥尔格·伽达默尔.真理与方法[M].洪汉鼎,译.上海:上海译文出版社,2004.

[43] 郭齐家.中国教育思想史[M].北京:教育科学出版社,1987.

[44] [德]尤尔根·哈贝马斯,[德]米夏埃尔·哈勒.作为未来的过去[M].章国锋,译.杭州:浙江人民出版社,2001.

[45] [英]哈维·弗格森.现象学社会学[M].刘聪慧,郭之天,张琦,译.北京:北京大学出版社,2010.

[46] [英]哈耶克.科学的反革命:理性滥用之研究[M].冯克利,译.南京:译林出版社,2003.

[47] 班固.汉书[M].兰州:敦煌文艺出版社,2015.

[48] 何怀宏.公平的正义:解读罗尔斯《正义论》[M].济南:山东人民出版社,2002.

[49] [美]赫伯特·施皮格伯格.现象学运动[M].北京:商务出版社,1995.

[50] [德]黑格尔.哲学史演讲录(第四卷)[M].贺麟,王太庆,等译.北京:商务印书馆,1997.

[51] [美]亨利·A.吉鲁.教师作为知识分子——迈向批判教育学[M].朱红文,译.北京:教育科学出版社,2008.

[52] 胡方.文化理性与教师发展:校本教研中的教师文化自觉[D].重庆:西南大学,2013.

[53] 胡金平.学术与政治之间角色困顿——大学教师的社会学研究[M].南京:南京师范大学出版社,2005.

[54]胡蕊娜,刘建君.幼儿教师职业高原问题研究[J].当代教师教育,2013(2).

[55][德]胡塞尔.纯粹现象学通论[M].李幼蒸,译.北京:商务印书馆,1992.

[56][德]胡塞尔.欧洲科学危机和超验现象学[M].张庆熊,译.上海:上海译文出版社,1988.

[57][德]胡塞尔.现象学的观念[M].倪梁康,译.北京:人民出版社,2007.

[58][英]怀特海.思维方式[M].刘放桐,译.北京:商务印书馆,2004.

[59]黄广芳.现象学视角下高校英语新教师教学生活研究[D].武汉:华中师范大学,2011.

[60]黄瑾.农民城的教师——文化本质理论视野下教师发展的叙事研究[D].上海:华东师范大学,2008.

[61]惠善康.中小学教师职业高原的现状、成因及其对个体职业生涯的影响——基于皖北地区428名中小学教师的实证研究[D].苏州:苏州大学,2011.

[62]嵇珺.美国学前教育专业人员CDA培训方案的依据、内容、实施及其启示[J].学前教育研究,2011(5).

[63]姜勇,和震."注视"与"倾听"——对当代两种教育研究范式的思考[J].北京大学教育评论,2004(3).

[64]姜勇,阎水金.教师发展阶段研究:从"教师关注"到"教师自主"[J].上海教育科研,2006(7).

[65]姜勇.幼儿教师专业发展[M].北京:高等教育出版社,2015.

[66]教育部师范教育司.教师专业化的理论与实践(修订版)[M].人民教育出版社,2003.

[67]金美福.教师自主发展论:教学研同期互动的教职生涯研究[M].北京:教育科学出版社,2005.

[68]金树人.生涯咨询与辅导[M].北京:高等教育出版社,2007.

[69]景敏.中学数学教师教学内容知识发展策略研究[D].上海:华东师范大学,2006.

[70][德]卡尔·雅斯贝尔斯.什么是教育[M].邹进,译.北京:生活·读书·新知三联书店,1991.

[71][美]凯西·卡麦兹.建构扎根理论:质性研究实践指南[M].边国英,译.重庆:重庆大学出版社,2009.

[72]柯政.学校本位教师专业发展的理论基础[J].全球教育展望,2011(9).

[73]［美］克利福德·吉尔兹.地方性知识:阐释人类学论文集[C].王海龙,张家瑄,译.北京:中央编译出版社,2004.

[74] 孔春梅,杜建伟.国外职业生涯发展理论综述[J].内蒙古财经学院学报(综合版),2011(3).

[75] 寇冬泉,张大均.教师职业生涯"高原现象"的心理学阐释[J].中国教育学刊,2006(4).

[76] 寇冬泉.教师职业生涯高原:结构、特点及其与工作效果的关系[D].重庆:西南大学,2007.

[77]［美］拉维沙·C.威尔逊,等.婴幼儿课程与教学[M].台北:五南图书出版公司,2006.

[78] 劳凯声.教育研究的问题意识[J].教育研究,2014(8).

[79] 李怀祖.管理研究方法论(第2版)[M].西安:西安交通大学出版社,2004.

[80] 李强,邓建伟,晓筝.社会变迁与个人发展:生命历程研究的范式与方法[J].社会学研究,1999(6).

[81]［英］理查德·普林.教育研究的哲学[M].北京:北京师范大学出版社,2008.

[82] 林炳伟.谈中学教师生涯发展[J].教育科学研究,2002(10).

[83] 林长华.企业员工职业高原及其对工作绩效和离职倾向的影响研究[D].长沙:湖南大学,2009.

[84] 刘放桐.现代西方哲学[M].北京:人民出版社,1990.

[85] 刘剑玲.追求卓越:教师专业发展的生命观照[J].课程教材教法,2005(1).

[86] 刘捷.专业化——挑战21世纪的教师[M].北京:教育科学出版社,2002.

[87] 刘良华.何谓"现象学的方法"[J].全球教育展望,2013(8).

[88] 刘素梅.教师职业生涯规划策略[M].长春:东北师范大学出版社,2010.

[89] 刘晓瑜.教育研究方法的新取向——质的教育研究方法[J].教育理论与实践,1998(5).

[90] 刘艳.幼儿园教师专业成长中"高原现象"研究[D].杭州:浙江师范大学,2011.

[91]［美］刘易斯·科塞.理念人:一项社会学的考察[M].郭方,等译.北京:中央编译出版社,2001.

[92] 刘云杉.从启蒙者到专业人——中国现代化历程中教师角色演变[M].北京:北京师范大学出版社,2006.

[93] 卢乃桂,钟亚妮.国际视野中的教师专业发展[J].比较教育研究,2006(2).

[94] 卢维兰.成人学习理论对教师培训的启示[J].继续教育研究,2010(1).

[95] 鲁洁.教育的原点:育人[J].华东师范大学学报(教育科学版),2008(12).

[96] 陆露.中小学教师职业规划的实践研究[D].武汉:华中师范大学,2008.

[97] [美]罗伯特·C.波格丹,[美]萨莉·诺普·比克伦.教育研究方法:定性研究的视角(第四版)[M].北京:中国人民大学出版社,2008.

[98] [英]马丁·登斯库姆.怎样做好一项研究——小规模社会研究指南[M].陶保平,等译.上海:上海教育出版社,2011.

[99] [美]马尔库塞.单向度的人——发达工业社会意识形态研究[M].刘继,译.上海:上海译文出版社,2014.

[100] [德]马克斯·韦伯.学术与政治[M].钱永祥,等译.桂林:广西师范大学出版社,2004.

[101] [德]马克斯·韦伯.社会科学方法论[M].韩水法,莫茜,译.北京:商务印书馆,2013.

[102] [德]马克斯·韦伯.新教伦理与资本主义精神[M].[美]斯蒂芬·卡尔伯格,英译,苏国勋,中译.北京:社会科学文献出版社,2010.

[103] [美]玛格丽特·波洛玛.当代社会学理论[M].孙立平,译.北京:华夏出版社,1989.

[104] [德]卡尔·曼海姆.意识形态与乌托邦[M].艾彦,译.北京:华夏出版社,2001.

[105] [美]梅里安.成人学习理论的新进展[M].黄健,等译.北京:中国人民大学出版社,2006.

[106] [美]C.赖特·米尔斯.社会学的想象力[M].陈强,张永强,译.北京:生活·读书·新知三联书店,2001.

[107] [法]米歇尔·福柯.规训与惩罚[M],刘北成,杨远婴,译.北京:生活·读书·新知三联书店,2003.

[108] [英]慕荷吉,[英]阿尔班.早期儿童教育研究方法[M].费广洪,郑福明,译.北京:高等教育出版社,2012.

[109] [美]内尔·诺丁斯.学会关心——教育的另一种模式[M].于天龙,译.北京:教育科学出版社,2003.

[110] 倪传荣,周家荣.骨干教师队伍建设研究[M].沈阳:沈阳出版社,2000.

[111] 倪梁康.现象学及其效应——胡塞尔与当代德国哲学[M].北京:生活·读

书·新知三联书店,1994.

[112] [美]诺曼·K.邓津,[美]伊冯娜·S.林肯.定性研究(第4卷):解释、评估与描述的艺术及定性研究的未来[M].风笑天,等译.重庆:重庆大学出版社,2007.

[113] [美]帕克·帕尔默.教学勇气[M].吴国珍,等译.上海:华东师范大学出版社,2005.

[114] [美]帕克,[美]麦肯齐.城市社会学[M].宋俊岭,吴建华,译.北京:华夏出版社,1987.

[115] [美]派纳,等.理解课程:历史与当代课程话语研究导论[M].张华,等译.北京:教育科学出版社,2003.

[116] 彭小虎.社会变迁中的小学教师生涯发展[D].上海:华东师范大学,2005.

[117] [美]乔尔·斯普林格.脑中之轮:教育哲学导论[M].贾晨阳,译.北京:北京大学出版社,2005.

[118] 邱兆伦.当代教育哲学[M].台北:师大书苑有限公司,2003.

[119] 曲玉楠.我国高校教师职业高原问题的研究[D].洛阳:河南科技大学,2009.

[120] [法]让-弗朗索瓦·利奥塔尔.后现代状态——关于知识的报告[M].车槿山,译.北京:生活·读书·新知三联书店,1997.

[121] 饶从满,杨秀玉,邓涛.教师专业发展[M].沈阳:东北师范大学出版社,2005.

[122] [美]塞缪尔·H.奥西普,路易斯·F.菲茨杰拉德.生涯发展理论[M].顾雪英,姜飞月,等译.上海:上海教育出版社,2010.

[123] 桑宁霞.中外视野下的成人教育[M].太原:山西人民出版社,2006.

[124] 邵光华.教师专业知识发展研究[M].杭州:浙江大学出版社,2011.

[125] [德]马克斯·舍勒.价值的颠覆[M].罗悌伦,等译.北京:生活·读书·新知三联书店,1997.

[126] 申继亮,费广洪,李黎.关于中学教师成长阶段的研究[J].天津师范大学学报(基础教育版),2002(3).

[127] 申继亮.教师人力资源开发与管理[M].北京:北京师范大学出版社,2006.

[128] 沈之菲.生涯心理辅导[M].上海:上海教育出版社,2000.

[129] 石中英.人作为人的存在及其教育[J].北京大学教育评论,2003(2).

[130] 石中英.知识转型与教育改革[M].北京:教育科学出版社,2001.

[131] [美]斯蒂芬·P.罗宾斯.组织行为学[M].孙建敏,李原,等译.北京:中国人民大学出版社,1997.

[132] 孙道进.论科学知识的生态伦理向度——阿尔贝特·史怀泽《敬畏生命》的文本解读[J].重庆社会科学,2004(2).

[133] 孙培青,李国钧.中国教育思想史(第1卷)[M].上海:华东师范大学出版社,1995.

[134] 孙正聿.哲学导论[M].北京:中国人民大学出版社,2000.

[135] 谭光鼎,王丽云.教育社会学:人物与思想[M].上海:华东师范大学出版社,2009.

[136] 檀传宝.诺丁斯与她的关怀教育理论[J].人民教育,2014(2).

[137] [法]埃米尔·涂尔干.社会分工论[M].渠东,译.北京:生活·读书·新知三联书店,2000.

[138] [美]托马斯·库恩.科学革命的结构[M].金吾伦,胡薪和,等译.北京:北京大学出版社,2003.

[139] 王海燕.实践共同体视野下的教师发展[M].重庆:重庆大学出版社,2011.

[140] 王俊生,陈大超.教师个体职业生涯发展阶段初探[J].辽宁教育研究,2004(12).

[141] 王艳.泰德·奥凯现象学教师观及其启示[J].外国教育研究,2015(12).

[142] 王枬,等.教师发展:从自在走向自为[M].桂林:广西师范大学出版社,2007.

[143] [美]威廉·维尔斯马,[美]斯蒂芬·G.于尔斯.教育研究方法导论(第9版)[M].袁振国,译.北京:教育科学出版社,2010.

[144] 魏薇,陈旭远.从"自在"到"自为":教师专业自主的内在超越[J].教师发展研究,2010(24).

[145] 魏卫.职业规划与素质培养教程[M].北京:清华大学出版社,2008.

[146] 吴颉琛.教苑拾零:吴颉琛教育文稿选[M].南京:南京师范大学出版社,2012.

[147] 吴康宁.学生同辈群体的功能:社会学的考察[J].上海教育科研.1997(8).

[148] 吴明隆.结构方程模型:AMOS操作与应用[M].重庆:重庆大学出版社,2009.

[149] 吴明隆.问卷统计分析实务——SPSS操作与应用[M].重庆:重庆大学出版社,2010.

[150] 吴艳茹.寻路——制度规约下的大学教师职业生涯研究[M].北京:中国社会科学出版社,2013.

[151] 武天林.马克思主义人学导论[M].北京:中国社会科学出版社,2006.

[152] [美]小威廉姆斯·E.多尔.后现代课程观[M].王红宇,译.北京:教育科学出版社,2000.

[153] [德]席勒.美育书简[M].徐恒醇,译.北京:中国文联出版公司,1984.

[154] 谢宝国.职业生涯高原的结构及其后果研究[D].武汉:华中师范大学,2005.

[155] [英]休谟.人性论[M].关文运,译.北京:商务印书馆,2016.

[156] 徐辉富.教育研究的现象学视角[D].上海:华东师范大学,2006.

[157] 徐今雅,刘玉.美国第三种教师培养模式研究:以波士顿驻校教师计划为例[J].教师教育研究,2011(6).

[158] 徐莉.民族村落中的教师——文化场视域下教师发展的个案研究[D].重庆:西南大学,2006.

[159] 徐龙,杜时忠.教师教育制度研究文献述评:取向、对象与方法[J].教师教育研究,2015(11).

[160] 薛忠祥.教育存在论:教育科学的形而上学基础研究[M].武汉:武汉大学出版社,2013.

[161] 严平.走向解释学的真理——伽达默尔哲学述评[M].北京:东方出版社,1998.

[162] 杨建朝.教育公平如何可能:从配置正义到多元正义[J].教育发展研究,2013(15-16).

[163] 杨启亮.教师学科专业发展的几个层次[J].教育发展研究,2009(15-16).

[164] 叶澜,等.教师角色与教师发展新探[M].北京:教育科学出版社,2001.

[165] 叶澜.论教师职业的内在尊严与欢乐[J].思想·理论·教育,2000(5).

[166] 叶澜.新编教育学教程[M].上海:华东师范大学出版社,1991.

[167] 叶小红.中小学教师职业高原的结构及其调节变量研究[D].广州:广州大学,2008.

[168] 余慧元.一种"纯粹"的经验如何可能?——胡塞尔现象学经验问题的扩展研究[D].杭州:浙江大学,2004.

[169] 虞永平,等.现象·立场·视角:学前教育体制与机制现状研究[M].南京:南京师范大学出版社,2015.

[170] 虞永平.《幼儿园教师专业标准》的专业化理论基础[J].学前教育研究,2012(7).

[171] [英]约翰·科挺汉.生活有意义吗[M].王楠,译.桂林:广西师范大学出版社,2007.

[172] [英]约翰·密尔.论自由[M].许宝骙,译.北京:商务印书馆,2009.

[173] [美]约翰·罗尔斯.正义论[M].何怀宏,何包钢,廖申白,译.北京:中国社会科学出版社,1988.

[174] 曾群芳,杨刚,伍国华.基于网络的教师非正式学习研究[J].中国电化教育,2015(9).

[175] 张昊孛.专家型教师成长路径研究[D].长春:东北师范大学,2009.

[176] 张培.小学教师职业"高原现象"研究[D].郑州:河南大学,2008.

[177] 张世义.利益相关者理论视角下的高校学前教育专业本科人才培养研究[D].南京:南京师范大学,2014.

[178] 张世英.哲学导论[M].北京:北京大学出版社,2008.

[179] 章学云.中小学教师高原现状研究述评[J].师资培训研究,2005(3).

[180] 赵昌木.论教师成长[J].高等师范教育研究,2002(3).

[181] 赵祥麟.外国教育家评传:第1卷[M].上海:上海教育出版社,2003.

[182] 郑淮,马林,李海燕.成人教育基础理论[M].广州:中山大学出版社,2015.

[183] 郑秋贤."冲破坚冰"——三位浸入式教师成长的故事[D].上海:华东师范大学,2003.

[184] 中国大百科全书总编辑委员会.中国大百科全书 哲学2[M].北京:中国大百科全书出版社,2002.

[185] 中国学前教育发展战略研究课题组.中国学前教育发展战略研究[M].北京:教育科学出版社,2010.

[186] 钟景迅,曾荣光.从分配正义到关系争议——西方教育公平探讨的新视角[J].清华大学教育研究,2009(5).

[187] 周晓虹.现代社会心理学——多维视野中的社会行为研究[M].上海:上海人民出版社,1997.

[188] 周勇华.四川省中小学教学名师"高原现象"研究[D].成都:四川师范大学,2014.

[189] 朱德全,李姗泽.教育研究方法[M].重庆:西南师范大学出版社,2011.

[190] 朱光明,陈向明.理解教育现象学的研究方法[J].外国教育研究,2006(11).

[191] 朱小蔓,笪佐领.走综合发展之路——培养自主成长型教师[J].课程·教材·教法,2002(1).

[192] 朱小蔓,杨一鸣.走向自我成长型教师培养的高师素质教育[J].南京师范大学学报(社会科学版),2002(1).

[193] 朱小蔓.道德教育论丛(第1卷)[M].南京:南京师范大学出版社,2000.

[194] 朱旭东,李琼.澳门教师专业发展与规划研究[M].北京:北京师范大学出版社,2011.

[195] 朱旭东,宋萑.论教师培训的核心要素[J].教师教育研究,2013(3).

[196] 朱旭东.教师专业发展理论研究[M].北京:北京师范大学出版社,2011.

[197] [日]筑波大学教育学研究会.现代教育学基础[M].钟启泉,译.上海:上海教育出版社,1986.

[198] [日]佐藤学.课程与教师[M].钟启泉,译.北京:教育科学出版社,2003.

外文部分

[1] Abraham K G, Medoff J L. Length of service and promotions in union and nonunion work groups [J]. Industrial and Labor Relations Review, 1985, 38(3).

[2] Allen T D, Russell J E A, Poteet M L, et al. Learning and development factors related to perceptions of job content and hierarchical plateauing [J]. Journal of Organizational Behavior, 1999, 20(12).

[3] Allen T D, Poteet M L, Russell J E A. Attitudes of managers who are more or less career plateaued [J]. The Career Development Quarterly, 1998(2).

[4] Arthur M B, Rousseau D M. The boundaryless career as a new employment principle[M]//Arthur M G, Rousseau D M(Eds.). The Boundaryless Career. New York: Oxford University Press, 1996.

[5] Baker P M, Markham W T, Bonjean C M, et al. Promotion interest and willingness to sacrifice for promotion in a government agency[J]. Journal of Applied Behavioral Science, 1988,24(1).

[6] Bardwick J M. The plateauing trap: how to avoid it in your career and your life[M]. New York: American Management Association, 1986.

[7] Bardwick J M. SMR forum: plateauing and productivity [J]. Sloan Management Review, 1983, 24(3).

[8] Belenky M F, et al. Women's ways of knowing: the development of self, voice, and mind [J]. Curriculum Inquiry, 1988, 18(1).

[9] Bell B, Gillbrert J. Teacher development: a model from science education [M]. London & Washington, D C : Falmer Press, 1996.

[10] Foster B P, Shastri T, Withane S. The impact of mentoring on career plateau and turnover intentions of management accountants [J]. Journal of Applied Business Research, 2011, 20(4).

[11] Bullough R, Pinnegar S. Guidelines for quality in autobiographical forms of self-study [J]. Educational Researcher, 2001, 30(3).

[12] Burden P R. Teacher's perception of their personal and profession development [R]. Paper Presented at the Mid-western Educational Research Association, Des Moines, IA, 1981, 20(11).

[13] Burke P J, Christensen J C, Fessler R. Teacher career stages: implications for staff development[M]. Bloomington, InD: Phi Delta Kappa, 1984.

[14] Burl R S. Structural holes: the social structure of competition [M]. Cambridge: Harvard University Press, 1992.

[15] Carnazza J, Korman A, Ference T, et al. Plateaued and nonplateaued managers: factors in job performance[J]. Journal of Management, 1981(7).

[16] Gilligan C. In a different voice: psychological theory and women's development[M]. Cambridge : Harvard University Press, 1982.

[17] Carr W, Kemmis S. Becoming critical: education, knowledge and action research [M]. London: Falmer Press, 1982.

[18] McCleese C S, Eby L T, Scharlau E A, et al. Hierarchical, job content, and double plateaus: A mixed-method study of stress, depression and coping responses [J]. Journal of Vocational Behavior, 2007(7).

[19] Chao G T. Exploration of the conceptualization and measurement of career plateau: a comparative analysis[J]. Journal of Management, 1990, 16(1).

[20] Stelling J, Cherniss C. Professional burnout in human service organizations [J]. Contemporary Sociology, 1980.

[21] Choy M R, Savery L K. Employee plateauing: some workplace attitudes [J]. Journal of Management Development, 1998, 17(6).

[22] Christensen J C, Mcdonnell J H, Price J R. Personalizing staff development: the career lattice model [M]. Bloomington, InD: Phi Delta Kappa

Educational Foundation, 1988.

[23] Cochran-Smith M, Freiman-Nemser S, McIntyre D J, et al. Handbook of Research on Teacher Education[M]. New York: Routledge, 2008.

[24] Collinson V, Ono Y. The professional development of teachers in the United States and Japan[J]. European Journal of Teacher Education, 2001,24(2).

[25] Cox R. Social forces, states and world order[M]//Keohane R. Neorealism and its critics. New York: Columbia University Press, 1986.

[26] Dale G. Distractions and coping strategies of elite decathletes during their most memorable performances[D]. University of Tennessee, Knoxville, 1994.

[27] Day C, Leitch R. Teachers and teacher education lives: the role of emotion[J]. Teaching and Teacher Education, 2001(4).

[28] Doyle W. Classroom knowledge as a foundation for teaching[J]. Teachers College Record, 1990, 91(3).

[29] Dreyfus H L, Dreyfus S E. Mind over machine[M]. New York: Free Press, 1986.

[30] Duffy J A. The application of chaos theory to the career-plateaued worker [J]. Journal of Employment Counseling, 2000,37(4).

[31] Elsass P M, Ralston D A. Individual response to the stress of career plateauing [J]. Journal of Management, 1989,15(1).

[32] Eraut M. In Service teacher education[M]//Dunkin M J (Eds.). The international encyclopedia of teaching and teacher education[M]. Oxford: Pergamon Press, 1986.

[33] Ettington D R. How human resource practices can help plateaued managers succeed [J]. Human Resource Management, 1997(2).

[34] Ettington D R. Successful career plateauing[J]. Journal of Vocational Behavior, 1998, 52(1).

[35] Evans M G, Gilbert E. Plateaued managers: their need gratifications and their effort-performance expectations [J]. Journal of Management Studies, 1984(4).

[36] Evans S L. What is teacher development[J]. Oxford Review of Education, 2002,28(1).

[37] Feldman D C, Weitz B A, et al. Career plateauing in a decling engineering

organization [J]. Human Resource Management, 1988, 24(3).

[38] Feldman D C, Weitz B A. Career plateaus reconsidered [J]. Journal of Management, 1998, 14(1).

[39] Ference T P, Stoner J A F, Warren E K. Managing the career plateau [J]. Academy of Management Review, 1977, 2(4).

[40] Fessler R. A model for teacher professional growth and development[M]// Burke P J, Heideman R C(Eds.). Career-long teacher education. Springfield, IL: Charles C Thomas, 1985.

[41] Fessler R, Christensen J C. The teacher career cycle: understanding and guiding the professional development of teachers [M]. Boston: Allyn and Bacon, 1992.

[42] Fischer C S. Toward a subcultural theory of urbanism [J]. American Journal of Sociology, 1975,80(6).

[43] Fullan M, Hargreaves A. Teacher development and educational change[M]. London & Washington, D C: Falmer Press, 1992.

[44] Fuller F, Brown O H. Becoming a teacher[M]//Ryan K. Teacher education: seventy-fourth yearbook of the national society for the study of education. Chicago: University of Chicago Press, 1975.

[45] Fuller F. Concerns of teachers: a developmental conceptualization[J]. American Educational Research Journal, 1969(6).

[46]Goddard R, O'Brien P. Beginning teachers' perceptions of their work, well-being and intention to leave[J]. Asia Pacific Journal of Teacher Education and Development, 2003, 6(2).

[47] Gerpott T, Domsch M. R & D professionals' reactions to career plateau: mediating effects of supervisory behaviors and job characteristics [J]. R & D Management, 1987, 17(2).

[48] Glatthorn A. Teacher development [M]//Lorin W. Anderson (Ed.). International encyclopedia of teaching and teacher education(2nd Eds.). Oxford: Elsevier Science Ltd., 1995.

[49] Gorard S, Taylor C. Combining methods in educational and social research[M]. London: Open University Press, 2004.

[50] Gould S, Penley L E. Career strategies and salary progression: a study of their relationships in a municipal bureaucracy [J]. Organizational Behavior and Human Performance, 1984, 34(10).

[51] Gunz H. Career and corporate cultures [M]. Oxford: Basil Blackwell, 1989.

[52] Hagreaves A, Lo L N K. The paradoxical profession: teaching at the turn of the century[J]. Prospects, 2000(2).

[53] Hargreaves A, Goodson I. Teacher's professional lives: aspirations and actualities[M]//Ivor Goodson, Andy Hargreaves(Eds.). The Teachers' Professional Lives. London: Falmer Press, 1996.

[54] Harvey E K, Schultz J R. Responses to the career plateau bureaucrat[M]. London: Falmer Press, 1987.

[55] Hoyle E. Professionalization and deprofessionalization in education[M]// Eric Hoyle, Jacquetta Megarry (Eds.). World yearbook of education 1980: Professional development of teachers. London: Kogan Page, 1980.

[56] Huberman M. The professional life cycle of teachers[J]. Teacher College Record, 1989(1).

[57] Huberman M. The lives of teachers[M]. New York: Teachers College Press, 1993.

[58] Defrank R S, Ivancevith J M. Job loss: an individual level review and model[J]. Journal of Vocational Behavior, 1986(1).

[59] Trefil J, Kett J F, Hirsch E D. The new dictionary of cultural literacy[M]. Boston: Houghton Mifflin Company, 2007.

[60]Nias J. Reference groups in primary teaching: talking, listening and identity[M]// Ball S J, Goodson I F. Teachers' lives and careers. London: Taylor & Francis, Inc, 1985.

[61] Johnson R B, Onwuegbuzie A J. Mixed methods research: a research paradigm whose time has come[J]. Educational Researcher, 2004(7).

[62] Judy K. Review of career stages of classroom teachers [J]. Educational Leadership, 1990,48(3).

[63] Jung J, Tak J. The effects of perceived career plateau on employees' attitudes: moderating effects of career motivation and perceived supervisor support

with Korean employees[J]. Journal of Career Development, 2008, 35(2).

[64] Krupp J. Mentoring: a means by which teachers become developers[J]. Journal of Staff Development, 1987,8(1).

[65] Krupp J. Adult development: implications for staff development [M]. Manchester, CT: Auther, 1981.

[66] Langdridge D. Phenomenological psychology: theory, research and method[M]. London: Addison Wesley Longman, 2007.

[67] Lee B C P. Going beyond career plateau: using professional plateau to account for work outcomes[J]. Journal of Management Development, 2003(6).

[68] Leithwood K. The principal's in teacher development [M]//Fullan M, Hargreaves A(Eds.). Teachers development and educational change. London: Falmer Press, 1992.

[69] Lemire L, Saba T, Gagnon Y C. Managing career plateauing in the Quebec Public Sector[J]. Public Personnel Management, 1999,28(3).

[70] Little J W. Teacher development and educational policy[M]//Fullan M, Hargreaves A (Eds.). Teacher development and educational change. London & Washington, D C: Falmer Press, 1992.

[71] Little J W. Teachers' professional development in a climate of educational reform[J]. Educational Evaluation and Policy Analysis, 1993(2).

[72] Maher F A. Toward a richer theory of feminist pedagogy: a comparison of "liberation" and "gender" models for teaching and learning[J]. Journal of Education, 1987,169(3).

[73] Armstrong-Stassen M. Factors associated with job content plateauing among older workers[J]. Career Development International, 2008(7).

[74] Martin J R. Changing the educational landscape: philosophy, women, and curriculum [M]. New York: Routledge, 1994.

[75] Maslach C. Burnout: a social psychological analysis[M]//Jone J W (Eds.). The burnout syndrome: current research, theory, investigations. Park Ridge, IL: London House Press, 1982.

[76] Lipsky M. Street-level bureaucracy [M]. New York: Russell Sage Foundation, 1980.

［77］Milliman J F. Causes, consequences and moderating factors of career plateauing［D］.Los Angeles：University of Southern California,1992.

［78］Near J P. Work and nonwork correlates of the career plateau［J］. Academy of Management Proceedings，1981(1).

［79］Near J P. The career plateau：causes and effects［J］. Business Horizons, 1980，23(5).

［80］Newman K，Burden P，Applegate J. Helping teachers examine their long-range development［J］. The Teacher Educator，1980，15(4).

［81］Nicholson N. Purgatory or place of safety? The managerial plateau and organizational age grading［J］. Human Relations，1993,46(12).

［82］Noddings N. Care and moral education ［M］//Kohli W（Eds.）. Critical conversations in philosophy of education. New York：Routledge，1995.

［83］Noddings N. Starting at home：caring and social policy［M］. Berkeley：University of California Press，2002.

［84］Noddings N. The challenge to care in schools［M］. New York：Teachers College Press，1992.

［85］Perry P. Professional development：the inspectorate in England and Wales［M］// Eric Hoyle，Jacquetta Megarry（Eds.）. World yearbook of education 1980：Professional development of teachers. London：Kogan Page，1980.

［86］Rantze K R，Feller R W. Counseling career-plateaued workers during times of social change［J］. Journal of Employment Counseling，1985，22(3).

［87］Raymond D，Butt R，Townsend D. Contexts for teacher development：insights from teachers' stores［M］//Hargreaves A，Fullan M（Eds.）. Understanding teacher development. New York：Teachers College Press，1992.

［88］Reid K，Flowers P，Larkin M. Exploring lived experience：an introduction to interpretative phenomenological analysis［J］. The Psychologist，2005，18(1).

［89］Redfield R. The folk culture of yucatan［M］. Chicago Illinois：The University of Chicago Press，1941.

［90］Rotondo D M，Perrewe P L. Coping with a career plateau：an empirical examination of what works and what doesn't［J］. Journal of Applied Social Psychology，2006(7).

[91] Schaufeli W B, Enzmann D. The burnout companion to study and practice: a critical analysis[M]. London: Taylor & Francis, 1998.

[92] Schon D A. The reflective practitioner: how professional think in action[M]. New York: Basic Books, 1983.

[93] Heilmann S G, Holt D T, Rilovick C Y. Effects of career plateauing on turnover a test of a model[J]. Journal of Leadership & Organizational Studies, 2005, 15(1).

[94] Shuell T J. Phases of meaningful learning[J]. Review of Educational Research, 1990, 60(4).

[95] Sleegers P, Geijsel F. Conditions fostering educational change[M]// Leithwood K, Hallinger P, et al. Second International Handbook of Educational Leadership and Administration. Springer Dordrecht: Kluwer Academic Publishers, 2002.

[96] Slocum J W, Cron W L, Hansen R W, et al. Business strategy and the management of plateaued employees[J]. Academy of Management Journal, 1985, 28 (1).

[97] Steffy B. Career stages of classroom teachers[M]. Lancaster, PA: Technomic Publishing Company, Inc., 1989.

[98] Sternberg R J, Horvath J A. A prototype view of expert teaching[J]. Educational Researcher, 1995(6).

[99] Sue. Pupil wellbeing-teacher wellbeing: personal and job resources and demands[J]. Procedia-Social and Behavioral Sciences, 2013, 84(7).

[100] Tan C S, Salomone P R. Understanding career plateau: implications for counseling[J]. Career Development Quarterly, 1994(7).

[101] Tashakkori A, Teddlie C. Handbook of mixed methods in social and behavioral research[M]. Thousand Oaks, CA: Sage, 2003.

[102] Teddlie C, Tashakkori A. Foundations of mixed methods research: integrating quantitative and qualitative approaches in the social and behavioral sciences[M]. Thousand Oaks, CA: Sage, 2008.

[103] Tremblay M, Roger A. Individual, familial and organizational determinants of career plateau: an empirical study of the determinants of objective and

subjective career plateau in a population of Canadian managers [J]. Group & Organization Management，1993，18(4).

[104] Tremblay M，Roger A，Toulouse J. Career plateau and work attitudes：an empirical study of managers[J]. Human Relations，1995，48(3).

[105] Trorey G，Cullingford C. Professional development and institutional needs [M]. England：Ashgate Publishing Company，2002.

[106] P-Win V N. Excerpted from：Does professional development change teaching practice? Results from a three-year study[J]. Journal for Vocational Special Needs Education，2006，28.

[107] Unruh A，Turner H E. Supervision for change and innovation[M]. Boston：Houghton Mifflin，1970.

[108] Valle R S，King M，Halling S. An introduction to existential phenomenological thought in psychology [M]//Valle K，Hallings S (Eds.). Existential-phenomenological perspectives in psychology：exploring the breath of human experience. New York：Plenum Press，1989.

[109] Veiga J F. Plateaued versus non-plateaued managers：career patterns，attitudes and path potential[J]. Academy of Management Journal，1981，24(3).

[110] Walder M U. Moral understanding：alternative"epistemology"for a feminist ethics[M]//Held V (Eds.). Justice and care-essential readings in feminists ethics. Boulder，Colorado：Westview Press，1995.

[111] Warren E K，Ference T P，Stoner J A F. Case of the plateaued performer[J]. Harvard Business Review，1977，53(1).

[112] Weible C，Sabatier P. Comparing policy networks：marine protected areas in California[J]. Policy Studies Journal，2005(33).

[113] West M，Nicholson N，Fees A. The outcomes of downward managerial mobility[J]. Journal of Organization Behavior，1990，11(3).

[114] Pinar W F. High volume traffic in the intertext：after words [M]// Curriculum intertext：place, language, pedagogy. Zurich：Peter Lang Publishing, Inc，2003.

[115] Wittgenstein. Tractatus logico-philosophicus[M]. London：Routledge，1961.

［116］Liu Y，Ding C，Berkowitz M W，et al. A psychometric evaluation of a revised school climate teacher survey［J］. Canadian Journal of School Psychology，2014，29(1).

［117］Young I M. Justice and the politics of difference［M］. New Jersey：Princeton University Press，1990.

［118］Zeichner K. The new scholarship in teacher education［J］. Educational Researcher，1999，28(9).

附　录

附录1

幼儿园教师职业发展高原现象开放式问卷

尊敬的老师：

您好！我们在开展一项关于幼儿园教师职业发展高原现象的研究，希望得到您的支持和配合。请您回答以下问题，描述越详细越好。您的回答仅作为研究资料使用，不用署名，绝对保密。非常感谢您的参与！

幼儿园教师入职后在各个方面都经历着不断发展变化的过程，但是经历一段时间后，可能在职业生涯的某一阶段，晋升、流动、迎接挑战和情感投入等方面的可能性不再继续提升，在行为或心理上出现暂时停滞的现象。这一现象具有深浅不一的程度，呈现一种连续变化的过程。我们称之为"高原现象"。请问：

1. 您有过这样的感受吗？具体有哪些表现？

2. 您认识的同行里有人经历过类似情况吗？他们有什么表现？

附录2

幼儿园教师职业发展高原现象访谈提纲

1. 作为一名幼儿园教师，从入职以来，您一定在各个方面都经历着不断发展变化的过程。您有没有感觉到在某一阶段，职业发展的某一方面提升似乎遇到了平台，在行为或心理上出现暂时停滞的现象？

2. 具体表现在哪些方面？

3. 在工作第几年的时候出现这种情况？当时您多大年纪？

4. 有印象深刻的事情作为例子吗？

5. 您怎么看待这个现象？您觉得它对幼儿园教师职业发展是有利还是有弊？为什么？

6. 它对您的工作产生过什么影响？

7. 您认为哪些因素会造成职业发展高原现象？

8. 您是如何应对这一现象的？

附录3

参与研究同意书

我同意参与一项名为"幼儿园教师职业发展高原现象"的研究，我了解这项研究的目的和性质。我授权以匿名的方式将我在访谈中提供的资料提供给研究者使用，允许其在博士论文中使用和今后的发表。我同意在我选择的地点接受研究者的访谈，如果有必要，在双方同意的基础上再接受一次补充访谈。我同意在访谈过程中使用录音设备。

访谈对象签名＿＿＿＿＿＿日期＿＿＿＿＿＿

研究者签名＿＿＿＿＿＿日期＿＿＿＿＿＿

附录4

幼儿园教师职业发展高原现象语义分析问卷(节选)

尊敬的老师：

您好！

这是一份有关幼儿园教师职业发展高原现象的调查问卷，以下是根据文献、访谈和开放式问卷初步设计的调查问卷项目，敬请您对以下每条语句的表达逐条审阅，判断其表达是否清楚，请在相应位置上打"√"。

项目语句	非常模糊	比较模糊	一般	比较清楚	非常清楚
1. 幼儿园里职位少,我获得提升的空间有限					
2. 职位提升是按资排辈的,我暂时没有希望提升					
3. 影响职位提升的不确定因素多,我觉得不能把握					
4. 幼儿园获得的职称申报名额少,我进一步提升职称的可能性小					
5. 我已经拿到自己能达到的最高职称了					
6. 我评更高职称的困难多					
7. 评更高职称的条件对我来说较难达到					
8. 我对提升职位的意愿不强烈					
9. 我没有进一步评职称的动力					
10. 我在幼儿园里被进一步提拔的机会少					
11. 我觉得自己已达到力所能及的最高职位了					
12. 我对职位提升无所谓					
13. 我流动到其他幼儿园的机会少					
14. 自身已经定位了,再努力也没有更多的东西给我					
15. 我的专业水平能胜任当前的工作					
16. 由于忙于应对日常工作,我没有时间去进一步提升专业能力					
17. 我平时能够获得的学习机会(如培训、教研活动等)少					
18. 我的学时没法完成					
19. 我平时能够得到的学习信息少					
20. 我从日常工作中学到新的专业知识的可能性越来越小					
21. 我在专业发展上已达到自己能力所及的最高水平					
……					

附录5

幼儿园教师职业发展高原现象项目评定问卷(节选)

尊敬的老师:

您好!

这是一份有关幼儿园教师职业发展高原现象的调查问卷。幼儿园教师职业高原是指在幼儿园教师职业生涯发展过程中,发展遇到了平台期,在一段时间内出现了停滞甚至倒退的状态,不再继续提升发展。请您根据对幼儿园教师职业发展高原的理解,对下面项目的单维性、表述恰当程度、命中目标程度进行评估。三个评估内容的含义具体如下。

评估维度:

单维性——考察每个维度的全部项目,是否在测量同一个方面的内容。

表述恰当程度——考察是否易于被人理解,不出现歧义。

命中目标程度——考察是否准确测量所指向的概念。

评分方法:

1＝非常不符合,2＝比较不符合,3＝说不清,4＝比较符合,5＝非常符合。请在每个项目的对应维度上写上相应数字。

维度名称:层级高原。

维度含义:幼儿园教师在职业发展过程中,在当前工作上获得的职称、职位提升到达一个平台,变化趋势不再上升甚至下降。

测量项目	单维性	表述恰当程度	命中目标程度
1. 幼儿园领导职位少			
2. 职位提升是按资排辈的,我暂时够不到			
3. 我对提升职位的想法不强烈			
4. 在幼儿园里要得到提拔,自己不能把握的因素太多			
5. 我觉得我职位上不可能再提升了			
6. 我没有评更高职称的动力			
7. 再往上评职称的条件我达不到了			
8. 我的职称已经达到＊级了,作为普通老师到顶了			

附录6

幼儿园教师职业发展高原现象专家评估问卷(节选)

尊敬的专家:

　　您好!

　　这是一份有关"幼儿园教师职业发展高原现象"的调查问卷。当幼儿园教师在职业生涯的某一阶段,晋升、流动、迎接挑战和情感投入等方面的可能性不再继续提升,在行为或心理上出现暂时停滞,这一现象我们称之为"高原现象",它具有深浅不一的程度,呈现一种连续变化的过程。下面项目是对处于职业发展高原阶段的幼儿园教师状态的描述。请您根据对幼儿园教师职业发展高原现象的理解,判断这些项目适合该研究的程度,在对应位置上打"√"。

　　本问卷中,1＝根本不适合,2＝不太适合,3＝一般,4＝比较适合,5＝非常适合。

测量项目	与高原现象的相关度				
	1	2	3	4	5
1. 班级幼儿的安全对我的精神压力大					
2. 我对提升领导职位的意愿不强烈					
3. 我觉得当前的工作不稳定,不能给我足够的保障感					
4. 我只把自己的事情干好,不突出表现自己					
5. 我不想再继续进修以提升学历了					
……					

附录7

幼儿园教师职业发展高原现象问卷(初始问卷)

问卷说明

尊敬的老师:

　　您好!

　　我们在开展一项关于"幼儿园教师职业发展高原现象"的调查研究。当幼儿园教师在职业生涯的某一阶段,晋升、流动、迎接挑战和情感投入等方面的可能性不再继续提升,在行为或心理上出现暂时停滞,这一现象我们称之为"高原现象",它具有深浅不一的程度,呈现一种连续变化的过程。

本调查并非测验,答案没有对错之分。本问卷采取匿名填写的方式,您所提供的资料仅限于整体统计分析所用,我们不会公开您的任何个人信息,敬请放心作答,请您提供真实的想法,您的认真作答对我们的研究将有很大的帮助。我们希望通过这个调查了解和反映当前幼儿园教师发展实际面临的问题,以帮助老师们持续、更好地获得发展! 期待身为幼儿园教师一员的您积极参与并提供支持!

真诚感谢您的支持与配合!

答题指导语

1. 本调查问卷由两部分组成,第一部分是答题者个人基本情况的调查,第二部分是对您作为幼儿园教师发展状况的调查。

2. 请您根据您的实际情况在相应选项上打"√"(如果您拿到的是电子版,请将相应选项字体改为红色并加上下划线)。

3. 请您不要漏掉任何一道题项,以保证完成质量。

4. 如有任何疑问,请联系:×××。

第一部分:个人基本情况

1. 您的性别:□(1) 男　　　□(2) 女

2. 您的婚姻状况:□(1) 已婚　　　□(2) 未婚

3. 您的年龄:□(1) 18—25 周岁　　□(2) 26—30 周岁　　□(3)31—35 周岁　□(4)36—40 周岁　　□(5)41—45 周岁　　□(6)46—50 周岁　　□(7)51 周岁以上

4. 您的教龄:□(1) 0—2 年　　□(2) 3—5 年　　□(3)6—10 年　　□(4)11—15 年　　□(5)16—20 年　　□(6)21—25 年　　□(7)26 年以上

5. 您的最高学历:□(1) 中专及以下　　□(2) 大专　　□(3)本科　　□(4)硕士研究生及以上

6. 您的最高职称:□(1) 高级教师或正高级教师　　□(2) 一级教师　　□(3)二级教师　　□(4)三级教师　　□(5)未定职级

7. 您是否有教师编制:□(1) 有教师编制　　□(2) 无教师编制

8. 您所在幼儿园的性质:□(1) 公办园　　□(2) 民办园

9. 您在幼儿园的职务:□(1) 普通教师　　□(2) 中层领导　　□(3)副园长、园长

第二部分:幼儿园教师职业发展状况的调查

您的精确区分和耐心填写对我们的研究具有重要作用,非常感谢您的合作!

问卷中,1=完全不符合,　2=有点不符合,　3=一般,　4=比较符合,　5=完全符合。

序号	项目	完全不符合	有点不符合	一般	比较符合	完全符合
1	班级孩子的安全对我的精神压力大	1	2	3	4	5
2	我对提拔到更高领导职位的意愿不强烈	1	2	3	4	5
3	当前的工作不稳定,不能给我足够的保障感	1	2	3	4	5
4	我不想突出表现自己	1	2	3	4	5
5	没有主动写专业论文的意愿	1	2	3	4	5
6	我获得提拔的空间(指幼儿园里职位)有限	1	2	3	4	5
7	就当前工作而言,专业有没有发展不明显	1	2	3	4	5
8	我不想再继续进修以提升学历了	1	2	3	4	5
9	我希望当前工作能让我有更多时间照顾自己的孩子	1	2	3	4	5
10	我没有进一步评职称的动力	1	2	3	4	5
11	我与同事在班上孩子表现上的看法不一致	1	2	3	4	5
12	当前工作就是应对常规	1	2	3	4	5
13	评更高职称的条件对我来说较难达到	1	2	3	4	5
14	我现在更愿意把精力用在私人生活而不是工作上	1	2	3	4	5
15	当前工作杂事太多了	1	2	3	4	5
16	我不想承担日常教育教学外的额外任务(如教学比赛、开课、接受参观等)	1	2	3	4	5
17	现有的培训对我的专业发展缺乏效果	1	2	3	4	5
18	我在当前工作中想做的事情做不了	1	2	3	4	5
19	我评选上更高职称的可能性小	1	2	3	4	5
20	有时候会消极应付领导布置的任务	1	2	3	4	5
21	有的事情其实不用做,家长也认可	1	2	3	4	5
22	精力不够,达不到家长、领导的要求	1	2	3	4	5

序号	项目	完全 不符合	有点 不符合	一般	比较 符合	完全 符合
23	我平时能够得到的学习信息少	1	2	3	4	5
24	我已经拿到自己能达到的最高职称了	1	2	3	4	5
25	幼教的专业要求变化快,觉得跟不上	1	2	3	4	5
26	我的工作业绩得不到认可	1	2	3	4	5
27	我从日常工作中学到新的专业技能的可能性越 来越小	1	2	3	4	5
28	平时不会主动进行专业反思	1	2	3	4	5
29	越来越觉得和家长有代沟,提的建议没有用	1	2	3	4	5
30	不会主动参与课题研究	1	2	3	4	5
31	不会主动报名参加专业活动(如比赛、公开 课等)	1	2	3	4	5
32	想离领导远一点	1	2	3	4	5
33	当前工作的收入与辛苦程度不成比例	1	2	3	4	5
34	我暂时没有希望提升职位	1	2	3	4	5
35	我不想担任重要工作(如年级组长、教研组长、 副园长等)	1	2	3	4	5
36	我反映的问题得不到重视	1	2	3	4	5
37	遇到家园矛盾时园部不会偏向我的利益	1	2	3	4	5
38	平时没有机会得到专家引领指导	1	2	3	4	5
39	我与领导在教育理念上不一致	1	2	3	4	5
40	不主动报名参与评选(如骨干、青优、学科带头 人、人民教育家等)	1	2	3	4	5
41	觉得当前工作做多做少都一样,外显差别不大	1	2	3	4	5
42	我对工作的激情渐渐淡了,觉得是一种习惯性 劳动	1	2	3	4	5
43	当前工作给我带来的成就感低	1	2	3	4	5
44	对自己的专业水平满意	1	2	3	4	5
45	我对工作付出的程度超出被认可的程度	1	2	3	4	5
46	对领导的提议不积极响应	1	2	3	4	5

序号	项目	完全 不符合	有点 不符合	一般	比较 符合	完全 符合
47	我觉得在幼儿园里要获得职位提拔,自己不能把握的因素多	1	2	3	4	5
48	工作时间越长,越觉得当前工作风险大	1	2	3	4	5
49	我在专业发展上只想保持目前的状态	1	2	3	4	5
50	我对当前工作觉得迷茫	1	2	3	4	5
51	流动到其他幼儿园的机会少	1	2	3	4	5
52	当前工作压力大	1	2	3	4	5
53	我觉得当前工作中有些事情做得没意义	1	2	3	4	5
54	我的专业水平能胜任当前的工作	1	2	3	4	5
55	我平时能够获得的学习机会(如培训、教研活动)少	1	2	3	4	5
56	当前工作的收获与付出不成比例	1	2	3	4	5
57	我不情愿把工作带回家	1	2	3	4	5
58	我觉得自己已达到力所能及的最高职位了	1	2	3	4	5
59	我希望集体给予我更多的关怀和保障	1	2	3	4	5

本问卷到此结束,请您再检查一遍有无遗漏或错填的题项,您的认真和细致是我们有效研究的保证!

再次感谢您的支持与配合!

如果您对我们的研究感兴趣或有内容交流,欢迎将您的联系方式留下,我们会及时跟您联系! 您的联系方式:＿＿＿＿＿＿＿＿＿＿。

附录 8

幼儿园教师职业发展高原现象问卷(修订问卷)

问卷说明

尊敬的老师:

您好!

我们在开展一项关于"幼儿园教师职业发展高原现象"的调查研究。当幼儿园教师在职业生涯的某一阶段,晋升、流动、迎接挑战和情感投入等方面的可能性不再继续提升,在行为或心理上出现暂时停滞,这一现象我们称之为"高原现象",它具有深浅不一的程度,呈现一种连续变化的过程。

本调查并非测验,答案没有对错之分。本问卷采取匿名填写的方式,您所提供的资料仅限于整体统计分析所用,我们不会公开您的任何个人信息,敬请放心作答,请您提供真实的想法,您的认真作答对我们的研究将有很大的帮助。我们希望通过这个调查了解和反映当前幼儿园教师发展实际面临的问题,以帮助老师们持续、更好地获得发展! 期待身为幼儿园教师一员的您积极参与并提供支持!

真诚感谢您的支持与配合!

答题指导语

1. 本调查问卷由两部分组成,第一部分是答题者个人基本情况的调查,第二部分是对您作为幼儿园教师发展状况的调查。

2. 请您根据实际情况在相应选项前□里打"√"(如果您拿到的是电子版,请将相应选项字体改为红色并加下划线)。

3. 请您不要漏掉任何一道题项,以保证完成质量。

4. 如有任何疑问,请联系×××。

第一部分:答题者个人基本情况

1. 您的性别:□(1) 男　　□(2) 女

2. 您的婚姻状况:□(1) 已婚　　□(2) 未婚　　□(3)其他情况

3. 您的年龄:□(1) 18—25 周岁　　□(2) 26—30 周岁　　□(3)31—35 周岁
□(4)36—40 周岁　　□(5)41—45 周岁　　□(6)46—50 周岁　　□(7)51 周岁及以上

4. 您的教龄:□(1) 0—2 周年　　□(2) 3—5 周年　　□(3)6—10 周年
□(4)11—15 周年　　□(5)16—20 周年　　□(6)21—25 周年　　□(7)26 周年及以上

5. 您的最高学历:□(1) 中专及以下　　□(2) 大专　　□(3)本科　　□(4)硕士研究生及以上

6. 您的最高职称:□(1) 高级教师或正高级教师　　□(2) 一级教师　　□(3)二级教师　　□(4)三级教师　　□(5)未定职级

7. 您是否有教师编制(事业单位编制):□(1) 有教师编制□　　□(2) 无教师编制

8. 您所在幼儿园的性质:□(1) 教育部门办园　　□(2) 民办园(国家机构以外的社会组织或个人办园,包括民办民营园、民办公助园)　　□(3)其他部门办园(教育部

门以外的机关部门、政府机构所属的社会团体组织、企事业单位办园) □(4)集体办园(街道社区、乡村组织办园)

9. 您在幼儿园的职位:□(1) 普通教师　　□(2) 中层领导(如年级组长、课题组长、后勤组长、学科组长、保教主任、教研室主任、教务主任、部长、园长助理等)□(3)园长或副园长

第二部分:幼儿园教师职业发展现状的调查

您的精确区分和耐心填写对我们的研究起着重要作用,非常感谢您的合作!

问卷中,1=完全不符合,2=有点不符合,3=一般,4=比较符合,5=完全符合。

序号	题项	非常 不符合	比较 不符合	不确定	比较 符合	非常 符合
1	我对提拔到更高领导职位的意愿不强烈	1	2	3	4	5
2	我不想突出表现自己	1	2	3	4	5
3	我觉得在幼儿园里要获得职位提拔,自己不能把握的因素多	1	2	3	4	5
4	我获得提拔的空间(指幼儿园里职位)有限	1	2	3	4	5
5	我没有进一步评职称的动力	1	2	3	4	5
6	我觉得当前工作杂事多	1	2	3	4	5
7	我评选上更高职称的可能性小	1	2	3	4	5
8	我平时能够得到的学习信息少	1	2	3	4	5
9	我对工作付出的程度超出被认可的程度	1	2	3	4	5
10	我不会主动参与课题研究	1	2	3	4	5
11	我不想承担日常教育教学外的额外任务(如比赛、公开课、接受参观等)	1	2	3	4	5
12	我想离领导远一点	1	2	3	4	5
13	我反映的问题得不到园部重视	1	2	3	4	5
14	我感觉与领导在工作理念上不一致	1	2	3	4	5
15	我认为当前工作压力大	1	2	3	4	5
16	我认为当前工作做多做少都一样	1	2	3	4	5
17	我对工作的激情渐渐淡了,觉得是一种程式化劳动	1	2	3	4	5

序号	题项	非常 不符合	比较 不符合	不确定	比较 符合	非常 符合
18	我认为当前工作给我带来的成就感低	1	2	3	4	5
19	我对自己的专业水平满意	1	2	3	4	5
20	我平时不会主动进行专业反思	1	2	3	4	5
21	我对领导的提议不积极响应	1	2	3	4	5
22	我没有主动写专业论文的意愿	1	2	3	4	5
23	我认为当前工作的收入与辛苦程度不成比例	1	2	3	4	5
24	我不主动报名参与评选(如骨干、青优、学科带头人、人民教育家等)	1	2	3	4	5
25	我的专业水平能胜任当前工作	1	2	3	4	5
26	我觉得平时能够获得的学习机会(如培训、教研活动)少	1	2	3	4	5
27	我在专业发展上只想保持目前的状态	1	2	3	4	5

本问卷到此结束,请您再检查一遍有无遗漏或错填的题项,您的认真和细致是我们有效研究的保证!

再次感谢您的支持与配合!

如果您对我们的研究感兴趣或有内容交流,欢迎将您的联系方式留下,我们会及时跟您联系! 您的联系方式:＿＿＿＿＿＿＿＿＿＿＿＿。

附录9

幼儿园教师职业发展高原现象问卷(最终问卷)

问卷说明

尊敬的老师:

您好!

我们在开展一项关于"幼儿园教师职业发展高原现象"的调查研究。当幼儿园教师在职业生涯的某一阶段,晋升、流动、迎接挑战和情感投入等方面的可能性不再继续提升,在行为或心理上出现暂时停滞,这一现象我们称之为"高原现象",它具有深浅不一的程度,呈现一种连续变化的过程。

本调查并非测验,答案没有对错之分。本问卷采取匿名填写的方式,您所提供的资料仅限于整体统计分析所用,我们不会公开您的任何个人信息,敬请放心作答,请您提供真实的想法,您的认真作答对我们的研究将有很大的帮助。我们希望通过这个调查了解和反映当前幼儿园教师发展实际面临的问题,以帮助老师们持续、更好地获得发展! 期待身为幼儿园教师一员的您积极参与并提供支持!

真诚感谢您的支持与配合!

答题指导语

1. 本调查问卷由两部分组成,第一部分是答题者个人基本情况的调查,第二部分是对您作为幼儿园教师发展状况的调查。

2. 请您根据实际情况在相应选项前□里打"√"(如果您拿到的是电子版,请将相应选项字体改为红色并加下划线)。

3. 请您不要漏掉任何一道题项,以保证完成质量。

4. 如有任何疑问,请联系:王艳,电话:13645151341,邮箱:banana513@sina.com。

第一部分:答题者个人基本情况

1. 您的性别:□(1) 男　　□(2) 女

2. 您的婚姻状况:□(1) 已婚　　□(2) 未婚　　□(3) 其他情况

3. 您的年龄:□(1) 18—25 周岁　　□(2) 26—30 周岁　　□(3) 31—35 周岁□(4) 36—40 周岁　　□(5) 41—45 周岁　　□(6) 46—50 周岁　　□(7) 51 周岁及以上

4. 您的教龄:□(1) 0—2 周年　　□(2) 3—5 周年　　□(3) 6—10 周年□(4) 11—15 周年　　□(5) 16—20 周年　　□(6) 21—25 周年　　□(7) 26 周年及以上

5. 您的最高学历:□(1) 中专及以下　　□(2) 大专　　□(3) 本科　　□(4) 硕士研究生及以上

6. 您的最高职称:□(1) 高级教师或正高级教师　　□(2) 一级教师　　□(3) 二级教师　　□(4) 三级教师　　□(5) 未定职级

7. 您是否有教师编制(事业单位编制):□(1) 有教师编制　　□(2) 无教师编制

8. 您所在幼儿园的性质:□(1) 教育部门办园　　□(2) 民办园(国家机构以外的社会组织或个人办园,包括民办民营园、民办公助园)　　□(3) 其他部门办园(教育部

门以外的机关部门、政府机构所属的社会团体组织、企事业单位办园)　　□(4)集体办园(街道社区、乡村组织办园)

9. 您在幼儿园的职位:□(1)普通教师　　□(2)中层领导(如年级组长、课题组长、后勤组长、学科组长、保教主任、教研室主任、教务主任、部长、园长助理等)
□(3)园长或副园长

第二部分:幼儿园教师职业发展现状的调查

您的精确区分和耐心填写对我们的研究起着重要作用,非常感谢您的合作!

问卷中,1=完全不符合,2=有点不符合,3=一般,4=比较符合,5=完全符合。

序号	题项	非常不符合	比较不符合	不确定	比较符合	非常符合
1	我对提拔到更高领导职位的意愿不强烈	1	2	3	4	5
2	我不想突出表现自己	1	2	3	4	5
3	我觉得在幼儿园里要获得职位提拔,自己不能把握的因素多	1	2	3	4	5
4	我获得提拔的空间(指幼儿园里职位)有限	1	2	3	4	5
5	我没有进一步评职称的动力	1	2	3	4	5
6	我觉得当前工作杂事多	1	2	3	4	5
7	我评选上更高职称的可能性小	1	2	3	4	5
8	我对工作付出的程度超出被认可的程度	1	2	3	4	5
9	想离领导远一点	1	2	3	4	5
10	我反映的问题得不到园部重视	1	2	3	4	5
11	感觉与领导在工作理念上不一致	1	2	3	4	5
12	当前工作压力大	1	2	3	4	5
13	当前工作做多做少都一样	1	2	3	4	5
14	我对工作的激情渐渐淡了,觉得是一种程式化劳动	1	2	3	4	5
15	当前工作给我带来的成就感低	1	2	3	4	5
16	平时不会主动进行专业反思	1	2	3	4	5
17	对领导的提议不积极响应	1	2	3	4	5
18	没有主动写专业论文的意愿	1	2	3	4	5

续　表

序号	题项	非常 不符合	比较 不符合	不确定	比较 符合	非常 符合
19	当前工作的收入与辛苦程度不成比例	1	2	3	4	5
20	不主动报名参与评选（如骨干、青优、学科带头人、人民教育家等）	1	2	3	4	5
21	在专业发展上只想保持目前的状态	1	2	3	4	5

本问卷到此结束，请您再检查一遍有无遗漏或错填的题项，您的认真和细致是我们有效研究的保证！

再次感谢您的支持与配合！

如果您对我们的研究感兴趣或有内容交流，欢迎将您的联系方式留下，我们会及时跟您联系！您的联系方式：＿＿＿＿＿＿＿＿＿＿＿。

后　记
——却顾所来径

　　本书是在我博士学位论文的基础上修改而成的。在南京师范大学求学的经历是我毕生难忘的美好时光。曾记得第一次踏入南京师范大学学前教育系时，新生典礼的第一排坐了多位满头银发的老奶奶，那是退休的老教授们从四面八方赶来欢迎我们，师生亲如一家的氛围一代代传承着，成了南师学前的传统。即使毕业了，仍时刻受到"家"的牵挂，感到"家"的温暖。因此，这么多年来，我一直未曾离开过这个"家"，我的每一分耕耘、每一分收获都与家人般的老师们息息相关。

　　感谢我的入门恩师唐淑教授，带我进入学前教育的大门。青春懵懂之时，钟灵毓秀之地，得遇良师。谆谆教诲，每每如沐春风，教我明理修身，精研覃思，博观约取，行稳致远。步履维艰之时，恩师匡扶不止，只言片语，洞若烛照。顿首回望，饮水溯源，感激不尽，唯奋楫前进，笃行不殆，方能不愧师恩。

　　感谢南师学前教育系的张慧和教授、虞永平教授、许卓娅教授、孔起英教授、邱学青教授、刘晶波教授、黄进教授、郑荔教授、张俊副教授、原晋霞副教授，他们都博学通识、谦彬和善，多年来对我关拂有加，雪中送炭的照应令我难以忘怀。

　　感谢我的博导顾荣芳教授，接触愈久，受教愈多。她的品德学问，皆属大家风范；律人律己，堪为楷模榜样。孔子所传授的学问四科——德行、言语、政事、文学，皆能从吾师所学。每次与导师交流，蒙蔽不前的欠缺和问题都能被点透，再大的疑难也能在刹那间出其不意地被打通，逐渐"去健羡，绌聪明"，督促我自觉做到每天都努力进步一点点，导师的精神燔焰将令我受益终身。

　　感谢读博期间的授业恩师张乐天教授、冯建军教授、程天君教授、余强教授、殷红伶副教授、高妙老师等的倾囊相授，为论文的写作打下坚实的基础；答辩时刘云艳教授、姜勇教授、王海英教授、边霞教授、刘晓东教授的斫刈斧正予我以醍醐灌顶的启迪。好友蒋雅俊、郑蓓、郭媛媛、李玲、程友伟，博士班同学王淑芬、韩月、王惠颖、佘林茂、孟召坤、周灵、焦荣华、张晗、林兰、宋坤、肖晓燕、吕慧、高瑛，以及答辩秘书师妹田腾，你们所施予的绵绵之助情义无限。

　　感谢给予本研究帮助的叶小红研究员、郭良菁副教授、薛艳副教授、陈旭微博士、张世义博士、高健博士，在问卷编制时给予指导；感谢王瑾、魏丽、段素菊、陈素娟、王绍侠、赵薇、朱晓燕、刘令燕、李阿芳、洪静翔、叶香、蒋玲、贾宗萍、李煜、章丽、李漫、朱清、王燕兰、姜红、吴艳、彭云、杨己洁、邹鲁峰、陈贻莉、钱小丽、卢春燕、成静、龚启艳、沈小刚、尚红艳、徐晓卓、李扬、李姗，以及同门金兰孙意、杨铭、万丹、孙树村、李慧等在问卷发放、回收和处理上的帮助。感谢接受我访谈的诸多幼儿园老师们，出于尊重研究规范考虑，不方便透露你们的名字，但是一直感念在心。没有你们的鼎力相助，我不可能顺利完成本研究。

感谢我曾经的工作单位——南京师范大学出版社，为我打开了一扇通往书香殿堂的大门，提供了广结天下英杰的机会，萌生了见贤思齐的渴望。特别是社领导和同事们在我读书和研究期间施与了无私的帮助，并且提供了本书出版的机会。

回首望月，乌飞兔走，白驹过隙，希望以后我能成为自己所感谢和敬慕的人，继续去帮助别人实现梦想。